Franz Kurowski
Alois Schlee

Das Infanterieregiment 170 im Einsatz mit der 73. Infanteriedivision 1939 – 1945

Franz Kurowski
Alois Schlee

Das Infanterieregiment 170 im Einsatz mit der 73. Infanteriedivision 1939 – 1945

Polen, Frankreich, Balkan, Russland, Westpreußen und Danzig

FLECHSIG

Umwelthinweis:
Dieses Buch und der Umschlag wurden auf chlorfrei
gebleichtem Papier gedruckt.
Die Einschrumpffolie – zum Schutz vor Verschmutzung –
ist aus umweltverträglichem und recyclingfähigem PE-Material.

Beiträge erhielten wir von den Kameraden:
Dr. Beltinger, Brieger, Denz, Göttemann, Haas, Jung, Kögel, Dr. Kremnitz, Langer, Leininger, Lieb, Rothengass, Rösch, Ruppert, Scheiniger, Schlieper, Schwald, Dr. Tenner, Dr. Vierheilig, Will, Wolfenstetter.
Fotos stellten zur Verfügung die Kameraden:
Betz, von Bünau (Nachlass), Dr. Fluch, Kamp, Dr. Kremnitz, Lieb, Löhlein, Mayer, Rösch, Schwald, Siegrist, Dr. Tenner, Wolfenstetter.

Danksagung:

Für die Neuausgabe der ehemals von Franz Kurowski verfassten Chronik über die Fränkischen Infanterieregimenter aus dem Jahr 1970 habe ich neben eigenem Bildmaterial viele Bilder, Dokumente und Berichte aus anderen Quellen nutzen dürfen. Diesbezüglich gilt mein besonderer Dank der Kameradschaft Würzburger Infanterieregimenter mit ihrem Vorsitzenden Ernst Reusch, der meine Arbeit tatkräftig unterstützt hat. Die Kameradschaft hat in ihren Nachrichtenblättern seit ca. 1950 viele Erinnerungsberichte ehemaliger Soldaten der Würzburger Infanterieregimenter veröffentlicht, die zum Teil in dieses Werk eingeflossen sind und somit jetzt einem größeren Publikum zugängig gemacht werden können. Auch dem Museum für Militär- und Zeitgeschichte in Stammheim gilt mein herzlicher Dank für die Überlassung von Dokumenten und Bildmaterial für die Neuausgabe dieses Werkes.

Alois Schlee im August 2019

Flechsig Verlag
Internet: www.verlagshaus.com
Einbandgestaltung: Silberwald Agentur für visuelle Kommunikation, Rimpar
www.silberwald.biz
Gesamtherstellung: Himmer GmbH Druckerei und Verlag, Augsburg
www.himmer.de
ISBN 978-3-8035-0111-0

Inhalt

Das Infanterieregiment 170 11

Der Marsch nach Rumänien 59

Krieg mit Russland 102

Durch die Krim bis Kertsch und zum Mius 145

Der Weg nach Noworossijsk 180

Rückzug 212

Die Krim 223

Dem Ende entgegen 230

Die Kommandeure der 73. Infanteriedivision 249

Regimentskommandeure des Infanterieregiments 170/Grenadierregiments 170 249

Träger des Ritterkreuzes des Eisernen Kreuzes und höherer Stufen des Infanterieregiments 170 250

Berichte und Nachrufe aus dem Nachrichtenblatt der Kameradschaft 263
Die Nacht in Fisch 265
In der Werkstattkompanie 268
Marscherleichterung 270
Wieder in Joannina nach 62 Jahren 272
Der denkwürdigste Tag meines Priesterlebens 276
Perekop 279
Weihnachten 1941 281
Flintenweiber oder Soldatinnen? 283
Erinnerungen 285
Häuserkampf in Noworossijsk 287

Luftkampf über dem Hafen von Noworossijsk ... 293
Unsere Pferde ... 294
Gedenkstätte der Artillerie in Idar-Oberstein ... 296
Erinnerungen an Major Marbach ... 297
Oberleutnant Kögel ... 300
Unser Hauptmann Kremnitz ... 303
DRK-Ehrenzeichen für Dr. Fluch ... 305
Oberst Herbert Müller zum 70. Geburtstag ... 307
Dr. Walter Beltinger 76 Jahre ... 308
Unser Theo Hopf ... 311
General von Bünau † ... 313
Ritterkreuzträger Oberstleutnant außer Dienst Hans Ender † ... 314
Nachruf Paul Dorstewitz † ... 315
Unser Major Jürgen Kremnitz † zur Großen Armee abberufen ... 318
Unser Oberst Siegfried Wiesel † zur großen Armee abberufen ... 319
Unser Paul Langer † zur Großen Armee abberufen ... 321
Theodor Hopf † ... 323
Literatur ... 324

Das Infanterieregiment 170

Die Aufstellung – Der Marsch durch Polen – Der Frankreichfeldzug

Eines der Infanterieregimenter, dessen Aufstellung infolge des sich bereits abzeichnenden Zweiten Weltkriegs beschleunigt wurde, ist das Infanterieregiment 170. Als Regiment der zweiten Welle erhielt es seine personellen Grundlagen von dem Würzburger Stammregiment – dem Infanterieregiment 55.

Die kurze Vorgeschichte der Aufstellung verlief dergestalt, dass das Infanterieregiment 55 nach Beendigung seiner Rekrutenausbildung auf den Truppenübungsplatz Grafenwöhr in der Oberpfalz verlegt wurde. Dort sollte es im Wesentlichen Waffen und Geräte der tschechischen Armee ordnen und zählen. Diese Waffen und Geräte waren nach dem Einmarsch deutscher Truppen im März 1939 in die Tschechoslowakei durch die Demobilisierung der tschechischen Armee in deutsche Hand gefallen.

Von Grafenwöhr marschierten die Infanteristen nach Durchführung dieser Aufgabe durch Oberfranken in ihre Garnison zurück. Unterwegs kursierten bereits die Gerüchte, dass der nächste Einsatz vor der Tür stehe.

Die Gerüchte verdichteten sich, und Anfang Juni 1939 erfolgte die Verlegung des Infanterieregiments 55 nach Schlesien in den Kreis Öls. Hier sollten Schanzarbeiten durchgeführt werden, um den ominösen Ostwall aufzubauen, eine Tätigkeit, die jedem Soldaten damals höchst überflüssig vorkam. Einen Monat später waren im Regimentsabschnitt die „Maulwurfarbeiten" beendet und die langersehnte Urlaubszeit konnte beginnen. Wieder gab es Parolen wie folgende:

„Das Benzin wird rationalisiert!"

Die politische Situation steuerte immer schneller auf eine jähe Entladung hin. Polen war im Spiel und es sah ganz so aus, als sollte es nach den vergangenen „Blumenkriegen" nunmehr erstmals zu einem Schießkrieg kommen. Es überraschte deshalb niemanden, als am 25. August 1939 die Mobilmachung der aktiven Verbände der Wehrmacht erfolgte.

Das Infanterieregiment 55 musste binnen 24 Stunden verladebereit sein und tatsächlich verließen die letzten Transporte ihre Garnison am 26. August 1939. Das Ziel der Verlegung war nur den höheren Stäben und Truppenführern bekannt.

Unter den Männern befanden sich auch die frisch ausgebildeten Soldaten, die nun unter fremder Führung einem ungewissen Schicksal entgegenfuhren.

Während sich also die aktive Truppe noch im Endstadium der Mobilmachung befand, erging am 26. August 1939 auch der Befehl zur sofortigen Aufstellung der Truppenteile der Zweiten Welle. Diese Nachricht schlug wie eine Bombe ein, denn eigentlich beinhaltete sie nichts anderes, als die Tatsache, dass der Krieg unmittelbar bevorstand. Die Geburtsstunde des Infanterieregiments 170 hatte geschlagen, war doch dieses Regiment zur Aufstellung in der Zweiten Welle vorgesehen.

Es galt zunächst, die dafür vorgesehenen Offiziers-, Unteroffiziers- und Mannschaftsstämme zusammenzustellen. Erst danach konnte in der zweiten Etappe die Aufstellung der Einheiten in den Räumen und Kammern des aktiven Regiments durchgeführt werden.

Am Morgen des 27. Augusts trafen bereits die ersten der einberufenen Reservisten und auch schon die zur Gestellung beorderten Gespanne, Fahrzeuge und Lastkraftwagen in der alten Würzburger Infanteriekaserne an der Weißenburgstraße ein. Es begann ein fieberhaftes und dennoch zielstrebiges, durch den Mobilmachungskalender genau festgelegtes Arbeiten, denn innerhalb von vier Tagen und Nächten musste das neue Infanterieregiment 170 „stehen" und sowohl marsch- als auch verladebereit sein. Da die aktiven Stämme zahlenmäßig nur sehr schwach waren, war dies eine schwere Arbeit. Doch bald stand das Regiment wie folgt:

Stellenbesetzung des Regiments bei der Aufstellung am 27. August 1939

Regimentskommandeur	Oberst Straßer
ab 1. November 1939	Oberstleutnant Schleußinger
Regimentsadjutant	Oberleutnant Wiesel
Ordonnanzoffizier	Leutnant Graber
Chef Sk-Kompanie	Leutnant Nessel
Kommandeur I. Bataillon	Major der Reserve Dr. Brenkmann (gefallen am 9. Juni 1940)
ab circa Januar Juli 1940	Hauptmann der Reserve Hager
Bataillonsadjutant	Leutnant Hopf
ab circa 11. November 1939	Oberleutnant Kremnitz,
ab 15. Mai 1940	Leutnant Haase
Ordonnanzoffizier	Leutnant der Reserve Sulger
ab circa 1. November 1939	Leutnant der Reserve Löffler
Bataillonsarzt	Stabsarzt der Reserve Dr. Preisendörfer
Chef 1. Kompanie	Hauptmann der Reserve Nonnenmacher
ab circa 11. November 1939	Leutnant Hopf
Chef 2. Kompanie	Leutnant Marsching (gefallen 9. Juni 1940)
Chef 3. Kompanie	Oberleutnant Kremnitz
ab circa 1. November 1939	Leutnant der Reserve Sulger

Chef 4. Kompanie	Leutnant Kling (gefallen 9. Juni 1940)
ab 1. Oktober 1940	Oberleutnant Nessel
Kommandeur II. Bataillon	Hauptmann Marbach
Bataillonsadjutant	Leutnant Fischer
Ordonnanzoffizier	Oberleutnant der Reserve Fuchs
Bataillonsarzt	Assistenzarzt Dr. Wöredehoff
Zahlmeister	Oberzahlmeister Zinser
Chef 5. Kompanie	Oberleutnant Ender
Chef 6. Kompanie	Oberleutnant der Reserve Fuchs
Chef 7. Kompanie	Oberleutnant Uebelein
Chef 8. Kompanie	Oberleutnant Pfautsch
ab 3. Januar 1940	Oberleutnant Frank,
ab 18. Mai 1940	Oberleutnant Kremnitz,
ab 15. Februar 1941	Oberleutnant Naske
Kommandeur II. Bataillon	Major Frischling
Bataillonsadjutant	Oberleutnant Jörn
Ordonnanzoffizier	Leutnant Ludwig
Bataillonsarzt	Stabsarzt der Reserve Dr. Beltinger
Chef 13. Kompanie	Oberleutnant der Reserve Keppler
ab 1. Juli 1940	Hauptmann Preiter;
ab circa 15. Februar 1941	Oberleutnant Kremnitz
Chef 14. Kompanie	Hauptmann Günthör (gefallen 24. September 1941 als Kommandeur II. Bataillon/Infanterieregiment 186)
ab circa 1. Januar 1940	Leutnant der Reserve Fröhler, Leutnant der Reserve Iff,
ab circa 1. Juli 1940	Hauptmannn Döscher

Die einberufenen Soldaten des neuen Regiments erhielten am Abend des 29. Augusts noch einen kurzen Stadturlaub. Eingeweihte wussten bereits, dass es am 31. August losgehen würde. Als Verladeort nach dem Osten war der Bahnhof Aumühle bei Würzburg vorgesehen, von dem aus auch das aktive Infanterieregiment 55 verladen und nach dem Osten in Marsch gesetzt worden war.

Am 31. August 1939 erfolgte die Abfahrt. Über Schweinfurt – Jena – Plauen ging die Bahnfahrt nach Leipzig. Gegen Mittag des 1. Septembers 1939 erreichte der Transport Berlin. Während der Fahrt durch und um Berlin wurde bekannt, dass der

Krieg gegen Polen erklärt worden war. Die Weiterfahrt über Küstrin in den Raum Stargard in Pommern und die dortige Ausladung standen ganz im Zeichen dieser Nachricht.

„Werden wir an den Feind kommen? – Wo werden wir eingesetzt?" Diese Fragen erfuhren in einem langen Marsch durch den „Korridor" ohne Feindberührung, bei einer Hitze, die an den eben vergangenen Sommer erinnerte, ihre Beantwortung. Das Los der Infanterie: staubige und schlechte Straßen, Durst, die ersten Fußkranken, alles dies wurde in dem zwölftägigen Marsch über Deutsch Krone – Flatow/Kremmen – Vandsburg mit dem gleichnamigen See bis nach Tuchel von den Männern des Infanterieregiments 170 erlebt. Tuchel wurde am 6. September 1939 erreicht. Diese Stadt war noch nicht Endstation des Marsches. Es ging weiter über Brzozowo nach Reczeczin und Preußisch Stargard. Am 12. September wurde Berent erreicht und am Tage darauf das Endziel Bütow in Pommern.

An diesem 13. September zeichnete sich in Polen bereits das Ende ab. Die täglich verfolgten und in den Rasträumen diskutierten Wehrmachtsberichte hatten in der zweiten Septemberwoche folgendes Bild gegeben:

8. September: „Südostwärts Gorlice und ostwärts Tarnow dringen unsere Truppen gegen die Wisloka vor. Nördlich der Weichsel erreichten sie Staszów und nördlich der Łysa Góra die Gegend westlich Kamienna. Die Bahnlinie Końskie – Opočno wird im Angriff überschritten. Nördlich Tomaszów Mazowiecki werfen Panzertruppen den Feind und stehen 60 Kilometer vor Warschau.

Zwischen Thorn und Strasburg wird die Drewenz überschritten. Pioniere, Marinesturmkompanien und SS-Heimwehr brechen unter Mitwirkung der „Schleswig-Holstein" den Widerstand der Westerplatte in Danzig, die sich ergibt. Bei Pułtusk und Róžan wir der Narew überschritten. Mszczonów ist genommen. Schnelle Truppen erreichen die Weichsel bei Sandomir und bei Góra Kalwaria. Nadarzyn, 20 Kilometer südwestlich Warschau, wird von schnellen Truppen erreicht."

Und am 13. September, dem Tage, da das Infanterieregiment 170 sein Ziel erreicht hatte, meldete der Wehrmachtsbericht: „Die stürmische Verfolgung des Feindes wird fortgesetzt, Lemberg erreicht. Um Kutno versuchen fünf polnische Divisionen und zwei Kavalleriebrigaden, nach Süden durchzubrechen. Der konzentrische Gegenangriff unserer Divisionen ist im Gange. Ostwärts und südostwärts von Warschau sind die Straßen und Bahnlinien Warschau – Siedlce überschritten. Am äußersten Ostflügel stehen motorisierte Truppen über 40 Kilometer nördlich Brest. Nördlich des Bug wird die aus Łomža nach Süden weichende 18. polnische Division gestellt"

Der Ring um Warschau war geschlossen. Am 14. September wurde die Vernichtungsschlacht bei Radom geschlagen. Für die Einheiten des Infanterieregiments 170 gab es in Polen nichts mehr zu tun. Zwar fluchend über den nutzlosen 12-Tage-Marsch, mit der Plackerei im Sandgebiet der Tucheler Heide, aber dennoch erleichtert

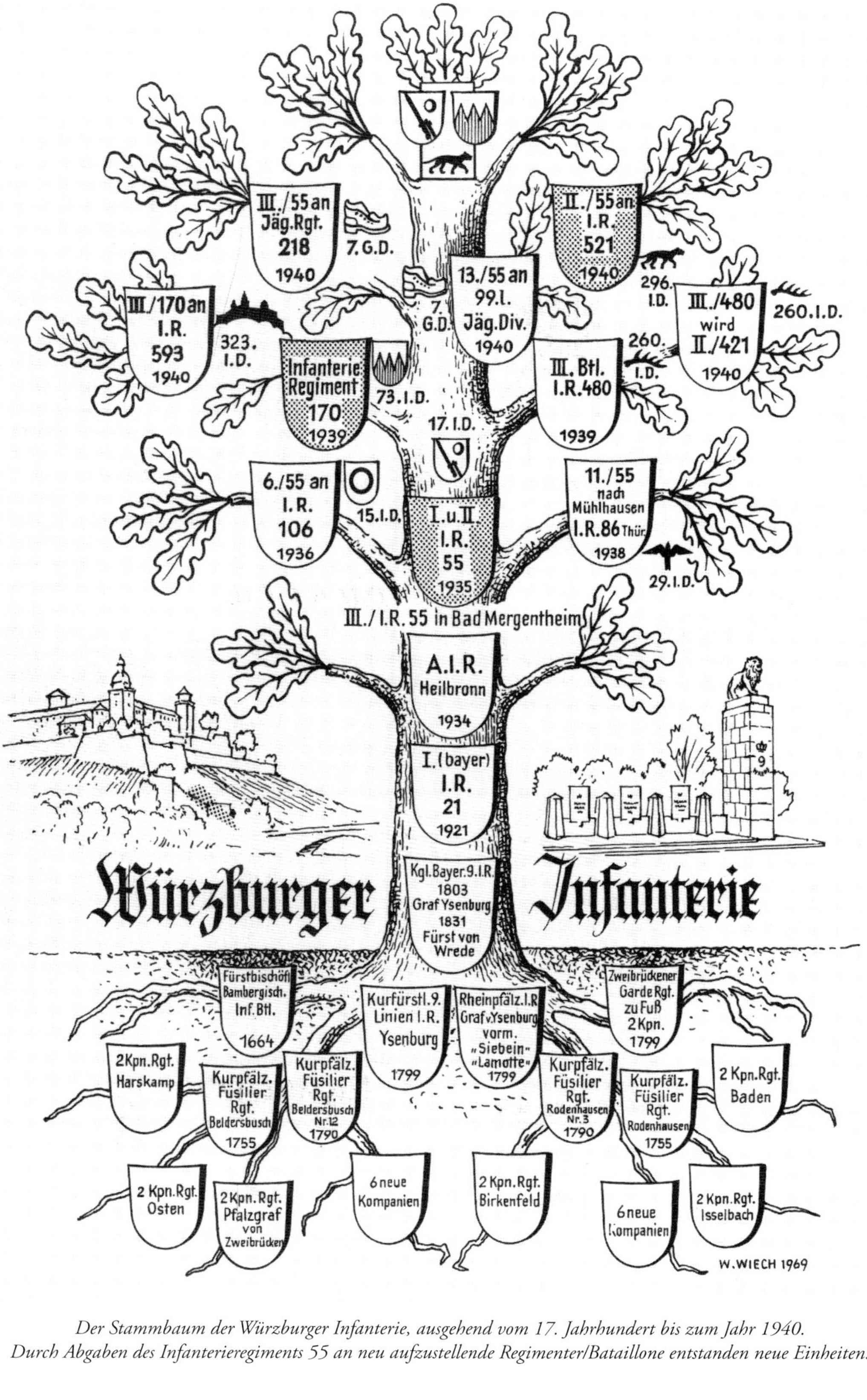

Der Stammbaum der Würzburger Infanterie, ausgehend vom 17. Jahrhundert bis zum Jahr 1940. Durch Abgaben des Infanterieregiments 55 an neu aufzustellende Regimenter/Bataillone entstanden neue Einheiten.

Die Infanterie- und dahinter die Artilleriekaserne im Würzburger Stadtteil Zellerau.
Hier lag bis 1914 das Infanterieregiment 9, in den 1920er Jahren das Infanterieregiment 21, dem 1935 das Infanterieregiment 55 folgte. Aus diesem wiederum wurde 1939 das Infanterieregiment 170 gebildet.

Hauptmann Marbach reitet seinem II. Bataillon/Infanterieregiment 170 voran.
Links das „Neunerdenkmal", rechts das Offizierskasino in Würzburg.

Teile des Infanterieregiments 170 wurden Ende August 1939 im Würzburger Neuen Hafen bei den dortigen Lagerhäusern verladen.

Der Krieg mit Polen begann am Morgen des 1. Septembers 1939. Die Kriegserklärung wird den Soldaten des Infanterieregiments 170 in Küstrin verlesen.

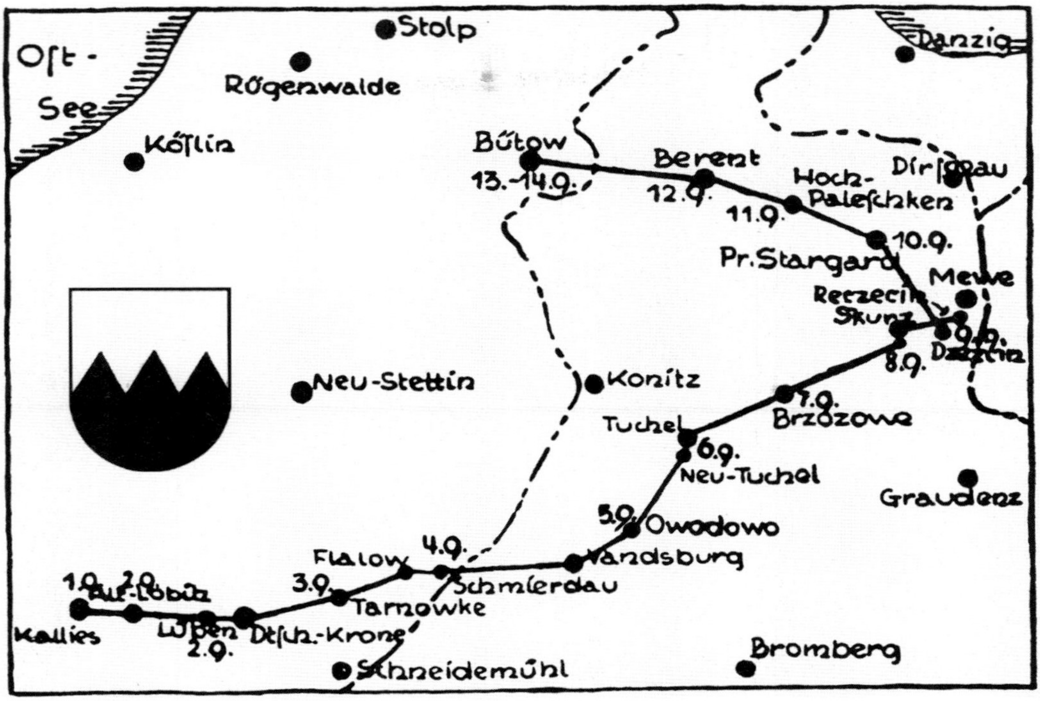

Handgezeichnete Karte des Marschweges des Infanterieregiments 170 in Polen vom 1. September 1939 bis 14. September 1939.

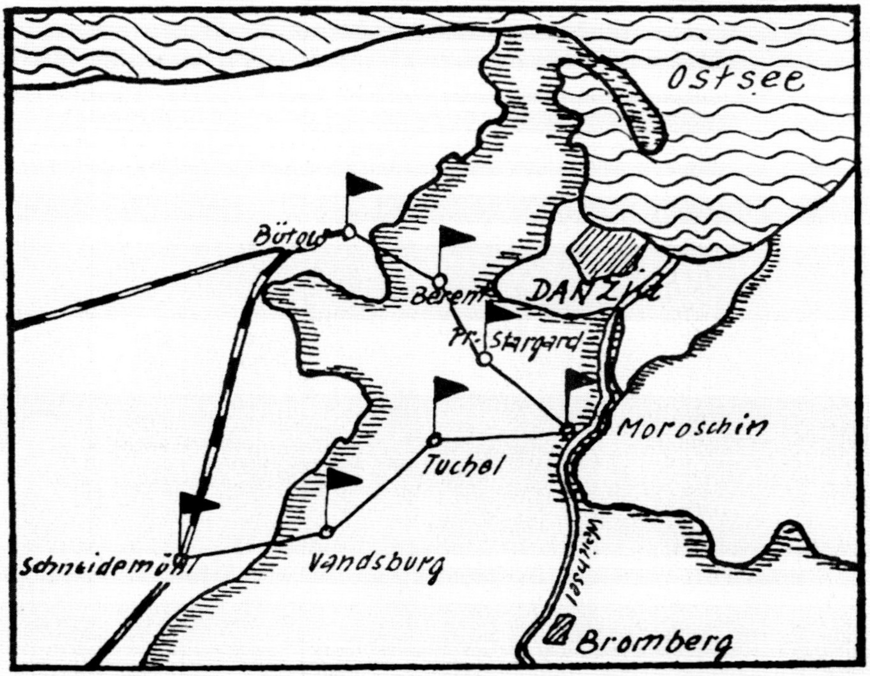

Eine weitere, detailliertere Karte von der Gegend zwischen Danzig und Bromberg aus dem Buch „Franken an den Fronten".

Hitlers Einzug in Danzig am 20. September 1939.

Einzug von Hitlers Gefolge über eine von Pionieren errichtete Pontonbrücke nach Danzig.

Die Aufnahme zeigt eine Straße in Danzig kurz vor Kriegsbeginn 1939.

Die Polen sprengten am 1. September 1939 die Auffahrt zur Dirschauer Brücke.

Nach Beendigung des Polenfeldzuges wurde eine neue Eisenkonstruktion an die Dirschauer Brücke angebaut, um sie wieder passierbar zu machen.

und befreit, drehte das Regiment nach Norden und Nordwesten ab und überschritt noch am 13. September zwischen Berent und Bütow wieder die Reichsgrenze.

Es war ihm noch einmal erspart geblieben, Blutopfer zu zahlen, die das aktive Regiment 55, das in der 17. Infanteriedivision zum Einsatz gekommen war, bereits entrichtet hatte.

Im Bahntransport wurde das Infanterieregiment 170 über Berlin – Bebra – Frankfurt/Main – Mainz – Bad Kreuznach in die Pfalz verlegt und zwar in das Gebiet westlich von Kaiserslautern. Hier wurde am 17. September ausgeladen. Der Marsch ins Saargebiet folgte.

Im Großraum Saarlautern – dem jetzigen Saarlouis – wurden Stellungen des Westwalles bezogen, und zwar im Raume Berus, westlich von Altforweiler. Die übrigen Truppen der 73. Infanteriedivision, der das Infanterieregiment 170 angehörte, schlossen sich an. Zum ersten Mal erkannten die Männer des Infanterieregiments 170, dass das offizielle Getöne von der Unüberwindlichkeit des Westwalles nichts anderes war als ein großer Bluff. Im Regimentsabschnitt war der Westwall erst zu einem Teil mit seinen Bunkern und Unterständen fertiggestellt, und es wäre den französischen Divisionen ein Leichtes gewesen, diesen Westwall einfach zu überrennen; besonders zu der Zeit, da die meisten aktiven deutschen Divisionen im Osten gebunden waren.

Aber die Propaganda und intensive Demonstrierung der vorhandenen Waffen hatten dem Westgegner den Schneid abgekauft. Die französischen Divisionen saßen in der Maginotlinie und warteten auf einen Angriff, um sodann, im Schlagen aus der Nachhand, die Initiative zu ergreifen. So begann auch im Abschnitt des Infanterieregiments 170 der Stellungskrieg, der als der „drollige Krieg“ in die Geschichte eingehen sollte.

Obgleich Frankreich gemeinsam mit Großbritannien Deutschland schon am 3. September 1939 den Krieg erklärt hatte, überschritt die französische Heeresgruppe 2 (Prételat) erst am 8. September die Reichsgrenze. Der „Vormarsch“ endete am 12. September nach einem Geländegewinn von sechs (!) Kilometern, und nichts anderes hatte ihn aufgehalten als die Minenfelder und ein paar Sprengladungen. Damit war im Vorfeld des Westwalles das Schicksal Polens besiegelt worden. Nachdem also die Westalliierten die 4. Teilung Polens nicht hingenommen hatten, entstand für die deutsche Führung ein neues Problem, das Hitler durch einen Angriff auch im Westen lösen wollte. Doch zu einem Angriff kam es vorerst nicht. Der Stellungskrieg dauerte an. Im Raum des Dorfes Berus kam das II. Bataillon zum Einsatz. Artillerieduelle, Späh- und Stoßtrupps forderten die ersten Verwundeten.

Am 10. Oktober wurde Unteroffizier Neun von der 8. Kompanie schwer verwundet. Einen Tag später erlag er dieser Verwundung. Das Infanterieregiment 170 hatte seinen ersten Kriegstoten zu beklagen. Strömender Regen hatte eingesetzt. Die Grabenstellungen drohten abzusaufen. Im dichten Waldgebiet herrschte fast völlige

Finsternis. Dies war für die Essenholer eine Erschwerung ihrer Aufgabe. Lassen wir einen der Infanteristen darüber berichten:

„Die Mühen der in den Grabenstellungen liegenden Kameraden sind gering, gemessen an denen jener Soldaten, die in den sturmgepeitschten Regennächten in völliger Finsternis zu den Feldküchen schleichen müssen. Mit schweren, gefüllten Essenträgern und Säcken voll Verpflegung überbepackt, galt es sodann auf allen Vieren durch den Lehm zurückzukriechen, die gefährliche Gasse durch die eigenen Minenfelder zu finden um schließlich – oftmals nach stundenlangen Irrwegen – doch noch die Teile der eigenen Kompanie zu erreichen, die auf Verpflegung warteten. Wer in jenen schwarzen Nächten im Westwall einmal als Essenholer eingeteilt war, der wird diesen Weg durch die Nacht nicht vergessen!"

Am 13. Oktober wurde das II. Bataillon durch das I. Bataillon abgelöst und in die Bunkerlinie im Saartal verlegt. Hier erfolgte die Ausbildung im Bunkerkampf, während das I. Bataillon den Stellungskampf am und bei Berus bestritt.

Am 8. November wurde das gesamte Regiment 170 durch das Infanterieregiment 136 abgelöst, und nun standen das I. und II. Bataillon Schulter an Schulter in den Befestigungsanlagen des Saartales und setzten ihre Ausbildung im Bunkerkampf fort.

Einen Monat später erfolgte die Verlegung in den Raum St. Wendel, wo das gesamte Infanterieregiment 170 in den umliegenden Ortschaften Winterquartiere bezog. Hier war es vor allem Oberstleutnant Schleußinger, der neue Regimentskommandeur und Nachfolger des erkrankten Oberst Straßer, der die weitere Ausbildung seines Regiments vorantrieb, um aus den schnell zusammengerafften Einheiten einen schlagkräftigen Regimentsverband zu bilden. Auch der Kommandeur der 73. Infanteriedivision, Generalleutnant Bieler, nahm oft Gelegenheit, sich vom ständig steigenden Ausbildungsstand des Regiments zu überzeugen.

Bis zum 9. Mai 1940 verblieb die Truppe, wenn auch mit einigem Wechsel der Ortschaften, in diesen Unterkunftsräumen, in denen manche dauernde Freundschaft geschlossen wurde.

Bereits am 27. September 1939 hatte Hitler den Oberbefehlshabern der drei Wehrmachtsteile seinen Entschluss mitgeteilt, im Westen aktiv zu werden. Er wollte noch im Herbst 1939 unter Bruch der Neutralität Hollands, Belgiens und Luxemburgs antreten. Die Aufmarschanweisung „Gelb" sah in der ersten Phase den Sprung in die „Festung Holland" vor und die Niederwerfung Belgiens, um die Kanalküste zum Kampf gegen England zu gewinnen.

Immer wieder versuchte der Oberbefehlshaber des Heeres, Generaloberst von Brauchitsch, Hitler aus militärischen Gründen zur Verschiebung der Offensive auf das Frühjahr 1940 zu bewegen. Aber Hitler hatte am 22. Oktober den Angriffstermin auf den 12. November 1939 festgelegt. „Zum Glück griff der Wettergott ein", so der spätere Generalfeldmarschall von Manstein, und erzwang eine Verschiebung des Angriffstermins; ein Vorgang, der sich bis Ende Januar 1940 fünfzehn Mal wiederholte.

Der Operationsplan „Gelb“ wurde durch den damaligen General der Infanterie von Manstein um eine entscheidende Operation verändert: den Vorstoß schneller Divisionen durch die Ardennen, jene Operation, die als Unternehmen „Sichelschnitt“ in die Kriegsgeschichte einging und mit der der schnelle Sieg über Frankreich erreicht wurde. Diese Operation sollte von der Heeresgruppe A durchgeführt werden.

Die 73. Infanteriedivision wurde im Rahmen der 16. Armee (Generaloberst Busch) am linken Flügel der Heeresgruppe A (Generaloberst von Rundstedt) eingesetzt.

Sie sollte gegenüber der Maginotlinie an der französisch-luxemburgischen Grenze in Stellung gehen und die linke Flanke der Heeresgruppe A decken. Am 9. Mai 1940, gegen 14.00 Uhr, wurde das Infanterieregiment 170 alarmiert. Im Verbande der Division marschierte das Regiment hinter den Angriffstruppen her bis in die Gegend nördlich Saarburg, das am 10. Mai abends erreicht wurde. Am folgenden Tage erfolgte bei Wormeldingen der Übergang über die Mosel. Die Grenze nach Luxemburg wurde überschritten. Mit angezogenem Gewehr marschierte das Regiment durch Luxemburg Stadt. Der Kommandierende General, der soeben von der Besichtigung der vordersten Linie zurückkehrte, hielt mit seinem Lob über die Haltung der mainfränkischen Truppen nicht zurück.

Im Raume Düdelingen – Bettembourg, mit Schwerpunkt nördlich Bettembourg, wurde eine Verteidigungsstellung aufgebaut, um die offene Flanke der Angriffsdivision zu decken.

Am Pfingstsonntag, dem 12. Mai 1940, wurde die Schanzarbeit in Angriff genommen. Die Bevölkerung der Ortschaft Bettembourg war evakuiert worden. In der Landesmolkerei von Bettembourg befand sich der Gefechtsstand der 3. Kompanie/Infanterieregiment 170. Damit war die Kompanie allen Verpflegungsproblemen entronnen, denn es waren hier beträchtliche Mengen an Milch, Butter und Sahne zurückgelassen worden.

Der Vorausabteilung der Division gelang es am 13. Mai, den Gegner über die Grenze zurückzuwerfen. Die vordersten Teile sollten von der Division abgelöst werden. Aus diesem Grunde fuhren die Kommandeure nach vorn zur Erkundung. Am Kudertberg, der für das Regiment wichtigen Höhe 420, kam es zu den ersten Gefechten. Auf beiden Seiten griff die Artillerie in diese Kämpfe ein.

Major Marbach, Kommandeur des II. Bataillons/Infanterieregiment 170, gelang es zusammen mit Leutnant Disch von der 7. Kompanie/Infanterieregiment 170 und dessen Männern die feindbesetzte Höhenstellung zurückzugewinnen. In der Nacht zum 14. Mai erfolgte die Ablösung bei Düdelingen. Bei einer weiteren Erkundung wurde am folgenden Tage weit vorn Leutnant Disch durch Granatsplitter tödlich verwundet. Während des ganzen 15. Mai kam es zu Spähtrupptätigkeit und Gefechten zwischen den deutschen und französischen Spähtrupps. Gegenüber der 73. Infanteriedivision wurden Teile der 7. und 56. französischen Division festgestellt, die sich am Abend dieses Tages um drei bis vier Kilometer zurückzogen. Die Kämpfe flauten ab. Nur noch kleine Stoßtruppunternehmungen wurden durchgeführt.

Inzwischen waren die stählernen Speerspitzen der Heeresgruppe A – das XIX. Panzerkorps unter General Guderian und das XIV. motorisierte Armeekorps unter General von Wietersheim – im schnellen den Gegner völlig überraschenden Marsch durch die Ardennen über die Maas nach Westen vorgestoßen und stürmten der Somme entgegen. Die Festung Holland, durch deutsche Fallschirm- und Luftlandetruppen umzingelt, war gefallen. Die belgische und niederländische Armee hatten kapituliert.

Am 28. Mai 1940, als die 73. Infanteriedivision durch die Truppen der pommerschen 162. Infanteriedivision abgelöst wurde, hatten die Panzerdivisionen bereits 600 Kilometer durch Frankreich zurückgelegt und die 1. Panzerdivision stand in Spyker, sieben Kilometer vor Dünkirchen. Der Panzervorstoß zum Atlantik war geschafft. Die 73. Infanteriedivision wurde nunmehr aus dem Verband der 16. Armee herausgelöst und trat unter den Befehl der 12. Armee (Generaloberst List). Sie wurde durch die Ardennen nach Nordfrankreich in Marsch gesetzt.

Der Übergang über den Semois und über die Maas bei Sedan ging bis zum 4. Juni reibungslos vonstatten. Im neuen Bereitstellungsraum nördlich der Aisne, bei Novy-Chevrières II. Bataillon/Infanterieregiment 170, dicht am Nordufer der Aisne I. Bataillon/Infanterieregiment 170 und im Raume Bertincourt III. Bataillon/Infanterieregiment 170, bereitete sich das Regiment auf den Angriff über die Aisne vor.

Die 73. Infanteriedivision sollte im zweiten Abschnitt des Frankreichfeldzuges zum Einsatz kommen. Gemeinsam mit anderen Infanteriedivisionen sollte sie die Aisne und den Ardennenkanal überwinden, einen Brückenkopf auf den Höhen um Ménil-Annelles bilden, um wiederum den Panzerdivisionen Guderians, die dicht hinter der Infanterie aufgefahren waren, den Durchbruch bis Bar-le-Duc in einem Zuge zu ermöglichen. Es galt, die Weygandlinie zu durchstoßen. Gelang dies, würde die gesamte Maginotlinie aus den Angeln gehoben werden können.

Der Angriffsbeginn war auf den 9. Juni 1940 festgesetzt. In den Tagen und Nächten vorher fiel dem I. Bataillon/Infanterieregiment 170 die Aufgabe zu, die Aisneufer im Übersetzbereich zu erkunden, denn dieses Bataillon sollte ja als erste Welle der Division die beiden Wasserläufe überwinden und zunächst die Höhe La Tombe bei Thugny-Trugny besetzen und halten. Aisne und Ardennenkanal waren im Angriffsstreifen ungefähr 150 Meter voneinander entfernt. Der Zwischenraum war mit dichtem Buschwerk und Baumgruppen bestanden. Die Schleusenhäuser waren von den

Franzosen zu kleinen Festungen ausgebaut worden. Unterstände mit betonierten Schießständen waren geschickt in dem verdeckten Gelände eingebaut. Sie konnten sich durch flankierendes Feuer gegenseitig schützen.

Hinter den beiden Wasserläufen aber breitete sich eine deckungslose Wiese aus, die dazu noch zur Höhe La Tombe anstieg. Dieser Angriffsstreifen konnte vom Feind voll eingesehen und unter Feuer genommen werden. Die französische Artillerie hatte sich auf die neuralgischen Geländepunkte eingeschossen. Vor dem Infanterieregiment 170 wurden ein elsässisches Jägerregiment und Panzeransammlungen erkannt. Letztere standen zu dem einzigen Zweck bereit, einen deutschen Brückenkopf jenseits der Aisne im sofortigen Gegenstoß einzudrücken und die übergesetzten deutschen Truppen in Fluss und Kanal zurückzuwerfen.

In der Nacht zum 9. Juni bezog das I. Bataillon unter dem Kommando von Major der Reserve Dr. Brenkmann gegen 02.00 Uhr seine Bereitstellungsräume. Punkt 04.45 Uhr setzte das Trommelfeuer der Artillerie ein. Kampfflugzeuge des Typs Heinkel He 111 überflogen die Bereitstellungen, jagten über die Aisne und stürzten sich auf die erkannten französischen Artilleriestellungen, um sie rechtzeitig auszuschalten.

Zwölf Minuten nach Feuereröffnung sprang das Artilleriefeuer planmäßig weiter feindwärts und lag nunmehr auf den Stützpunkten und Ortschaften südlich des Kanals.

Die erste Welle des I. Bataillons, die bis dicht an die Aisne vorgegangen war, kletterte in die Floßsäcke des Pionierzuges des Regiments und der 2. Kompanie/Pionierbataillon 173 und setzte über die Aisne. Es waren die 2. und 3. Kompanie. Diese erste Welle kam gut hinüber und gewann weiter an Boden.

Als die zweite Welle mit der 1. und Teilen der 4. Kompanie übersetzte, hatte bereits das feindliche Artilleriefeuer auf die Übergangsstelle eingesetzt, sodass beide Einheiten noch vor dem Übersetzen Verluste erlitten. Französische Baumschützen unterstützten das Abwehrfeuer. Oberleutnant Kling, Chef der 4. Kompanie, fiel. Die Leutnante Thees und Bader wurden verwundet. Mehrere Schlauchboote wurden getroffen, sodass die 1. Kompanie nur mit Teilen übersetzen konnte.

Der Artilleriebeschuss des Gegners dehnte sich nun auch auf den Regimentsgefechtsstand aus. Hier wurden Kradmelder und Funker verwundet. Fahrzeuge und die Regimentsfunkstelle wurden durch Treffer vernichtet. Das Vorwerk Resson stand in Flammen.

Im Regimentsgefechtsstand sammelten sich die Verwundeten. Sämtliche Sanitäter waren durch Verwundung ausgefallen. Die Sicht hatte sich infolge dichten Frühnebels auf knapp 100 Meter verschlechtert. Vergebens achtete man beim Regimentsgefechtsstand auf Leuchtzeichen des I. Bataillons. Das Regiment entsandte Leutnant Dr. Umhau, um die Lage beim I. Bataillon zu klären. Was war nun in der ersten Angriffsstunde beim I. Bataillon geschehen? Lassen wir an dieser Stelle den

Originalbericht des Gefreiten Rösch zu uns sprechen, der mit der 3. Kompanie bei der Angriffsspitze des I. Bataillons war:

„Über den Kanal führte uns ein Steg. Dann ging es durch eine feindbesetzte Ortschaft: Thugny-Trugny, die wir durchstoßen und die uns gegenüberliegenden Höhen erreichen und halten sollten.

Die Kampfflugzeuge – Heinkel He 111 – flogen in den ersten Wellen über uns, als wir eben von der Insel über den Kanal gingen und die französischen Schützenlöcher überquerten, die durch Laufgräben miteinander verbunden waren. Von rückwärts, von beiden Seiten und von vorn krachten Abschüsse. Selbst unsere eigene Artillerie schoss hinter uns her, weil wir bereits zu weit vorgeprellt waren. So gab es für uns nichts anderes, als weiter durch eine Ortschaft und über einen hochaufgeworfenen Panzergraben vorzugehen.

Wir Granatwerferbedienungen waren dem Zug als letzte gefolgt. Mein Granatwerferführer, Fischer aus Stetten, der zweite Granatwerferschütze Englert und ich, hatten den leichten Werfer der Kompanie. Bei uns waren noch der Kamerad Kaiser aus Aura als Zugmelder und ein Schütze unserer Kompanie, dessen Namen ich nicht kannte. Wir fünf waren vom Zug und von der Kompanie abgeschnitten und bald waren wir vom Gegner umzingelt. Ein feindliches Maschinengewehr schoss. Unsere Gewehrschützen versuchten, es auszuschalten, vergebens. Der unbekannte Schütze wurde verwundet. Englert und ich verteidigten nach rückwärts und versuchten, den Gegner der sich nur wenige Meter von uns entfernt hinter Sandsackbarrikaden befand, durch Handgranatenwürfe niederzuhalten. Als wir von dort beschossen wurden und auch noch Feuer aus einem Gebäude neben uns erhielten, gelang es uns, durch Pistolen- und Gewehrfeuer den Gegner hinter der Sandsackumwallung für kurze Zeit zum Schweigen zu bringen. Während dieser Gelegenheit wurde mein Kamerad Englert aus dem Gebäude erschossen. Nun waren wir nur noch zu dritt.

In diesem Augenblick kam ein Schütze des dritten Zuges mit einem gefangen genommenen Elsässer zu uns. Wir wiesen den Gefangenen an, unseren verwundeten Schützen zu pflegen. Leider war es uns wegen der kurzen Entfernung zum Feind nicht möglich, unseren Granatwerfer einzusetzen. So lagen wir stundenlang in Deckung unter Bäumen und Sträuchern. Ein Franzose, der aus dem genannten Gebäude auf mich schoss, riss aus, als ich mit meiner Pistole nach ihm zielte. Wir waren höchstens fünf Meter voneinander entfernt. Ich hatte nur noch wenige Schuss Pistolenmunition und nun versuchte der Gegner, uns aufzuscheuchen.

Wo nur das II. Bataillon blieb? Es hatte doch Befehl erhalten, eine halbe Stunde nach uns anzutreten und die Ortschaft zu nehmen! Jetzt waren mindestens zwei Stunden vergangen und noch immer war nichts vom II. Bataillon zu sehen. Nach mehrstündigem Kampf wurde ich schließlich ebenfalls durch einen Streifschuss am Kopf verwundet. Nach kurzer Bewusstlosigkeit verband ich mich selbst. Meine rechte

Hand und der ganze rechte Arm waren gelähmt, die Wunde am Kopf blutete heftig. Ich musste den Kampf aufgeben. So verkroch ich mich in einen Straßengraben, wurde aber auch hier vom Gegner mit Maschinengewehrfeuer belegt, sodass ich weiter robbte, bis ich eine kleine Garteneinfahrt erreichte, unter die ich kroch, um mich dem Feindfeuer zu entziehen. In diesem Augenblick glaubte ich nicht mehr daran, aus diesem Feuerofen wieder herauszukommen. Vorsichtig zog ich mir mit zwei Fingern zwei Granatsplitter aus dem Kopf. Eine helle Flüssigkeit, mit Blut vermischt, lief mir über die Finger. Den Stahlhelm, der durch die Schwellung des Kopfes fest saß, musste ich abnehmen.

Ich lag den ganzen Tag unter der Garteneinfahrt. Die Franzosen hatten mich noch immer nicht entdeckt. Starkes Artilleriefeuer und Bombeneinschläge ließen das Schlimmste befürchten. Am kommenden Tag – es war der 10. Juni 1940 – gingen Franzosen an mir vorbei. Ich hörte sie miteinander sprechen, meldete mich jedoch nicht, weil ich immer noch hoffte, dass die Kameraden kommen und mich aus dieser Lage befreien würden. Am Abend dieses Tages und in der Nacht zum 11. Juni 1940 fürchtete ich, zu verhungern. Ich versuchte, mich fortzuschleppen. Offenbar entdeckte der Feind trotz der Finsternis diese Bewegung und schoss mit Leuchtspur nach mir.

Endlich, am 11. Juni gegen Mittag kamen unsere Truppen durch. Sie fanden mich. Ich war als einziger unserer Fünfergruppe mit dem Leben davongekommen. Mein Freund Rupert Walter aus Oberwerrn, der auch in meiner Kompanie war, hatte ebenfalls den Tod gefunden."

So weit der erschütternde Bericht des Gefreiten Rösch von der 3. Kompanie.

Was war nun im Angriffsstreifen des I. Bataillons weiter geschehen? Was hatte das Bataillon an diesem ersten Kampftag an der Aisne erlitten?

An der Spitze seiner Männer war Major Dr. Brenkmann in der ersten Welle über die Aisne gegangen. Die erste Meldung über die Ereignisse im Übersetzraum jenseits der Aisne brachte Feldwebel Manigold von der 1. Kompanie in den Regimentsgefechtsstand, den er gegen 09.00 Uhr erreichte. Er meldete, dass die 2. und 3. Kompanie als erste Welle gut über den Fluss gekommen seien. Dass aber bereits die zweite Welle starke Verluste durch einsetzendes Artilleriefeuer und Beschuss durch Baumschützen erlitten habe. Seine Meldung, dass das gesamte Gelände zwischen Aisne und Ardennenkanal vom Feuer der eigenen Artillerie völlig unberührt geblieben sei, löste Bestürzung aus.

Trauer erfasste die Männer im Regimentsgefechtsstand, als sie vernahmen, dass Oberleutnant Kling, Chef der 4. Kompanie, gefallen sei. Die Leutnante Thees und Bader waren verwundet. Durch den Ausfall vieler Schlauchboote konnte die 1. Kompanie nur mit Teilen übersetzen. Weitere Hiobsnachrichten gingen ein. Major Dr. Brenkmann war gefallen, und auch der Führer der 2. Kompanie, Leutnant Marsching, teilte mit vielen Kameraden das Los des Bataillonskommandeurs. Eine große Anzahl Männer des I. Bataillons wurden verwundet und gerieten mit anderen, unverwundeten, Kameraden in Gefangenschaft. Dort war es der damalige Unteroffizier Tenner, der nach zähen Verhandlungen mit einem elsässischen Serganten erreichte, dass rund zwanzig Verwundete geborgen und in französische Lazarette eingewiesen wurden.

Wie verlief nun dieser Angriffstag beim II. Bataillon?

Für das Vorgehen über Aisne und Ardennenkanal wurde das II. Bataillon in zwei Gruppen gegliedert. Entsprechend der Gliederung waren zwei Übersetzstellen vorgesehen worden. Die rechte Gruppe, bestehend aus der 5. und 7. Kompanie und dem 3. Zug der 6. Kompanie, sollte unter Führung des Bataillonskommandeurs über Pargny-Resson, dicht an der Aisne gelegen, vorgehen und den Fluss an der von den Pionieren vorbereiteten Übergangsstelle überschreiten. Anschließend sollte diese Gruppe den Schutz der rechten Bataillonsflanke übernehmen.

Die zweite Gruppe aus der 6. und 8. Kompanie sollte unter Führung von Oberleutnant Kremnitz über den Ort Resson vorgehen und an einer zweiten vorbereiteten Stelle am Nordrand von Thugny übersetzen.

Dann begann der Angriff. Beide Gruppen setzten sich in Bewegung. Die linke erreichte rasch die südlich der Bahnlinie verlaufende Straße Rethel – Doux.

Die rechte Gruppe erreichte den Ortseingang von Pargny. Hier wurde sie zum ersten Mal von den Maschinengewehrsalven der jenseits der Aisne liegenden Franzosen erreicht. In der Deckung der Häuser wurde Pargny rasch durchschritten. Dort aber, wo sich hinter der Kirche der Weg in einer Windung zum Bach Saulces-aux-Bois hin absenkte, gab es einen kurzen Halt. Das II. Bataillon war zu früh dran. Die zweite Welle des I. Bataillons arbeitete sich noch an die Übersetzstelle heran.

Die Sicht war schwach. Zwischen Saulcesbach und Aisne wogte dicker Nebel. Der Bataillonskommandeur hielt mit seinen Gefechtsmeldern die Verbindung nach vorn zur 5. Kompanie, die mit der 7. Kompanie an der Spitze angriff und schon in das Gefecht um den Übergang eingetreten war.

Über der nebligen Niederung lag starkes feindliches Maschinengewehrfeuer. Aus der dicken Suppe klangen Befehle. Zu sehen war – nichts! Ein gespenstisches Bild, das durch das Feuer beider Seiten noch bedrohlicher erschien. Die ersten Verwundeten kamen an den Männern des nachrückenden II. Bataillons vorbei. Sie strebten dem Verbandsplatz zu.

Dann hatte der größte Teil des I. Bataillons über die Aisne gesetzt und befand sich im Kampf auf der Insel zwischen Aisne und Kanal.

„Achte Kompanie folgen!“, befahl Major Marbach, der Bataillonskommandeur. Die Kompanie rannte nach vorn, ging in Deckung, sprang wieder auf und erreichte das Aisneufer, wo sie mit einer Gruppe der 5. Kompanie am Ufer eingesetzt wurde, um den Feind niederzuhalten. Die Männer sahen, wie die im Wasser schwimmenden Schlauchboote nacheinander getroffen wurden und absackten. Pioniere fielen. Der Unteroffizier fiel an der Spitze seiner Gruppe. Einer der Männer sah, wie neben seinem eigenen Gruppenführer der Achten, Oberleutnant Kling, der Chef der 4. Kompanie/Infanterieregiment 170, hinter einem Maschinengewehr lag und für den ausgefallenen Schützen 1 in den Nebel ballerte. Dorthin, wo die Abschussblitze des Gegners aufflammten und den Nebel durchstießen.

Plötzlich setzte das feindliche Sperrfeuer wieder ein. Granaten hämmerten in den Nordgrund der Aisneniederung hinein. Ein harter Einschlag nahebei. Oberleutnant Kling sackte tot über seinem Maschinengewehr zusammen. Dann wieder ein Volltreffer. Mitten in eine Maschinengewehrgruppe hinein. Das Maschinengewehr wirbelte zerstört durch die Luft. Vier Männer der Gruppe lagen tot daneben.

Weiter links versuchte Leutnant H., Führer des Regimentspionierzuges, seine Männer vorwärts zu reißen. Auch er fiel im dichten Granathagel.

Hinter den Männern brannte Pargny bereits lichterloh. Der Kirchturm wurde getroffen, das Ziffernblatt der Turmuhr wirbelte durch die Luft. „Wir kommen hier nicht über den Fluss, Herr Major!", meldete einer der Ordonnanzoffiziere. Major Marbach entschloss sich, den Übersetzversuch an dieser Stelle abzubrechen. Er hätte nur weitere sinnlose Verluste gekostet. Er gab den Befehl, zum Absetzen zu sammeln. Dieser Befehl erreichte einige Gruppen der 7. und der 5. Kompanie nicht mehr, die inzwischen trotz des vernichtenden Feuers übergesetzt waren. Auf dem Südufer der Aisne wurde Feldwebel Sigloch, Führer des 3. Zuges der Achten, verwundet.

Was war inzwischen bei der linken Gruppe geschehen? Oberleutnant Kremnitz hatte diese Gruppe bis in das Nebelgebiet gebracht. Baumschützen und Maschinengewehrstellungen, sowie das Feuer der Artillerie, verhinderten das Übersetzen. Auf Befehl des Regiments sammelte Oberleutnant Kremnitz das restliche Bataillon am Bahndamm nördlich Doux. Noch am Vormittag wurde von der 6. und 8. Kompanie der Angriff über den Ostrand von Doux vorgetragen. Auch dieser zweite Angriff kam im dichten Abwehrfeuer zum Erliegen. Zwischen dem Bahndamm und Doux fiel der Schütze Hoos dem Artilleriefeuer zum Opfer. Am linken Abschnitt der Gruppe erschien nunmehr der Bataillonskommandeur mit den Resten der beiden anderen Kompanien. Er selbst trieb Aufklärung vor. Hier wurden viele Versprengte und Verwundete des I. Bataillons aufgenommen, die sich schwimmend über die Aisne gerettet hatten.

Während die 6. Kompanie und Teile des ersten und zweiten Zuges der Achten in der Nähe der Aisne südostwärts Doux sicherten, sammelte das Bataillon am Bahndamm. Hierher kam schließlich gegen Abend auch die Verpflegung durch. Nach Einbruch der Dunkelheit erhielt das II. Bataillon abermals den Befehl zum Vorgehen. Die Ortschaft Doux wurde durchschritten. Hier wurde der Schütze Wohlfahrt gefunden, der schwer verwundet im Straßengraben lag. Sanitäter versorgten ihn. Das Störfeuer des Gegners traf den Schützen Benkert, der schwer verwundet zusammenbrach. Er wurde vom Verpflegungstrupp zurückgebracht. Bei der 6. Kompanie gab es wieder Ausfälle. Die Kompanien gruben sich ein.

Der erste Angriffstag war mit einem Misserfolg zu Ende gegangen. Dieser Misserfolg hatte folgende Ursachen:

Einmal war es für die Vorgeschobenen Beobachter der Artillerie unmöglich, bei dem herrschenden Nebel die Artillerie auf die Feindstellungen einzuweisen. Zum anderen gelang es nicht, schwere Waffen über den Fluss zu bringen. Im dichten Nebel wurden die Kompanien versprengt. Dabei gerieten der Führer der 1. Kompanie, Leutnant Hopf, und der Zugführer der 3. Kompanie, Leutnant Naske, in französische Gefangenschaft, aus der sie erst Tage später wieder befreit wurden.

Das II. Bataillon kam überhaupt nicht über den Fluss, weil es schon diesseits der Aisne in schwere Kämpfe verwickelt wurde. Allein von der 8. Kompanie fielen 9 Mann; 15 Soldaten wurden verwundet. Lassen wir an dieser Stelle abschließend Feldwebel Denz, Führer des 2. Zuges der Achten, über den 9. Juni 1940 berichten:

„Die 6. Kompanie ist bereits aufgebrochen. Der Kompanietrupp unter Feldwebel Faßnacht und der erste Zug der Achten unter Leutnant Sperr schlossen sich an. Nach kurzer Zeit nimmt uns ein undurchdringlicher Nebel auf. Man sieht kaum auf zehn Schritt. Die Luft ist von Pulvergasen erfüllt

‚Gaaas!' kommt es von vorn durch. Der erste Zug setzt die Masken auf. Durch diese verfluchte Geschichte wird unsere Riesenschlange bedenklich auseinandergezogen. Mit Mühe und Not kann ich mit meinem Zug die Verbindung halten.

In Resson, wo sich die Straße teilt, verlieren wir den Anschluss. Gespensterhaft tauchen rechts im Nebel Bäume auf. Wir dürfen zunächst nicht mehr weiter, könnten ja im dichten Nebel dem Feind in die Arme laufen. Ich selbst kläre mit einem Spähtrupp nach links auf. Lebhaftes Feuer aus Maschinenpistolen setzt ein. Die hochsteigende Sonne lichtet den Nebel; das Feuer wird stärker und konzentriert sich nun auf uns.

‚Phiu-phiu-phiul!', pfeift es über unsere Köpfe hinweg. Wir haben es hier mit Baumschützen zu tun. Nach einer Weile meldet mir Gefreiter Sp., dass Feldwebel K. schwer verwundet ist und – dass wir nicht weiter vordringen sollen. Wir beide kehren an den Waldrand zurück. Dort kniet in einer Erdvertiefung Leutnant H. In seinen Armen hält er einen verwundeten Kameraden. Plötzlich lässt er den Kameraden zurücksinken.

‚Er ist tot' sagte er und erklärt: ‚Als er vorhin ganz kurz über die Deckung spähte, gab ein Baumschütze aus allernächster Nähe einen Schuss ab, der ihn durch die Brust traf.'

Noch am Abend des 9. Junis erschien Oberstleutnant Schleußinger vor Doux am Saulcesbach. Er unterrichtete sich über die Lage und gab dem II. Bataillon für den

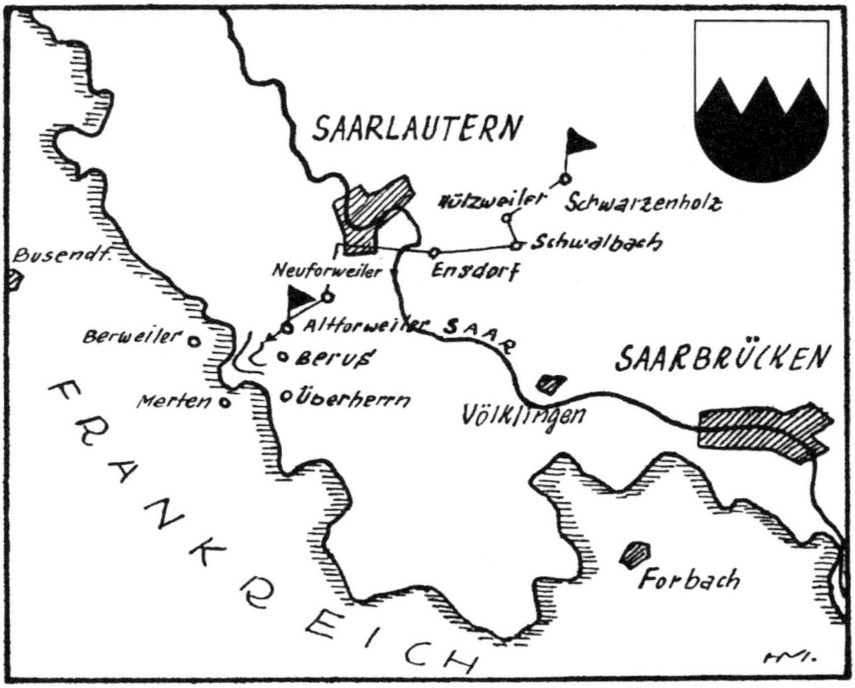

Der Marschweg der 73. Infanteriedivision zusammen mit dem Infanterieregiment 170 in das Grenzgebiet zu Frankreich im Frühjahr 1940.

In der Unterkunft an der Saar dampft die Feldküche des Infanterieregiments 170. An der Feldküche ist bereits das Truppenkennzeichen der 73. Infanteriedivision zu erkennen.

Übergang über die Moselbrücke nach Luxemburg im Mai 1940.

Das Infanterieregiment 170 auf Luxemburger Seite am 11. Mai 1940. Der Westfeldzug hat begonnen.

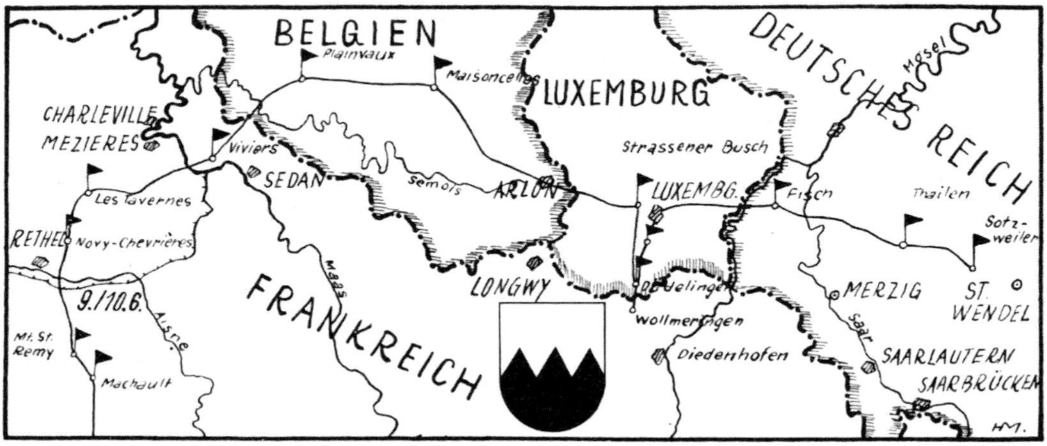

Die Karte zeigt den Marschweg des Infanterieregiments 170 vom 11. Mai 1940 bis 10. Juni 1940 durch Luxemburg, Belgien und Frankreich bis zum Fluss Aisne bei Rethel.

Marsch des Infanterieregiments 170 durch Arlon in Belgien. Pferdegespanne und Radfahrer passieren die Stadt.

Eine Marschkolonne des Infanterieregiments 170
in Belgien im Mai 1940.

Radfahrer und Pferdegespanne des Trosses
auf dem Weg zur Aisne.

Verlassene Fahrzeuge des weichenden Gegners säumen die Vormarschstraße der vorrückenden deutschen Verbände.

Ein Fieseler Storch bringt neueste Befehle für die 73. Infanteriedivision.

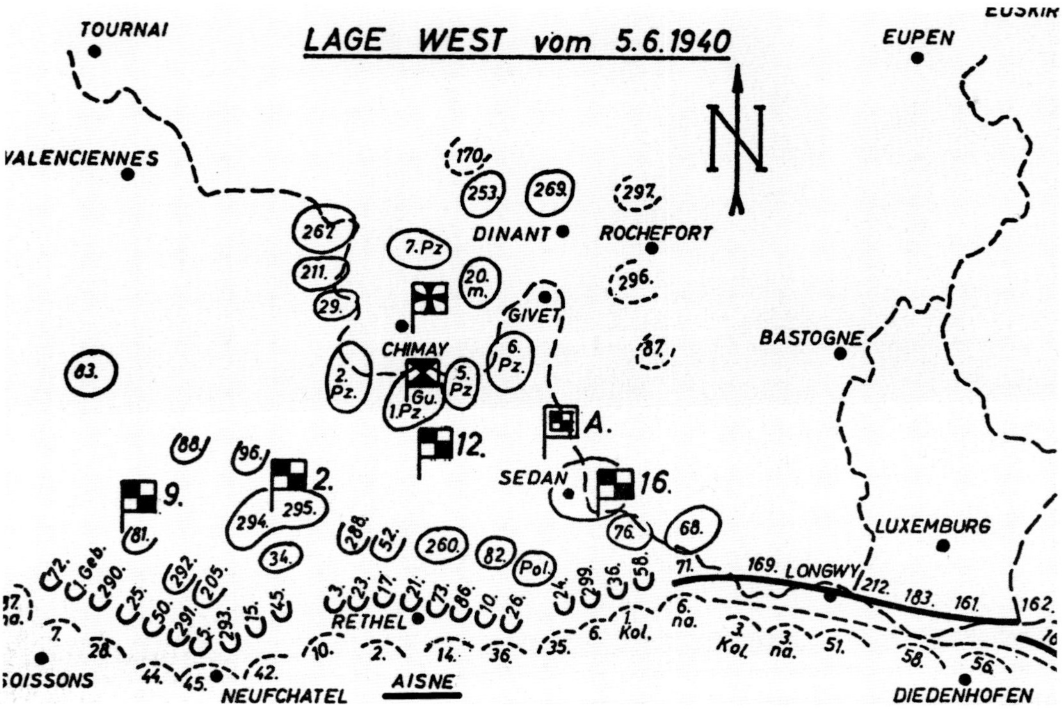

Aufmarschskizze der Infanteriedivisionen an der Aisne. Bei Rethel sind beide fränkische Divisionen, die 17. und 73. Infanteriedivision nahe beieinander eingesetzt. Die Infanterie hatte den Auftrag, unterstützt durch die Pioniere, den Übergang über die Aisne zu erzwingen. Dann mussten Brücken über die Aisne geschlagen werden, damit die Panzerdivisionen der Gruppe Guderian nach Frankreich hineinstoßen konnten.

Der Divisionskommandeur der 73. Infanteriedivision, General der Infanterie Bieler (rechts im Bild), bei einer Besprechung mit seinen Stabsoffizieren, wie der Aisneübergang zu erzwingen sei.

Die Ufer des Kanals und des Flusses Aisne wurden von den Franzosen zäh verteidigt. Erst nach mehrmaligen Übersetzversuchen konnte das Infanterieregiment 170 unter hohen Verlusten den Übergang erzwingen. Auch das benachbarte Infanterieregiment 55 hatte Verluste zu beklagen.

Soldaten des Infanterieregiments 170 bilden eine Brückenkopf am südlichen Aisneufer, um den Pionieren den Bau von Brücken zu ermöglichen.

Wie bei den meisten an der Aisne eingesetzten Infanteriedivisionen hatte auch die 73. Infanteriedivision und somit auch das Infanterieregiment 170 Anfang Juni 1940 hohe Verluste zu beklagen.

Soldaten des Infanterieregiments 170 gedenken an den Gräbern ihrer gefallenen Kameraden.

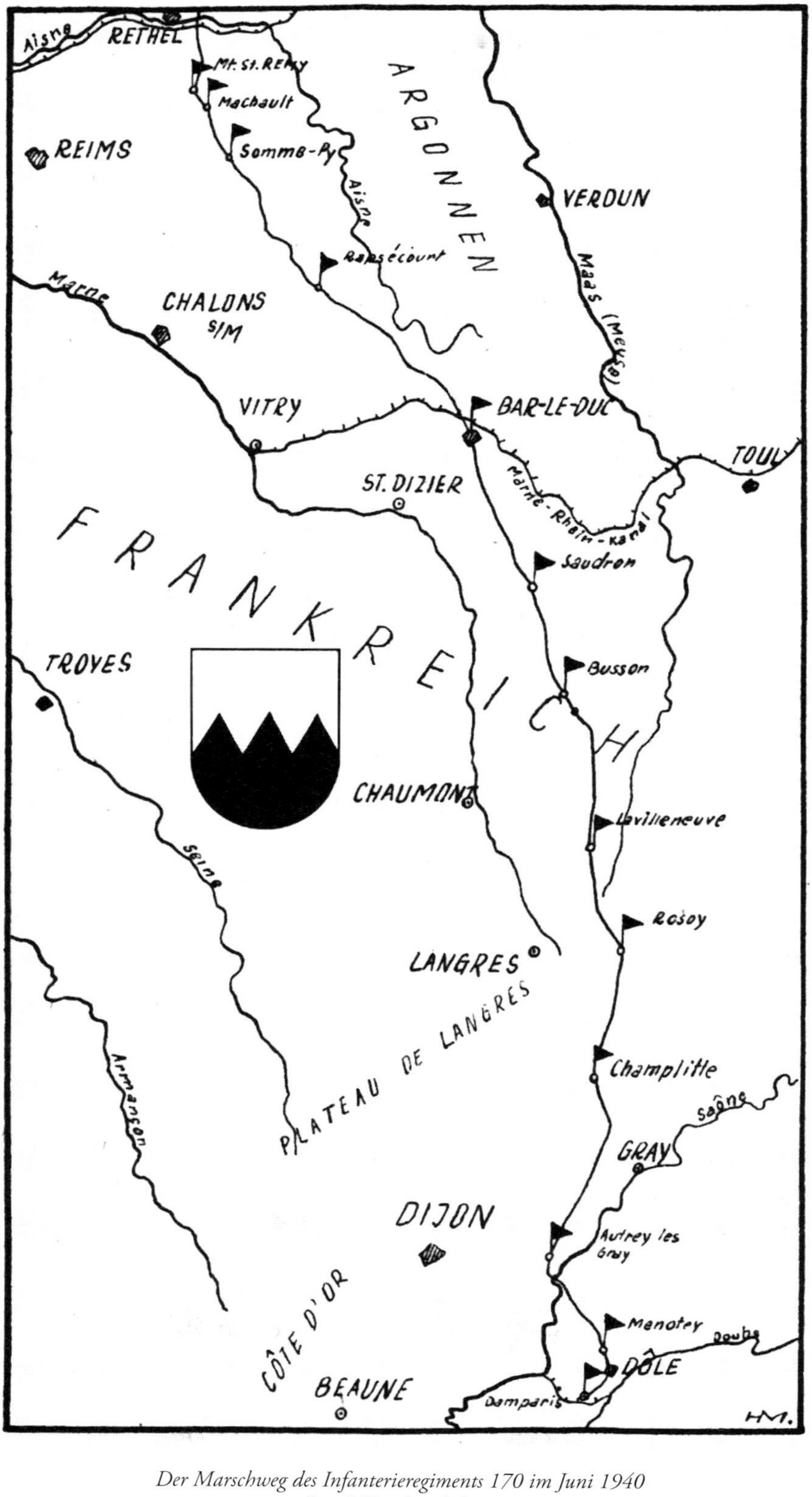

Der Marschweg des Infanterieregiments 170 im Juni 1940 tief nach Frankreich hinein.

Vorbei an erbeuteten französischen Mörsern marschiert das Infanterieregiment 170 immer tiefer nach Frankreich hinein.

Diese auf Spezialwaggons verladene französische Riesenpanzer Char 2C kamen erst gar nicht zum Einsatz und wurden gesprengt. Ein beliebtes Besichtigungsobjekt für vorbeikommende deutsche Soldaten.

Das Infanterieregiment 170 bahnt sich seinen Weg durch französische Obstplantagen.

Auf dem Vormarschweg des Infanterieregiments 170 wurde ein liegen gebliebener deutscher Panzer I besichtigt, dessen Besatzung mit der Reparatur ihres schadhaften Panzers beschäftigt sind.

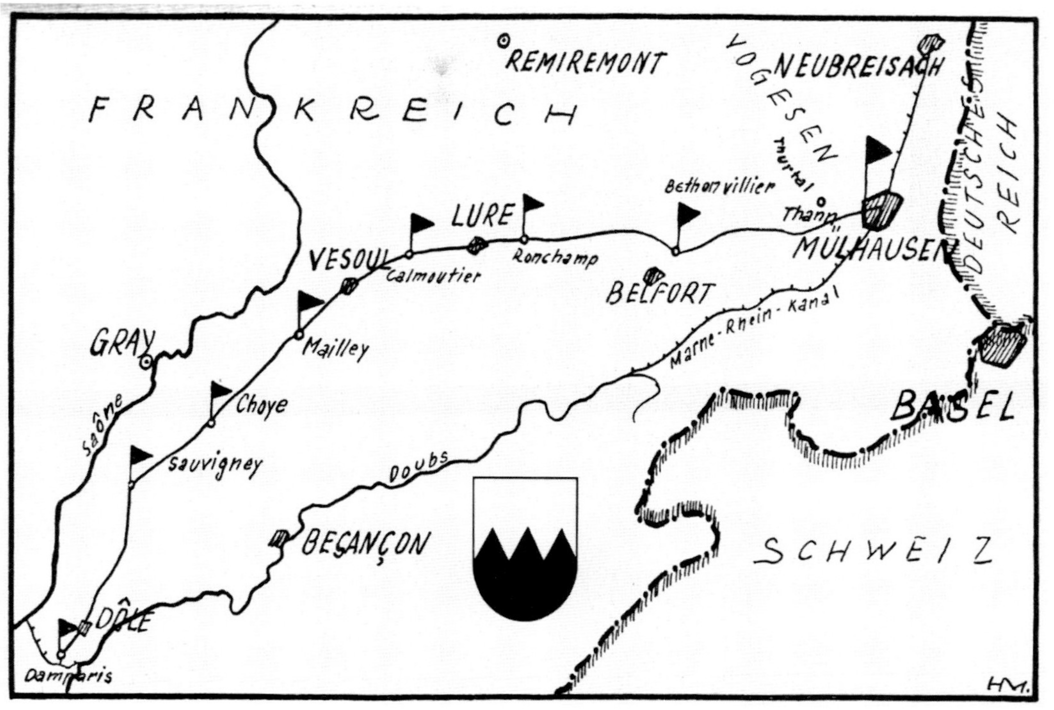

Nach dem Waffenstillstand am 25. Juni 1940 marschierte das Infanterieregiment 170 von Dole zurück zur Reichsgrenze bis nach Mülhausen (Mulhouse).

Soldaten des Infanterieregiments 170 in Dole.

Ein Major (links im Bild) und Leutnant Glaser (rechts im Bild) vom Infanterieregiment 170. Leutnant Glaser hat die Spange zum Eisernen Kreuz II. Klasse von 1914 verliehen bekommen.

Französische Soldaten zu Pferd auf ihrem Weg in die Gefangenschaft.

Soldaten des Infanterieregiments 170 besichtigen erbeutetes Kriegsmaterial.

Eine Bildcollage im Ansichtskartenformat erinnert an den Waffenstillstand mit Frankreich am 25. Juni 1940.

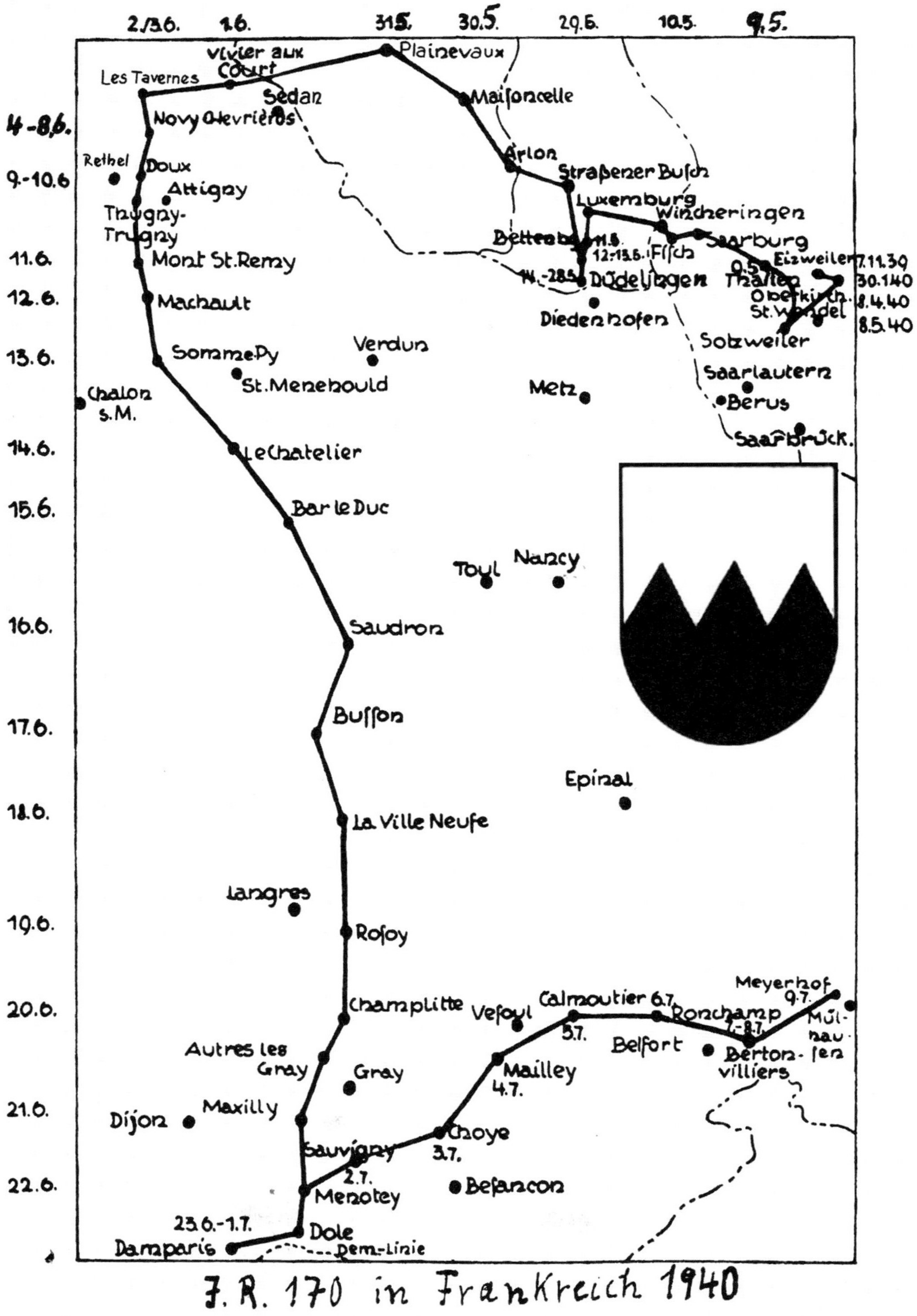

Skizzierter Marschweg des Infanterieregiments 170 durch Frankreich 1940.

Einmarsch des Infanterieregiments 170
in Mülhausen im Elsaß.

Ein deutscher Soldat und seine deutschsprachigen Quartiersleute
bei Mühlhausen im Elsaß.

Das Infanterieregiment 170 stellte im Juli 1940 Wachposten am Bahnhof von Mülhausen, die die Verladung französischer Kriegsgefangener überwachen sollten.

Mit Sack und Pack beladene französische Soldaten werden vom Bahnhof Mülhausen aus zu einem Sammelplatz geführt.

Ein Offizier des Infanterieregiments 170 lässt gefangene französische Offiziere in einem Sammellager antreten. Neben ihm steht ein Dolmetscher und der ranghöchste französische Offizier.

Nach dem Appell gehen die gefangenen französischen Offiziere in Begleitung eines Militärpfarrers zu ihren Unterkünften.

Eine Feldküche, auch „Gulaschkanone" genannt, des Infanterieregiments 170.

Soldaten des Infanterieregiments 170 müssen die eroberten Gebiete nach versprengten französichen Soldaten durchkämmen, um sie gefangen zu nehmen.

Zur Vorbereitung auf das geplante Unternehmen „Seelöwe", der Invasion Englands, wurde das Infanterieregiment 170 übungsmäßig verladen. Nach dem Debakel bei der Luftschlacht um England, wurde dieses Unternehmen jedoch aufgegeben.

Mit Schwimmwesten versehene Soldaten des Infanterieregiments 170 bei den Verladeübungen im August 1940.

nächsten Morgen einen neuen Befehl: „Nach kurzer Artillerievorbereitung erfolgte der Angriff über die Aisne und Ardennenkanal und Gewinnung der Höhe La Tombe."

Dort hielten sich noch Teile der 2. Kompanie. Mit ihnen musste man Verbindung aufnehmen; koste es, was es wolle.

Mitten in der Nacht schlug eine Granate in die Ferme Auberge du Gresson ein. Der Benzintank eines hier abgestellten Kraftwagens geriet in Brand. Im Feuer verbrannten der Fahrer und der Funker, die im Wagen geschlafen hatten.

Aus der Sicht der Division und des Regiments ergab sich am Abend des 9. Junis folgendes Bild. Das I. Bataillon war offenbar mit Teilen über Aisne und Ardennenkanal gesetzt, hatte die Höhe La Tombe erreicht und sich dort trotz feindlichen Panzerangriffs gehalten. Auf der Höhe war auch Major Dr. Brenkmann durch eine Infanteriekugel gefallen. Leutnant Graber vom Infanterieregiment 170, der zum Divisionsgefechtsstand nach Ferme de Corny la Cour gefahren war, um die Lage des II. Bataillons zu melden und etwas über die Bewegungen der Nachbardivisionen zu erfahren, erhielt von Generalleutnant Bieler den schriftlichen Vorbefehl, unter allen Umständen die Gruppe Marsching auf der Höhe La Tombe zu entsetzen.

Oberstleutnant Schleußinger überzeugte sich persönlich bei der 6. Kompanie seines Regiments von der Lage und gab um 19.30 Uhr den Befehl, zwischen 22.00 Uhr und 22.30 Uhr noch einmal anzutreten. Er entsandte gegen 21.00 Uhr seinen Ordonnanzoffizier zur Division, mit der Bitte um Feuervorbereitung durch die Divisionsartillerie für diesen Angriff

Der Divisionskommandeur musste dieses Ersuchen unter dem Eindruck der neuesten Lage im Divisions- und Nachbarabschnitt ablehnen. Generalleutnant Bieler befahl Oberstleutnant Schleußinger zum Divisionsgefechtsstand. Hier wurde der neue Angriff für den Morgen des 10. Junis festgelegt. Für diesen neuerlichen Angriff wurde dem Infanterieregiment 170 noch das III. Bataillon/Infanterieregiment 186, Führer Major Wellenkamp, unterstellt

Der neue Angriff begann am 10. Juni um 07.00 Uhr. Wieder lag dicker Nebel im Angriffsstreifen. Diesmal schleppten die Infanteristen und Pioniere zu viert die Schlauchboote selbst nach vorn. In folgender Reihenfolge: Vorn 5. Kompanie mit Pionieren und Teilen der 8. Kompanie, dahinter die 6. Kompanie, ging es zunächst schnell vorwärts. Alles entbehrliche Gepäck war zurückgeblieben. Hinter dem „Malefizwäldchen" schlossen die übrige 8. und die 6. Kompanie nach vorn auf. Baumschützen feuerten aus dem dichten Laubgewirr. Maschinengewehrsalven peitschten durch die Zweige. Vorn am Waldrand blieb die 5. Kompanie in Deckung liegen. Diejenigen, die zu schnell waren, lagen verwundet oder tot am Boden. In diesem Augenblick eröffnete die Feindartillerie das Feuer auf das „Malefizwäldchen". Von hinten nach vorn verlegte die Feuerwalze, die Äste von den Bäumen schlug. Splitter rissen ausgezackte Wunden. „Vorwärts und durch!" befahlen die Kompaniechefs. Sie sprangen auf, rannten, um die letzten hundert Meter zur Aisne zu überwinden. Im Aufspringen traf ein Granatsplitter Unteroffizier Kießling. Er richtete sich auf und sah seinen Bataillonskommandeur.

„Sieg Heil, Herr Major!“ rief er und dann fiel er nach vorn auf das Gesicht. Immer noch hämmerten Granaten in den Malefizwald, rissen Kameraden zu Boden. Die Funkverbindung zur Artillerie war bereits ausgefallen.

„Vorwärts, Männer!“ befahl Major Marbach, riefen die Kompaniechefs.

Sie kamen bis auf 50 Meter an den Fluss heran. Der Gegner auf dem anderen Ufer war nur achtzig Meter entfernt, dann nur noch fünfzig. Der Angriff wurde nach links abgedreht. Eine Gruppe der 8. Kompanie deckte mit zwei Maschinengewehren die Flanke. Sie brachten für kurze Zeit den Gegner zum Schweigen. Unterdessen erreichten Teile der 5. Kompanie und die Pioniere die Aisne. Schlauchboote wurden zu Wasser gelassen. Die ersten Männer paddelten durch den Fluss und gewannen das jenseitige Ufer. Da setzte das Feindfeuer abermals ein. Flankierend schlug das Maschinengewehrfeuer aus einer Bunkerscharte. Einer der Alten nahm den Panzerbüchsenführer Unteroffizier Schüttler zur Seite und wies ihn ein:

„In die Scharte, Schüttler!“

Der Lauf wurde auf die Schulter eines Schützen gelegt. Der Gewehrführer schoss. Die Granate hämmerte in die feindliche Maschinengewehrstellung hinein. Dieser Schuss entschied den Vorstoß, denn nun konnten die Schlauchboote in den nächsten Minuten übersetzen. So kamen Teile der 5., 6. und 8. Kompanie zur Insel hinüber.

Abermals hämmerte an dieser Stelle Artilleriefeuer auf sie ein. Neben dem Bataillonskommandeur wurde der Schütze eines leichten Granatwerfers tödlich getroffen. Der Leutnant der Pioniere, der das Übersetzen leitete, erhielt einen Rückenschuss. Auf der Insel stürmten die ersten Gruppen bis zum Kanalufer vor. Männer fielen. Schwere Granaten wühlten den Uferboden diesseits und jenseits der Aisne um und um. Stunde um Stunde verrann. Der 10. Juni ging zur Neige, ohne das es der 73. Infanteriedivision gelungen wäre, den Brückenkopf zur Durchschleusung der Panzerverbände zu bilden.

Damit war der Angriff der 12. Armee über die Aisne fehlgeschlagen. Dieses Gelände ostwärts von Rethel war für die Verteidiger zu ideal. Die Angriffsverbände hatten schwere Verluste erlitten.

Wie wurde nun von Seiten der Division und des Regiments der Angriff des 10. Junis gesehen?

Nach der Artillerievorbereitung trat die verstärkte 6. Kompanie unter Führung von Oberleutnant Kremnitz an. Der Rest des II. Bataillons sollte folgen. Der Fernsprechtrupp meldete zunächst ein flottes Vorgehen des II. Bataillons. Aber bereits gegen 08.30 Uhr war keine Verbindung mehr mit dem Bataillon vorhanden. Vom Regimentsgefechtsstand wurde Leutnant Umhau nach vorn geschickt, um die Lage zu klären. Eine halbe Stunde darauf machte sich Leutnant Fischer mit einer Melderstaffel aus fünf Radfahrern auf den Weg. Er hatte Auftrag, sich zum II. Bataillon vorzuarbeiten, sich diesem anzuschließen und laufend Meldung an das Regiment zu geben.

Wieder eine halbe Stunde später wurde Leutnant Graber, Ordonnanzoffizier des Regiments, zum III. Bataillon/Infanterieregiment 186 geschickt, um den Befehl zum weiteren Verschieben des unterstellten Bataillons hinter das II. Bataillon/Infanterieregiment 170 zu überbringen.

Von den drei entsandten Offizieren fehlte noch um 14.00 Uhr jede Nachricht. Erst dann kamen die Radmelder zurück und berichteten, dass sie nicht durchgekommen seien und die Verbindung zu Leutnant Fischer verloren hätten.

Ein Kompaniemelder der 6. Kompanie, der sich fernmündlich aus Doux meldete, gab eine erste Schilderung, aus der der Regimentskommandeur zu ersehen glaubte, dass auch dieser Angriff fehlgeschlagen und es mit keinem Teil gelungen sein könnte, die Aisne nach Süden zu überschreiten. Zu Major Marbach und dem II. Bataillon/ Infanterieregiment 170 bestand noch immer keine Verbindung.

Um 13.00 Uhr kam der Regimentskommandeur von der Division zurück mit dem Auftrag, den Angriff einzustellen und bis zum Wirksamwerden des Druckes der auf der rechten Flanke bei der 17. und 21. Infanteriedivision endlich durchgebrochenen Panzer die erreichten Räume zu halten.

Erst zu diesem Zeitpunkt, gegen 14.50 Uhr, kam eine Meldung vom III. Bataillon/ Infanterieregiment 186, dass es doch stärkeren Teilen gelungen sei, die Aisne zu überschreiten. Auch an diese Teile erging nunmehr der Befehl, sich einzugraben, die erreichte Linie zu halten und durch Gefechtsaufklärung festzustellen, ob der Gegner etwa räume. In diesem Falle sei direkt bis La Tombe nachzustoßen.

Gegen 16.00 Uhr erschien ein deutscher Aufklärer über der Front und die Soldaten konnten erkennen, wie er von drei französischen Jägern angegriffen und abgeschossen wurde. Eine halbe Stunde vor Mitternacht meldete sich Leutnant Graber auf dem Regimentsgefechtsstand und brachte die erste definitive Nachricht mit:

„Das III. Bataillon/Infanterieregiment 186 ist dem II. Bataillon/Infanterieregiment 170 dichtauf gefolgt. Das II. Bataillon befindet sich jenseits der Aisne. Verbindung zum II. Bataillon durch Ausfall von Leutnant Fischer nicht zu Stande gekommen."

Auch Leutnant Dr. Umhau meldete sich nicht mehr. Dieser tapfere und vorbildliche Offizier hatte in Durchführung seines Auftrages bereits um 10.00 Uhr vormittags den Heldentod erlitten. Ein Offiziersspähtrupp des III. Bataillons/Infanterieregiment 186 nahm gegen 02.10 Uhr des 11. Junis die Verbindung mit dem Kommandeur des II. Bataillons/Infanterieregiment 170 südlich der Aisne auf und erfuhr, dass das gesamte II. Bataillon inzwischen übergesetzt sei und zwischen Aisne und Ardennenkanal auf der Insel liege. Eine Fernsprechleitung wurde bei Nacht über den Fluss geführt und gegen 03.00 Uhr nahm erstmals Major Marbach fernmündlich Verbindung zum

Regiment auf. Major Marbach wollte dort liegenbleiben und bei Wiederaufnahme des Angriffes weiter vorstoßen.

Dieser Entschluss wurde auch der Division mitgeteilt.

Am Spätnachmittag des 10. Junis 1940 hatten sich auch die Reste des I. Bataillons in der Gegend des Bataillonsgefechtsstandes gesammelt. Es wurde in der Nacht bis Thugny-Trugny nachgezogen und erhielt Befehl, dort zur Sammlung des Geräts und zur Beisetzung der Toten zu verbleiben. Der Regimentsgefechtsstand wurde noch am 10. Juni bis Ménil-Annelles vorverlegt.

Westlich Rethel war es der 17. und 21. Infanteriedivision bereits am 9. Juni gelungen, den Gegner nach erbitterten Kämpfen zu werfen. In Rethel jedoch verteidigten die Französen sich zäh. Erst gegen Abend war die Pionierbrücke bei Château-Porcien fertiggestellt. Sie war leider so schwach, dass die Panzer III und IV der 1. Panzerdivision nur einzeln passieren konnten. Damit war der geplante Panzerangriff noch am 9. Juni geplatzt. Am Morgen des 10. Junis rollten die beiden Panzerregimenter der 1. Panzerdivision jedoch mit über 250 Panzern in zwei Treffen vorwärts. Sie erreichten die abgekämpfte Infanterie und eroberten Juniville.

Nachdem nunmehr westlich und bei Rethel der Durchbruch gelungen war, geriet am 11. Juni schließlich die gesamte Front der 12. Armee in Bewegung.

In den Morgenstunden des 11. Junis fand das Bataillon Marbach vor sich keinen Gegner mehr. Es überschritt unangefochten den Ardennenkanal und erreichte die Höhe La Tombe. Dort fanden sie einzelne Soldaten des I. Bataillons, die am 9. Juni bis hierher vorgedrungen waren und seitdem in Granattrichtern und Gräben hockten und seit über 36 Stunden unter starkem Beschuss dort ausgeharrt hatten.

Über einen Floßsteg zog das III. Bataillon/Infanterieregiment 186 über Fluss und Kanal nach. Pioniere begannen ab 10.00 Uhr mit dem Bau der auch hier geplanten Panzerbrücke und der Brücke zur Marschstraße 1.

Das III. Bataillon/Infanterieregiment 170 folgte als Reservebataillon nach Fertigstellung der Brücke. Bis 13.00 Uhr erreichte Major Marbach mit dem II. Bataillon/Infanterieregiment 170 die Höhen ostwärts Ménil-Annelles. Jetzt wurde das I. Bataillon bis Thugny nachgezogen und erhielt Befehl, zur Beisetzung der Toten dort zu bleiben und das restliche Gerät zu bergen.

Bis zum Abend des 11. Junis erreichte das Infanterieregiment 170 die Linie Bignicourt – Ville sur Retourne – Pauvres, um hier an die 260. Infanteriedivision Anschluss zu finden, die dicht hinter den Panzerverbänden der 2. Panzerdivision folgte.

Bei Einbruch der Dunkelheit erreichte das Regiment Mont St. Remy. Hier wurde ihm die I. Abteilung/Artillerieregiment 173 unterstellt. Die Ortschaft Machault vor der Regimentsvorausabteilung stand in Flammen. Am nächsten Tage gab es eine erste Verschnaufpause. Die Gefechtstrosse trafen gegen 13.00 Uhr bei ihren Kompanien ein. Das verwaiste I. Bataillon wurde dem Infanterieregiment 186 unterstellt. Noch am 12. Juni wurde die Verfolgung des weichenden Gegners fortgesetzt und mit vordersten Teilen bei Einfall der Nacht der Raum Mont St. Remy erreicht.

Die nächsten Tage brachten für die 73. Infanteriedivision erhebliche Marschleistungen. Durch das Vorgehen der beiden Heeresgruppen B und A war bald darauf die in der Maginotlinie eingesetzte französische Heeresgruppe 2 im Rücken bedroht. Der Widerstand der Franzosen ebbte ab. Die an der Verfolgung des weichenden Gegners teilnehmende 73. Infanteriedivision erreichte am 13. Juni die Linie Souaine – Sommepy-Tahure. Bei Sommepy-Tahure war der Übergang über einen Bach durch Regen stark erschwert. Der Regimentsgefechtsstand befand sich am Abend dieses Tages bei Bornes, an der Straße bei Sommepy-Tahure, auf den alten Schlachtfeldern der Champagne. Das, woran sich die Regimentsangehörigen – als für diesen Rastraum charakteristisch – besonders deutlich erinnern, ist, dass es kein Wasser gab.

Um 03.00 Uhr früh wurde am 14. Juni der Weitermarsch angetreten. Gegen Mittag war Dampierre-le-Château erreicht, wo eine Rast eingelegt wurde. Um 21.00 Uhr, die große Hitze des Tages war noch nicht geschwunden, wurde die Verfolgung fortgesetzt, und zwar bis in den erkundeten Raum der Vorausabteilung nach Le Châtelier. Der Waldrand ostwärts Le Châtelier sollte noch feindbesetzt sein. Aus nordostwestlicher Richtung war auch Gefechtslärm zu hören. Ein vom Regimentskommandeur angesetzter Spähtrupp meldete jedoch den Waldrand feindfrei.

Noch in der Nacht stieß das Infanterieregiment 170 durch den Wald südlich Le Châtelier vor und erreichte im Morgengrauen Sommeilles und Laheycourt. Am Ostausgang Laheycourt wurde die Regimentsspitze von versprengten Franzosen beschossen. Nach kurzem Feuerwechsel gab sich der Gegner gefangen. Dabei wurden verschiedene Fahrzeuge und Funkgeräte erbeutet.

Die Straßenbrücke über die Chée, 1.200 Meter ostwärts Lahecourt, war gesprengt, sodass hier ein Weitermarsch in Richtung Louppy-sur-Loison nur für die Fußtruppen möglich war. Unter hartem Einsatz der Pioniere gelang es, wenigstens einige Panzerabwehrkanonen und Infanteriegeschütze hinüber zu bekommen, die im Mannschaftszug weiterbewegt werden mussten. Die sofort angesetzte Erkundung ergab südlich Laheycourt eine Übergangsmöglichkeit durch eine Furt. Nach weiterer Erkundung eines Umleitungsweges wurde die Verfolgung mit mehrstündiger Verspätung auf der alten Marschstraße über Louppy-sur-Loison – Venise bis Fains-Véel fortgesetzt.

Dem tatkräftigen, blitzschnellen Zupacken des III. Bataillons/Infanterieregiment 170 gelang es die Brücke über die Saulx bei Fains-Véel unversehrt zu gewinnen. Die Brücke über den Rhein-Marne-Kanal war jedoch bereits gesprengt. Wieder trat das Pionierbataillon 173 in Aktion, das in kurzer Zeit einen Übergang schuf. Noch vor Abendwerden erreichte das Regiment Bar-le-Duc und schob seine Sicherungen bis an den Südrand der Stadt vor. Dem raschen Vorwärtskommen des Infanterieregiments 170 an diesem 15. Juni 1940 ist eine große Anzahl von Gefangenen zu verdanken. Erhebliche Geländeschwierigkeiten brachte der 16. Juni gleich zu Beginn des Weitermarsches, denn bereits südlich Savonnières wurde der Vormarsch des Regiments durch einen Steilhang gehemmt. Die Fahrzeuge konnten diesen Steilhang nur sechsspännig überwinden. Nicht weniger als sieben Stunden dauerte die dadurch hervorgerufene Verzögerung

Diese Wegstrecke war auch nicht zu umgehen, da das Regiment Weisung erhalten hatte, den Gefechtsstreifen unter allen Umständen einzuhalten. Zuerst wurden die Regimenter 186 und 213 durchgeschleust. Sodann konnte die Masse des Infanterieregiments 170 mit der I. und IV. Abteilung/Artillerieregiment 173 über Montplonne und Nant le Petit wieder die Marschstraße des Regiments erreichen. Das II. Bataillon war unterdessen mit unterstellter 3. Batterie/Artillerieregiment 173, der 13. Kompanie und der Stabskompanie ohne Rücksicht auf das Nachkommen der Masse des Regiments unter großen Schwierigkeiten über Beauregard Ferme am Westrand Bois de Montromant nach Nant le Petit vorgekommen.

Bei der Wegerkundung fuhr der Führer der 14. Kompanie, Leutnant Fröhler, bei Ménil-Annelles auf eine französische Minensperre und wurde zusammen mit drei Begleitern schwer verwundet. Über Fouchères erreichte das Regiment schließlich den befohlenen Rastraum Dammarie-sur-Saulx – Morley. Das II. Bataillon wurde als Sicherung durch den Foret de Montiers bis beiderseits Bois de Saudron vorgezogen. Dieser Tag war gekennzeichnet von einer besonderen Marschleistung und durch die brennenden Dörfer, die den Rückzugsweg des Gegners markierten.

Dennoch war die Masse des Regiments durch die schlechten Wegeverhältnisse zurückgefallen und wurde am 17. Juni hinter den Regimentern 186 und 213 eingegliedert. Es erreichte im weiteren Vormarsch über Montiers – Paroy-sur-Saulx – Effincourt – Pansey – Soulaincourt – Germisay und Épizon den Raum Busson-Leurville. Im Verlauf dieses Tages erhielt Oberstleutnant Schleußinger die Spange zum Eisernen Kreuz I. Klasse.

Der planmäßige Vormarsch des Regiments am 18. Juni führte in den Mittagsrastraum Chlefmont. Beutegegenstände aller Art säumten die Vormarschstraße. Insbesondere fielen nicht weniger als 24 vollmotorisierte französische 28 cm-Geschütze in deutsche Hände. Am Wegrand lagerten lange Flüchtlingskolonnen mit ihren wenigen Habseligkeiten und demonstrierten das ganze Entsetzen eines Krieges, der nicht nur die Soldaten gepackt hielt, sondern auch die Zivilbevölkerung.

Am 19. Juni wurde der Angriffsstreifen der 73. Infanteriedivision verbreitert, sodass das Infanterieregiment 170 wieder in vorderer Linie neben seinen Schwesterregimentern eingesetzt werden konnte. Bei Meuse zog das Regiment an zerstörten und stehengebliebenen überschweren 72 Tonnen-Panzern der Franzosen vorbei. Im Rastraum Chaudenay-Rosoy konnte ein Nachschubtransportzug mit Lebensmitteln und Ausrüstungsgegenständen sichergestellt werden. Im Rathaus von Chaudenay wurde der Regimentsgefechtsstand eingerichtet. Das bis hierher noch unterstellte III. Bataillon/Infanterieregiment 186 schied nun aus dem Regimentsverband aus und trat ab 20. Juni zum eigenen Regiment zurück.

Was aber war an den Angriffsspitzen bis zum 20. Juni 1940 geschehen? Am 14. Juni waren deutsche Truppen in Paris eingerückt. Wie auch General Weygand befürchtet hatte, brach der französische Widerstand mehr und mehr zusammen. Die „Gespensterdivision" Rommels – die 7. Panzerdivision – erreichte im Vorstürmen auf das Meer bereits am 9. Juni Fécamp. Sie „rommelte" wie nie zuvor und berichtete in der Lagemeldung:

„Vorn alles ruhig, Feind zerplatzt"

Generalmajor Rommel führte diese Division nun Richtung Le Havre. Von dort aus ging es via Cherbourg weiter. Am 18. Juni erhielt die Heeresgruppe B folgenden Befehl:

„Beiderseits Paris ausweichenden Gegner nach Süden über die Loire werfen und mit abgezweigten Teilen in die Halbinsel Cotentin, sowie in die Bretagne vorstoßen. Am frühen Morgen des 19. Juni begann der Kampf der „Gespensterdivision" um Cherbourg. Um 14.00 Uhr kapitulierten die Franzosen bedingungslos.

Von nun an stürmte die 7. Panzerdivision über Rennes – Ancenis – La Rochelle nach Bordeaux weiter, wo die deutschen Gefangenen ausgeliefert wurden. Die 1. und 2. Panzerdivision als Stoßkeil des XXXIX. Armeekorps in der Panzergruppe Guderian eingesetzt, stürmte vor der 73. Infanteriedivision her nach Süden. Étrepy wurde von der 1. Panzerdivision am 13. Juni erreicht, während die 2. Panzerdivision am 15. Juni Bar-sur-Aube gewann. Am gleichen Tage stand die 1. Panzerdivision bei Chaumont und rollte über Langres auf Belfort vor, das am 18. Juni erreicht und im Handstreich genommen wurde.

Der Höhepunkt des zweiten Abschnitts des Westfeldzuges war damit erreicht.

Am 20. Juni setzte das Infanterieregiment 170 um 07.00 Uhr seinen Vormarsch fort. Das Regiment zeigte trotz der schweren verlustreichen Kämpfe an der Aisne eine ausgezeichnete Marschdisziplin. Man hatte davon gehört, dass der Waffenstillstandsvertrag bald abgeschlossen werden würde. Bis dahin aber sollte so viel wie möglich Feindesland besetzt werden. Um 15.00 Uhr wurde bereits der Rastraum Champlitte erreicht. Hier trat das I. Bataillon wieder zum Regiment zurück.

In der Nacht zum 21. Juni fuhr bei Tours die französische Waffenstillstandsdelegation unter Führung von General Huntzinger über die Loire und wurde am Morgen des 21. Junis von General von Tippelskirch, Oberquartiermeister IV im Generalstab des Heeres und Leiter der deutschen Waffenstillstandsdelegation, empfangen. Inzwischen hatte Marschall Pétain Paul Raynaud als französischer Ministerpräsident abgelöst. Am gleichen Tage erreichte das Infanterieregiment 170 laut Divisionsbefehl den Raum Pontailler-sur-Saône, um am folgenden Tage den Vormarsch fortzusetzen, der bis nach Rainans führte. Hier brachte ein Divisionsbefehl die Festlegung der Demarkationslinie und den Befehl zur Besetzung der Brückenköpfe am Rhein-Rhone-Kanal und am Doubs. Noch am Abend wurden diese Brückenköpfe durch Radfahrgruppen des Regiments erreicht und gesichert.

Am nächsten Morgen marschierte das Regiment um 06.00 Uhr nach Dole weiter. Es marschierte mit Musik und unterstellter I. Abteilung/Artillerieregiment 173 am Regimentskommandeur vorbei. Die neuen Unterkunftsräume waren:

III. Bataillon, Stabskompanie in Dole, 13. Kompanie in St. Ylie, 14. Kompanie in Choisey, II. Bataillon in der Gegend Beauregard, I. Bataillon in Monnières, I. Abteilung/Artillerieregiment 173 in Foucherans. Die Brückenköpfe über Doubs und den Kanal wurden mit je einem Zug und einer Panzerabwehrkanone besetzt.

Der Vorstoß der 73. Infanteriedivision durch Frankreich war beendet. Im Walde von Compiègne wurde am 24. Juni 1940 der Waffenstillstand unterzeichnet. Das Fazit des Frankreichfeldzuges:

Über 27.000 deutsche Soldaten waren gefallen. 111.000 Soldaten wurden verwundet, allein 18.000 Vermisste wurden gezählt. Auch das Infanterieregiment 170 hatte mit dem erbitterten Kampf um den Aisneübergang seinen Blutzoll in Frankreich entrichtet.

Die Ruhetage an der Demarkationslinie dauerten bis zum 1. Juli 1940. Am 2. Juli trat die Division zum Marsch nach Mülhausen im Elsass an. Es ging über Vesoul – Lure – Giromagny durch die Burgundische Pforte ins Elsass hinein. Im Großraum Mülhausen wurden Quartiere bezogen. Ab 20. August gastierte das Infanterieregiment 170 in der Kaserne von Mülhausen. Es gab den verdienten Urlaub. Sportfeste, Erntehilfen und die Bergung der Kriegsbeute gehörten zu den Abwechslungen dieser Wochen.

Am 26. Oktober musste das III. Bataillon unter Major Frischling zur Neuaufstellung abgegeben werden.

Am 5. Dezember 1940 verlegte das Regiment im Rahmen der Division in den Raum Thur-Tal um Thann. Hier sollte es im Mittelgebirgskrieg ausgebildet werden. Bis zum 20. Februar 1941 dauerte diese Zeit der verhältnismäßigen Ruhe. Am 19. Februar aber schlug die Stunde des Abschieds.

Der Marsch nach Rumänien

Der Vormarsch zum Kastoriasee – Skopje – Belgrad – Jassy – Der Übergang über den Dnjestr

Beginnend mit dem 20. Februar 1941 wurde das Infanterieregiment 170 im Bahntransport nach Rumänien verlegt. Es ging über Mülhausen, Freiburg, Friedrichshafen, Ulm, München, Wien, Budapest, Arad und Hermannstadt in die Gegend von Pitești, wo auf rumänischem Gebiet am 10. März ausgeladen wurde.

Im dichten Schneetreiben setzte das Regiment bei Giurgiu-Rustschuk über die Donau nach Bulgarien. In einem beschwerlichen Marsch, zum Teil mit Ochsengespannen, ging es über den 1.170 Meter hohen Schipkapass. Regen und Schnee wechselten miteinander ab. Schlamm und Morast waren der schlimmste Feind der Division. Generalleutnant Bieler, der Divisionskommandeur, schrieb darüber im Erinnerungsbildband der 73. Infanteriedivision Folgendes:

„Unsere damalige Aufgabe führte uns, aus Frankreich kommend, in den Balkan. In wochenlangen täglichen Märschen, zuerst in Schnee und Eis, dann in den Regengüssen des Frühjahrs, über Gebirgspässe, Flüsse und Ströme, auf Wegen, die sich in Morast verwandelten, beinahe ausschließlich in Biwaks auf freiem Felde, so zog die Division im ersten Teil ihres Marsches durch Rumänien und Bulgarien zur jugoslawischen Ostgrenze.

Dann kam der Kampf."

Es ging also über den Schipkapass hinab ins Tal der Maritza bis nach Plowdiw, dem alten Philippopel. Dann wurde das Rhodopegebirge über den Jundolapass überwunden und bei Gorna-Dzumaja (heutiges Blagoevgrad) das Tal der Struma erreicht. Man schrieb den 5. April 1941. Am nächsten Tage sollte der Krieg gegen Griechenland beginnen. Warum dies notwendig war, soll an dieser Stelle kurz skizziert werden.

Immer größere Truppenmassierungen im Nahen Osten und schließlich englische Truppenlandungen auf Kreta und auf dem griechischen Festland stellten eine Bedrohung für die deutsche Südflanke des bereits geplanten Aufmarsches gegen Russland dar. Dazu kam der Schutz der wichtigen rumänischen Ölfelder und nicht zuletzt die Hilfeleistung für den Achsenpartner Italien, dessen Misserfolge in Albanien und an der griechischen Grenze katastrophale Ausmaße angenommen hatten.

Darüber hinaus bedeutete die Fesselung starker englischer Truppenkontingente auf dem europäischen Festland zugleich eine Schwächung der britischen Afrikafront und damit eine Entlastung der deutsch-italienischen Truppen in Afrika, wo ja seit Mitte Februar 1941 deutsche Truppen unter Generalleutnant Erwin Rommel im

Einsatz standen. Die 12. deutsche Armee, der die Aufgabe zufiel, unter Feldmarschall List durch Bulgarien zur griechischen Grenze vorzustoßen und von hier aus anzutreten, marschierte in drei Armeekorps auf. Das XXX. Armeekorps im Raume Xanthi. Das XVIII. Armeekorps im Raume Petrisch und das XXXX. Armeekorps im Raume Küstendil. Die 73. Infanteriedivision gehörte neben der 5. und 9. Panzerdivision und der Waffen-SS Division „Leibstandarte“ zum XXXX. Armeekorps, dem die Aufgabe zufiel, gegen Südserbien anzutreten.

Am 6. April marschierte das Infanterieregiment 170 nach Südjugoslawien. Von Jakob Göttemann haben wir aus dieser Zeit einen Stimmungsbericht jener Tage, der hier für sich sprechen soll:

„4. März 1941: Nun werden wir endlich in Tito ausgeladen und marschierten über fünfzehn Stunden nach Stefan del mare, das 53 Kilometer entfernt liegt. Wir erhielten zu fünft ein frisch ausgeweißtes Zimmer. Das Dorf hatte 2.000 Einwohner und rund 2.500 Hunde. Geht man auf die Latrine Marke Stehgalerie, warten bereits die Hunde, um das, was für sie abfällt, zu fressen. Die Schweine sind an Ketten gebunden. Die Frauen gehen barfuß, die Männer mit Pelzkragen. Tische, Stühle, Teller und Betten gab es nicht. Am 9. März kauften wir eine Ente, die wir von der Hausfrau zubereiten ließen.

Wir blieben bis zum 5. April hier. Dann ging unser Zugführer in Zivil zur Erkundung der Zollhäuser vor. Als er zurückkehrte, fragte er nach zehn Freiwilligen für einen Stoßtrupp am ersten Angriffstag. Fast alle vierzig meldeten sich. In Gluthitze gingen wir am Nachmittag des 5. Aprils 1941 gegen 14.00 Uhr den Berg hinauf. Eine alte Frau, die uns nachsah, weinte.“

Den Angriffsmorgen des 6. Aprils 1941 sah Jakob Göttemann aus seiner Sicht folgendermaßen:

„Früh um 04.00 Uhr hatten wir den Berggipfel fast erreicht. Dort oben sollten die Zollhäuser und damit auch die Grenze sein. Unter der Führung meines Zugführers, Feldwebel Bartel, setzte sich der zehn Mann starke Stoßtrupp von uns ab und verschwand aus unserer Sicht. Genau um 04.50 Uhr krachten Schüsse. Kugeln pfiffen über uns hinweg. Der Zug hatte zwei Verwundete. Die 11. Kompanie, die als Nachbarkompanie mit uns vorging, musste eines der Zollhäuser erobern. Hier verlor einer der Kameraden ein Bein. Der serbische Zollbeamte wehrte sich verbissen. Dann waren wir durch und standen auf jugoslawischem Boden.“

So weit Jakob Göttemann.

Die 1. Kompanie wurde der Vorausabteilung unter Major Stiefvater, Kommandeur der Panzerjägerabteilung 173, unterstellt.

In schnellem Vorstoß ging es nach Carevo Selo. Hier kam es zu ersten Gefechten. Ein Munitionslager des Gegners flog in die Luft. Der Feind wich, und in sofortigem Nachstoßen ging es über Kalimansko, Kozani und Stip am zweiten Kampftag

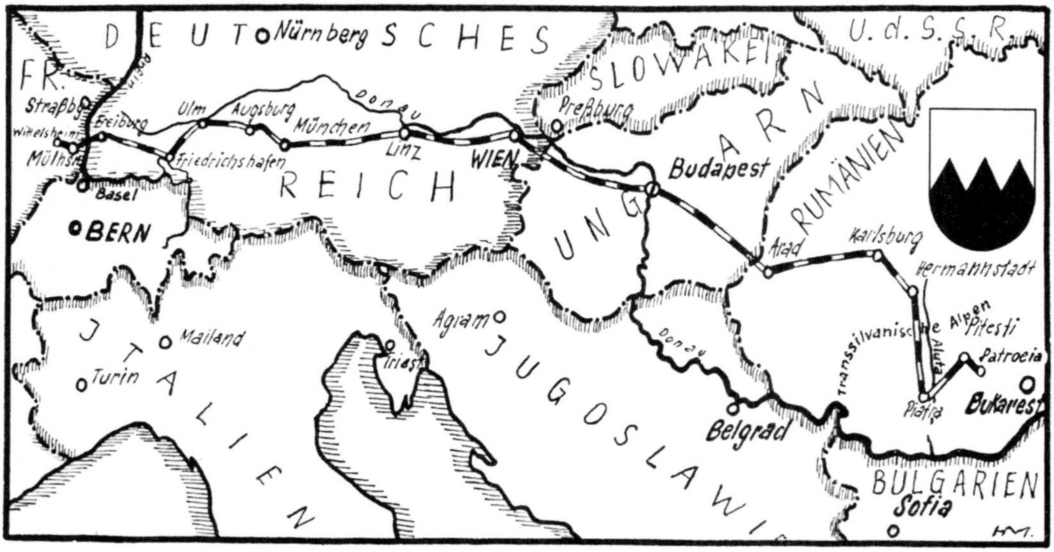

Die Karte zeigt die Bahnstrecke, die das Infanterieregiment 170 mit der Reichsbahn aus dem Elsaß über Süddeutschland durch Ungarn nach Rumänien und in die Nähe von Bukarest im Frühjahr 1941 zurücklegen musste.

Soldaten des Infanterieregiments 170 auf dem Bahntransport am 24. Februar 1941.

Auf der Bahnstrecke bei Budapest am 3. März 1941.

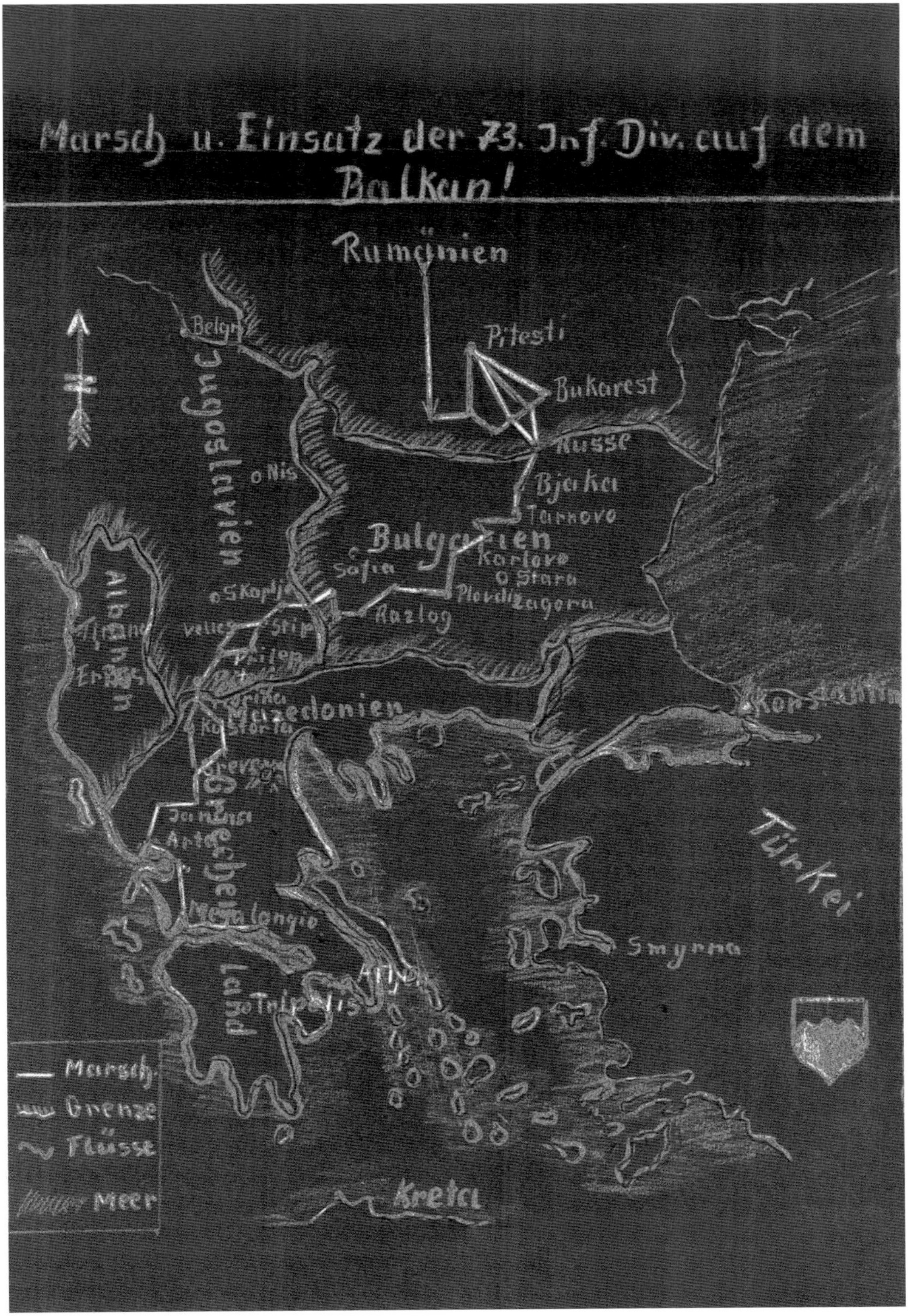

Die von Hand gezeichnete Karte stammt aus dem Fotoalbum eines ehemaligen Angehörigen des Infanterieregiments 170 in der 73. Infanteriedivision und skizziert die Einsatzräume des Regiments auf dem Balkan 1941.

Nach dem Balkanfeldzug ließ die 73. Infanteriedivision einen Bildband für die Divisionsangehörigen herstellen.

Aus Rumänien heraus marschierte das Infanterieregiment 170 im März 1941 nach Bulgarien. Hier eine Zeltstadt bei Plowdiw.

Die Soldaten lauschen einer Rundfunkübertragung aus einem Radio (auf dem Wagen) zum Beitritt Jugoslawiens zum Dreimächtepakt, der kurz darauf jedoch widerrufen wurde und damit den Balkanfeldzug auslöste.

Zeltlager bei Plowdiw in Bulgarien. Die Unteroffiziere Wirth und Beck vom Infanterieregiment 170 blicken aus ihrem Zelt.

Ein Gespann des Gefechtstrosses des Infanterieregiments 170.

*Rast am Wegesrand im Frühjahr 1941
in Bulgarien.*

*Vormarsch auf einer Bergstraße bei Sukoz-Pak am 21. März 1941. Dreizehn Regimentsangehörige
helfen den Pferden, den schweren Wagen den Berg hinaufzuziehen.*

Zugmaschinen mit 15-cm-Feldhaubitzen des Artillerieregiments 173
auf dem Weg zum Courtpass in Bulgarien.

Der Courtpass wurde am
6. April 1941 erreicht.

Marschkolonne des Infanterieregiments 170
am Sipkapass.

Der Melder Gottfried Ehrengruber vom
Infanterieregiment 170, gefallen am 7. September 1941.

Begegnung mit Einheimischen: Ein kleines Mädchen
trägt ihr Schwesterchen auf dem Rücken.

Kradmelder des Infanterieregiments 170 warten auf Einsatzbefehle. Rechts im Bild steht ein Bataillonsstander, der auf den Gefechtsstand des Bataillons hinweist.

Erste jugoslawische Gefangene wurden eingebracht.

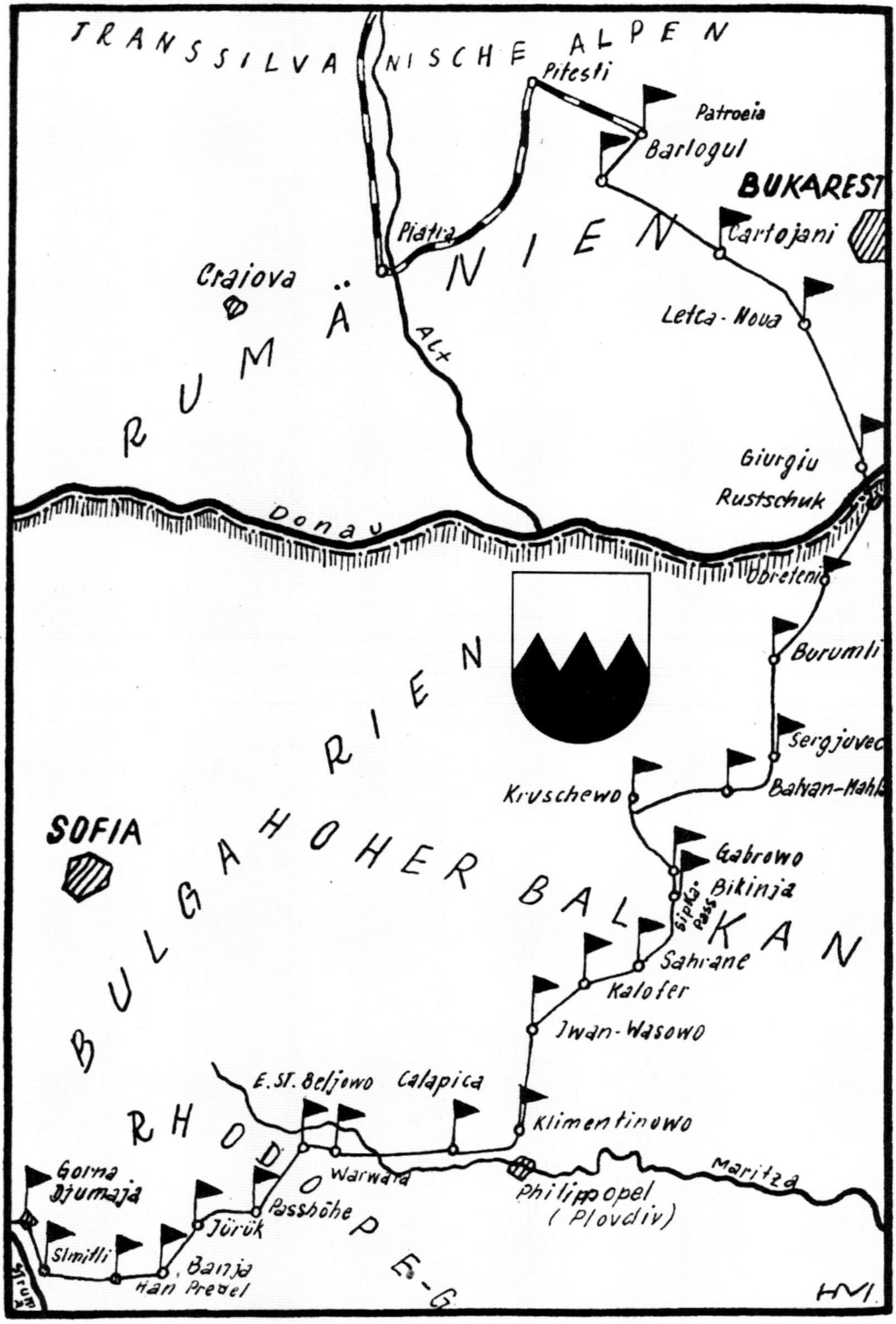

Der Marschweg des Infanterieregiments 170 aus Rumänien heraus durch ganz Bulgarien hindurch zur Grenze nach Mazedonien im Frühjahr 1941.

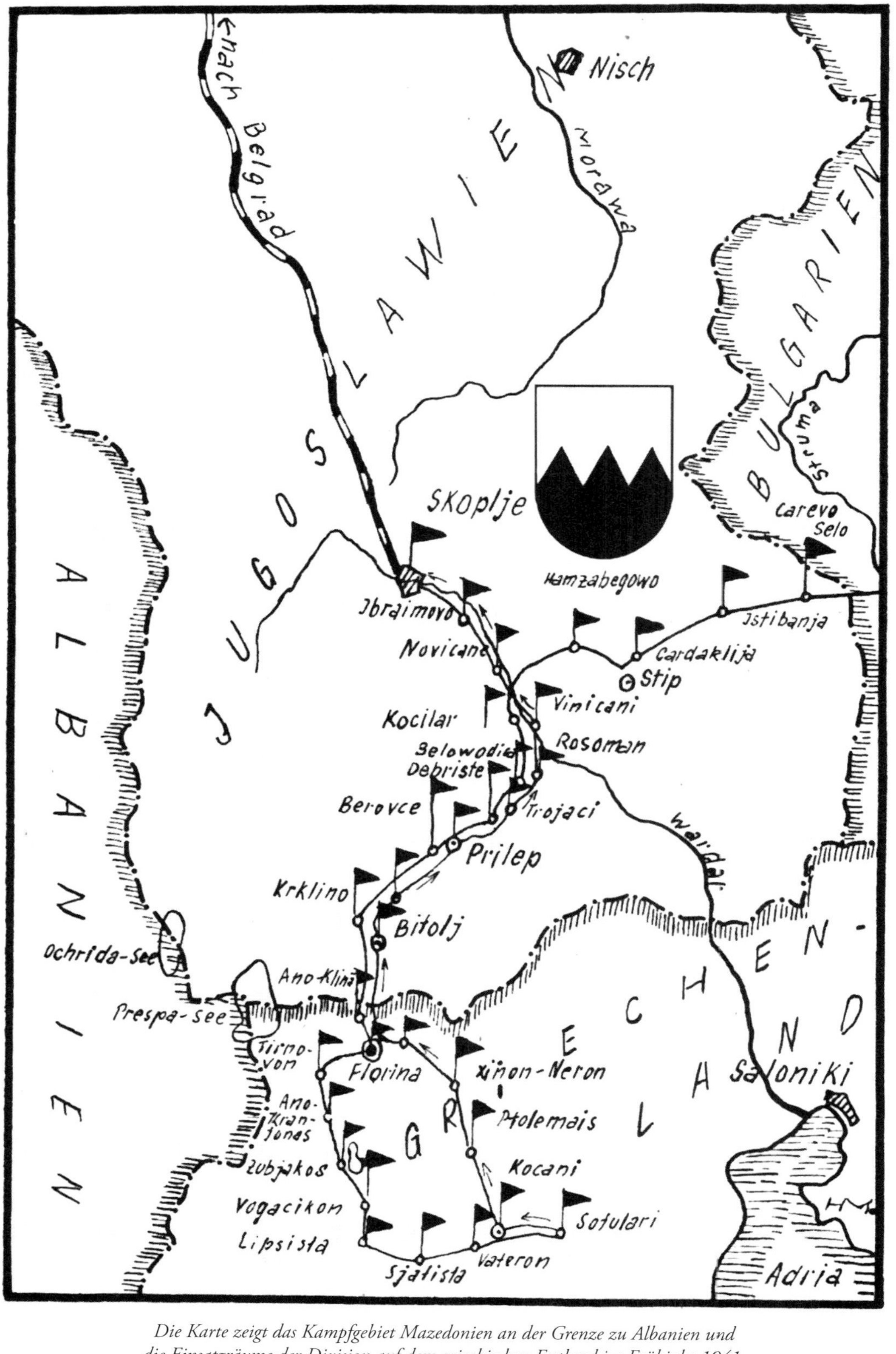

Die Karte zeigt das Kampfgebiet Mazedonien an der Grenze zu Albanien und die Einsatzräume der Division auf dem griechischen Festland im Frühjahr 1941.

Offiziersstreife des Infanterieregiments 170
in Bitolj (Bitola) in Bulgarien.

Eine, in Frankreich 1940 erbeutete
Unic-Zugmaschine, wurde bei der
73. Infanteriedivision auf dem Balkan 1941 eingesetzt.

Der Funker, Gefreiter Otto Reusch,
bei einer Rast unter einem
schattigen Baum.

Gesprengte Brücke bei Krilowak in Mazedonien,
dem südlichsten Teil von Jugoslawien.

Soldaten des Infanterieregiments 170
in der Bereitstellung zum Angriff
auf Carevo-Sello (Delčevo) am 6. April 1941.

Tragtiere, eingesetzt beim Infanterieregiment 170, auf dem Prileppass in Mazedonien im Frühjahr 1941.

Die genügsamen Tragtiere bei einer Rast in den Bergen von Mazedonien.

Oberstleutnant Schleußinger vom Infanterieregiment 170 beobachtet den Verkehr auf der Passstraße bei Prilep. Rechts im Bild wieder eine Unic-Zugmaschine.

Hirten ziehen an einer verlassenen jugoslawischen Flak vorbei. Wahrscheinlich handelt es sich bei diesem Geschütz um eine Lizenzfertigung der 40-mm-Bofors-Flak.

Ein verlassenes jugoslawisches Artilleriegeschütz am Wegesrand.

Ein weiteres verlassenes Artilleriegeschütz mit Munitionsbehältern auf einer Bergkuppe.

Eine liegen gebliebene jugoslawische 15-cm-Schneider-Haubitze mit Protze.

Besuch eines deutschen Kriegerdenkmals in Prilep, das zum Andenken an Württemberger, Hessen, Badener und Bayern, die im Ersten Weltkrieg dort gekämpft haben und gefallen sind, erbaut wurde.

Soldaten des Infanterieregiments 170 im umkämpften Štip, das durch die Kämpfe einigen Schaden genommen hat.

Ein Völkergemisch mit ehemaligen jugoslawischen Soldaten in Halbzivil in Štip. Viele dieser Soldaten schlossen sich später den Partisanenverbänden an.

6. April 1941: Zusammentreffen von Regimentsangehörigen mit dem italienischen Verbündeten, der 1940 Albanien besetzte und eine glücklose Offensive nach Griechenland unternahm, die am tapferen Widerstand der Griechen scheiterte.

Appell bei einer italienischen Maschinengewehreinheit am 6. April 1941.

Offiziere des Infanterieregiments 170 beraten sich mit italienischen Offizieren über die weitere Vormarschrichtung.

Gefreiter Otto Reusch (links) vom Infanterieregiment 170 mit italienischen Kameraden am 6. April 1941.

Gefreiter Otto Reusch mit bärtigen italienischen Kameraden deren Kopfbedeckungen an russische Helme erinnern.

Bei den Kämpfen in Mazedonien Anfang April 1941 hatten alle Einheiten der 73. Infanteriedivision Verluste zu beklagen.

Das Grab von Leutnant Edelmann vom Schwesterregiment – Infanterieregiment 186.

Das Grab des Obergefreiten Franz Rothmaier vom Infanterieregiment 186.

Der Divisionskommandeur der 73. Infanteriedivision, General der Infanterie Bieler, bei der Einweihung des Divisionsfriedhofs bei Veles in Mazedonien.

Auch Zivilisten wohnten der Einweihungszermonie bei.

Eine Seite aus dem Buch über den Balkanfeldzug der fränkischen 73. Infanteriedivision.

Dieses Schild ließ die Divisionsführung aus Anlass des 1.000 Marschkilometers auf dem Balkan errichten.

Nahe Veles lag auch eine Grabstelle mit 48 Gefallenen der Leibstandarte SS Adolf Hitler.

Blick auf Veles am Fluss Vardar in Mazedonien.

Eine Karte des Kampfraumes der 73. Infanteriedivision auf dem Balkan im Frühjahr 1941.

Gräber einer Waffen-SS Einheit
am griechischen Kastoriasee.

Gefreiter Otto Reusch (rechts im Bild) im Kommandeurs-Kübelwagen
am Kastoriasee.

Blick über den malerischen Kastoriasee im Frühjahr 1941.

Alles versammelt sich an der Feldküche!

Ein malerischer Blick auf den Kastoriasee in Nordgriechenland.

Große Wäsche und Schlachttag zugleich.

Frühsport für die Soldaten des Infanterieregiments 170 in Griechenland.

Unteroffizier Wilhelm Pregler (rechts im Bild) mit einem Kameraden auf der Promenade von Saloniki.

Nach Abschluss der Kämpfe konnten Soldaten des Infanterieregiments 170 auch Ausflüge nach Saloniki unternehmen. Hier der „Weiße Turm" bemalt mit Gebäudefassaden.

Die Hafenpromenade von Saloniki mit dem „Weißen Turm" im Hintergrund.

Viele Soldaten des Infanterieregiments 170 erlebten nach Abschluss der Kämpfe in Nordgriechenland einen „Kurzurlaub" am Ägäischen Meer.

Ein deutsches Wasserflugzeug in der Bucht von Saloniki.

Nach dem Balkanfeldzug verblieb die 73. Infanteriedivision bis Anfang Juli 1941 als Besatzungstruppe in Serbien. Das Foto zeigt serbische Kinder am Wegesrand.

Der kleine blonde Junge (ganz links unten im Bild) versucht sich schonmal an einer Zigarette.

Hirtenjungen bei einer Begegnung mit Soldaten des Infanterieregiments 170.

Soldaten des Infanterieregiments 170 auf dem „Donnerbalken" irgendwo in Serbien im Sommer 1941.

Bereitwillig ließen sich die Einheimischen vor ihrer Unterkunft im ländlichen Raum fotografieren.

Auch die Kinder gingen ungezwungen mit den deutschen Soldaten um.

Großes Gänsebratenessen für die Soldaten des Infanterieregiments 170 im Sommer 1941. Dazu gibt es Weintrauben.

Die gesprengte Donaubrücke in Belgrad musste noch repariert werden.

Das Parlament in Belgrad
unter deutscher Verwaltung im Juni 1941.

Soldaten des Infanterieregiments 170
in der Großstadt Belgrad.

Volksdeutsche konnten sich nun in Belgrad formieren und zeigten offen ihre Zugehörigkeit zum Deutschen Reich.

Viele der Volksdeutschen wurden im Herbst 1944 von den Serben getötet.

Der Königspalast in Belgrad 1941 wurde durch die Kämpfe schwer in Mitleidenschaft gezogen.

Viele Pferde wurden Opfer einer Pferdeseuche in Belgrad.

nach Veles. Im Angriff auf den Wardar wurde die Sprengung der wichtigen Eisenbahnbrücke verhindert. Im Handstreich wurde Veles noch in der Nacht genommen. Damit hatte die Division die Verbindungsaufnahme der serbischen Verbände mit den griechisch-englischen Verbündeten vereitelt

Den Sturmlauf der Vorausabteilung Stiefvater schilderte der Panzerjäger Walter Ohlgart sehr eindrucksvoll:

„Im Tal eine kleine Stadt: Carevo Selo. Als wir herankamen, scholl uns Gewehr- und Maschinengewehrfeuer entgegen. Unsere Radfahreinheiten befanden sich bereits in heißem Gefecht. Unser Anmarschweg lag hinter einem Hang, wir müssen also schon kurz vor dem Ort halten, abprotzen und im Mannschaftszug um die Kurve weiter! Der Kirche gegenüber gehen wir vor der Schule in Stellung. Wo Abschussflammen blitzen, dorthin schießen wir. Da! Ein alles übergrollendes Krachen! Halblinks von uns geht ein serbisches Munitionslager in die Luft. Einzelne, dann immer mehr Serben laufen aus der Stadt mit erhobenen Händen und ohne Waffen auf uns zu. Gegen Mittag ist der Widerstand gebrochen.

Neuer Stellungswechsel! Wir fahren in die brennende Stadt hinein, erreichen die gesprengte Brücke. Hier erfahren wir, dass unser Kommandeur bereits mit wenigen Männern sofort in die Stadt eingedrungen, zur Kaserne gefahren war und die gesamte Besatzung gefangen genommen hatte.

Bald finden wir eine Furt durch den Fluss und können weiter. Felsiges Ufer, brodelndes Wasser bis zu einem halben Meter tief. Wie schaffen unsere Kübelwagen das nur? Wir sammeln am Ortsausgang zur Munitionsergänzung. Auf den Höhen sitzt noch der Gegner. Mit unserem schweren Panzerabwehrkanonenzug schießen wir den Radfahrern den Weg frei. Es geht weiter, weiter, weiter! Dann wird es dunkel.

Am anderen Morgen geht es wieder vorwärts. Der Feind hat sich festgesetzt. Aber um 10.00 Uhr schwingt er die weiße Fahne. Es geht weiter, vorbei an den grauen Kolonnen der gefangenen Serben, an Tieren und Fahrzeugen und Trümmern. Der Tacho zeigt 60 bis 70 Stundenkilometer an. Die Wegstrecke ist hier gut. Wir erreichen Stip. Ein Geschütz hält mit wenigen Schuss die Kaserne in Schach. Die wichtige Brücke wird durch ein zweites Geschütz gesichert. Die übrigen brausen auf das Kasernengelände, wo vor wenigen Minuten noch Exerzierdienst stattfand. Zwei Stunden später wird abermals aufgeprotzt. Der Himmel hat sich verdunkelt. Kalter Wind fegt uns Regenböen ins Gesicht. Leichter Nebel kommt auf und erschwert die Beobachtung. Dann fallen vorn Schüsse.

‚Panzer!' schreit uns der Maschinengewehrführer entgegen. Mitten auf der Straße geht unser erstes Geschütz in Stellung. Da tauchen Panzer auf. Aus dem Maschinengewehr des vordersten peitschen Abschussblitze. Die erste Granate rumst in ihn hinein. Es kracht und scheppert. Der zweite Panzer ergibt sich. Der dritte Panzer zieht sich zurück. Gefangenenaussagen ergeben, dass es insgesamt dreizehn Panzer waren.

Also nichts wie hinterher! Im nächsten Tal erreichen wir sie. Vier angreifende Panzer werden abgeschossen. Abermals aufgeprotzt und weitergefahren!

In einem Hohlweg vor der Höhe halten wir, denn wir erkennen auf der Höhe die Silhouetten mehrerer Panzer. Eine Panzerabwehrkanone geht vor, sie wird beschossen. Wir übrigen ziehen nach. Ein serbischer Panzer erzielt Treffer beim vordersten Geschütz. Zwei Panzer werden abgeschossen, die anderen drehen ab und verschwinden.

Im Tal treffen wir auf feindliche Pioniertrupps. Ochsenkarren und Brückenbaugeräte versperren die Straße. Wir zwängen uns daran vorbei und erreichen die Höhe vor Veles.

Hier im Wardartal sammelt sich unsere gesamte Vorausabteilung, um kurz zu verschnaufen. Der Kommandeur, Major Stiefvater, fährt vor, um die Stadt zur Übergabe aufzufordern und weiteres Blutvergießen zu verhindern. Er ist ein prächtiger Offizier. Wir folgen ihm überall hin, weil wir wissen, dass er für uns da ist.

Die Geschütze ziehen für alle Fälle vor. Aber wir kommen hier nicht zum Einsatz. Veles wird unserem „Alten" übergeben. Wir aber sind zu müde, um diesen Sieg ohne Blutvergießen recht würdigen zu können. Morgen, das wissen wir, geht es weiter, immer dem Feind hinterher!"

Major Stiefvater erhielt am 18. Mai 1941 das Ritterkreuz.

Am nächsten Tage wurden die Pässe nördlich von Prilep bezwungen. Prilep selbst wurde besetzt. Es war inzwischen brütend heiß geworden und nach dem Schlamm machten die Infanteristen Bekanntschaft mit dem mazedonischen Staub. Der Weg für die deutschen Operationen des XXXX. Armeekorps nach Süden war frei; jene Operation, deren Ziel die Vertreibung der britischen Expeditionsstreitkräfte vom griechischen Festland war. Der südslawische 3. Armeebereich war zusammengebrochen.

Drei Feinddivisionen waren vor der eigenen Division erkannt, angegriffen und geschlagen worden. Die 73. Infanteriedivision machte 22.000 Gefangene, darunter zwei Generale. Sie vernichtete und erbeutete 8 Panzer, 28 Geschütze, 300 Maschinengewehre und 10.000 Gewehre.

Mehrere Tausend Pferde und Esel erleichterten den weiteren Vormarsch.

Die griechische Grenze wurde bei Florina überschritten. Der Weitermarsch über den 1.600 Meter hohen Prophet-Elias-Pass nach Kastoria mit dem gleichnamigen See wurde am 20. April 1941 abgeschlossen. Damit hatte die Division seit dem 13. März 1.000 Kilometer zurückgelegt.

Am 21. März wurde General Bieler Befehlshaber der deutschen Truppen im Epirus. Die 1. Kompanie/Infanterieregiment 170 erreichte in der Vorausabteilung Stiefvater Ioannina. Das Infanterieregiment 170 stieß weiter bis zum Aliakmon vor, bevor es schließlich den Rückmarsch in den Raum von Florina antrat. Vom 24. April bis zum 3. Juni bezogen die Einheiten Ruhequartiere. In Veles wurde der Divisionsfriedhof eingeweiht, auf dem die gefallenen Angehörigen der 73. Infanteriedivision ihre letzte Ruhestätte fanden. Am 3. Juni erfolgte der Abmarsch aus Nordgriechenland. Es ging über Bitolj – Prilep – Veles nach Osküb, dem neuen Skopje.

Am 13. Juni fand hier eine Parade statt. Ein Aufenthalt bis zum 20. Juni schloss sich an, bevor es am 21. Juni im Bahntransport bis in den Raum Belgrad – Semlin weiterging. Am Morgen des 22. Junis1941, einem klaren Sonntag, hörten die Frühaufsteher den ersten Wehrmachtsbericht, mit dem der Krieg gegen Russland bekanntgegeben wurde. Entgegen den Befürchtungen, dass es nun im Eilmarsch nach dem Osten gehen würde, verblieb die Division noch bis zum 10. Juli im Großraum Belgrad – Semlin (Zemun). Erst am 11. Juli ging es im Bahntransport über Pančevo – Temesvar (Timişoara) – Arad – Dornavatra (Vatra Dornei) in den Raum Jassy (Iaşi)/ Rumänien, der am 21. Juli erreicht wurde.

Die nächsten acht Tage brachten die Division im Marsch durch Bessarabien über Ungheni – Kischinew (Chişinău) nach Criuleni am Dnjestr, der alten rumänisch-russischen Grenze von 1918–1940. Das Zwischenspiel des Südostfeldzuges war zu Ende. Nun sollte die 73. Infanteriedivision und mit ihr das Infanterieregiment 170 das ganze Grauen eines gnadenlosen Ringens in den unendlichen Weiten Russlands erleben, das bereits seit Wochen tobte.

Krieg mit Russland

Vorausabteilung Stiefvater – Übergang über den Tiligul – Der Sturmangriff auf die Krim

Am 28. Juli 1941 begann der Einsatz des Infanterieregiments 170 in Russland mit dem Übergang über den Dnjestr bei Dubossary. Die Stellenbesetzung des Regiments bei Beginn des Russlandfeldzuges lautete:

Regimentskommandeur:	Oberstleutnant Schleußinger gefallen 3. Oktober 1941; dann Oberstleutnant von Lepel
Regimentsadjutant:	Oberleutnant Wiesel verwundet 3. Oktober 1941; dann Leutnant der Reserve Merck
Ordonnanzoffizier:	Leutnant der Reserve Merck
(ab 3. Oktober	Leutnant Buechl
Regimentsarzt:	Stabsarzt der Reserve Dr. Beltinger
Regimentsveterinär:	Stabsveterinär Dr. Horstmann
Regimentszahlmeister:	Stabszahlmeister Schuppli
Chef Stabskompanie:	Oberleutnant der Reserve Graber
Kommandeur I. Bataillon:	Hauptmann der Reserve Hager gefallen 27. September; dann Hauptmann Döscher, gefallen 18. Oktober; dann Hauptmann Holzapfel
Bataillonsadjutant:	Leutnant Ludwig
Ordonnanzoffizier:	Leutnant Schill ab November 1942 Leutnant der Reserve Schwald
Bataillonsarzt:	Oberarzt der Reserve Dr. Böhm, Assistenzarzt der Reserve Kreutzer
Zahlmeister:	Oberzahlmeister Ellermann
1. Kompanie:	Oberleutnant Hopf
2. Kompanie:	Oberleutnant Jörn
3. Kompanie:	Oberleutnant Lier
4. Kompanie:	Oberleutnant Nessel

Kommandeur II. Bataillon:	Major Marbach 20. Oktober 1941 bis 24. Februar 1942 Oberleutnant Kremnitz
Bataillonsadjutant:	Leutnant Mühlmann, Leutnant Denz
Ordonnanzoffizier:	Leutnant Rothengass, Leutnant Jander
Bataillonsarzt:	Assistenzarzt der Reserve Dr. Wördehoff
Zahlmeister:	Oberzahlmeister Zinser; später Oberzahlmeister Hähnle
5. Kompanie:	Hauptmann der Reserve Kern
6. Kompanie:	Oberleutnant der Reserve Fuchs gefallen 14. August; dann Leutnant Hemrich, gefallen 26. September
7. Kompanie:	Oberleutnant Anschütz
8. Kompanie:	Oberleutnant Naske

Kommandeur III. Bataillon:	Hauptmann Pfautsch, gefallen 8. September; dann Major Möhring, Hauptmann Hohentanner, ab 29. Oktober Oberleutnant Nessel
Bataillonsadjutant:	Leutnant Haase
Bataillonsarzt:	Stabsarzt der Reserve Dr. Beltinger, Unterarzt der Reserve Dr. Fluch
9. Kompanie:	Oberleutnant der Reserve Knott, Leutnant Laudien
10. Kompanie:	Oberleutnant der Reserve Sulger
11. Kompanie:	Oberleutnant der Reserve Übelein, Leutnant Vogt
12.Kompanie:	Oberleutnant Fischer gefallen am 13. August; dann Oberleutnant Jörn, gefallen 18. Oktober; dann Oberleutnant der Reserve Sperr
13. Kompanie:	Oberleutnant Kremnitz ab 20. Oktober Oberleutnant Steidel
14. Kompanie:	Hauptmann Döscher gefallen am 18. Oktober; dann Leutnant der Reserve Hillrichs, ab 25. Februar 1942 Oberleutnant Kremnitz
Zahlmeister:	KVI der Reserve Liebermeister

Die allgemeine Lage in Russland war am 28. Juli Folgende, als die Heeresgruppe Nord bis in eine Linie von Mschaga (Nebenfluss des Schelon) über Sapolje, Luga, Sabsk, Poretschje und Kingisepp auf Narwa vorgestoßen war. Ihr Ziel – Leningrad – lag in erreichbarer Nähe.

Im Mittelabschnitt hatte die Panzergruppe 2 unter Generaloberst Guderian die Ausgangsbasis zum Stoß auf Moskau in der Linie Rosslawl – Kritschew (Krytschau) – Gomel erreicht. Im Kessel von Minsk war die erste Vernichtungsschlacht mit 287.000 Gefangenen zu Ende gegangen. Am 25. Tage des Ostfeldzuges war Smolensk erreicht. Bis Moskau waren es noch 350 Kilometer.

Generaloberst Guderian beschwor, gemeinsam mit Generaloberst Hoth, Hitler, nun den endgültigen Stoß auf Moskau durchzuführen. Am 15. August seien die Divisionen wieder voll einsatzbereit.

Im Südabschnitt bei der Heeresgruppe Süd, unter Generalfeldmarschall von Rundstedt, war die Panzergruppe Kleist am 7. Juli beiderseits Zwiahel (Nowohrad-Wolynskyj) in die Stalinlinie eingedrungen. Berdytschiw war von der 11. Panzerdivision (Generalmajor Crüwell) genommen worden. Am 1. August erreichten die Panzer der Panzergruppe 1 unter Generaloberst von Kleist Nowoarchanhelsk.

In dieser Situation betrat die 73. Infanteriedivision den Kriegsschauplatz, auf dem sie große Erfolge erkämpfen aber auch schwere Verluste hinnehmen würde. Die Division gehörte zum LIV. Armeekorps der 11. Armee, die unter Generaloberst Ritter von Schobert der Heeresgruppe Süd (Feldmarschall von Rundstedt) als südlicher Zangenarm zur großen Kesselschlacht um Kiew dienen sollte. Sie erhielt Auftrag, über Pruth und Dnjestr nach Osten zu marschieren und so den Kessel hinter der Heeresgruppe Budjenny zu schließen.

Bereits am 29. Juli 1941 hatten die vordersten Teile des Infanterieregiments 170 ihre erste Feindberührung. Russische Fliegerangriffe forderten Opfer, ebenfalls russische Artillerie. Am 1. August 1941 erhielt die Vorausabteilung des Regiments, in ihr eingegliedert auch die 1. Radfahrerkompanie unter Oberleutnant Hopf, Befehl, bei Satischje die Eisenbahnlinie Lemberg – Odessa zu unterbrechen. Dieser Schienenstrang war für den Gegner unentbehrlich.

Vom jetzigen Oberst Hopf haben wir einen persönlichen Bericht über diesen wichtigen Einsatz. Er atmet die Spannung und die Entschlossenheit eines jeden Mannes, diesen Auftrag auch zu erfüllen:

„Die 1. Kompanie marschierte an der Spitze der Vorausabteilung Stiefvater – Kommandeur Panzerjägerabteilung 173 – der 73. Infanteriedivision. In den frühen Morgenstunden nahmen die Radfahrer bereits ein feindbesetztes Dorf. Hier erhielten wir den Auftrag, die fünfzehn Kilometer weiter ostwärts nach Nordwesten verlaufende zweigleisige Eisenbahnlinie nach Odessa zu unterbrechen. Ein Schützenzug ist zur Aufklärung nach Süden angesetzt und nicht bei der Kompanie. Außer den beiden anderen Schützenzügen unterstehen der Kompanie ein schwerer Maschinengewehrzug, eine Granatwerfergruppe und ein leichter Infanteriegeschützzug, alle motorisiert. Außerdem ist ein motorisierter Zug der 3. Kompanie/Pionierbataillon 173 unterstellt, so wie die Panzerjägerabteilung 173 auf Zusammenarbeit mit meiner Kompanie angewiesen.

Kaum hat die Spitze der Kampfgruppe, auf der Straße vorgehend, die Höhe jenseits des genommenen Dorfes erreicht, wird sie von russischer Artillerie unter Feuer genommen. Der Kompaniechef lässt sofort halten und beobachtet von der Höhe aus das wellige Vorgelände. Außerdem sind noch erheblich weiter ostwärts der Bahnlinie Drahtverhaue sichtbar. Russische Flugzeuge landen auf einem rückwärts gelegenen Feldflugplatz.

Der Kompaniechef entschließt sich, nicht weiter auf dieser Straße vorzugehen, da die Kampfgruppe erkannt ist und vor einer starken Feindstellung steht, die einen Durchbruch zur Unterbrechung der Bahnlinie mit so schwachen Kräften unmöglich macht. In einem Funkgespräch wird Major Stiefvater, Kommandeur der Vorausabteilung orientiert, der Handlungsfreiheit gewährt, jedoch betont, dass die Eisenbahnlinie unterbrochen werden müsse. Auf ihr rollten ununterbrochen sowjetische Transportzüge nach Südosten.

Nun ist guter Rat teuer! Unsere russischen Karten helfen nicht weiter, da sie nur wenig zur Orientierung im Gelände beitragen.

Wir wenden uns nach Norden, ich führe die Spitzenkampfgruppe durch Mais- und Sonnenblumenfelder in einem Bogen von etwa zehn Kilometer nach Norden und drehe dann nach Osten ein. Meist müssen die Schützen ihre Räder schieben, die ganze Kampfgruppe bildet eine Reihe. Der Chef an der Spitze beobachtet lange, bevor eine Höhe überschritten wird. Gegen Mittag taucht am Horizont die Eisenbahnlinie auf. Noch immer haben wir keine Feindberührung. So gelingt es uns, unerkannt bis auf eine Höhe von 400 Metern vor der Bahnlinie zu kommen. Hier wird der Kampfplan gefasst und folgender Befehl gegeben:

Beide Schützenzüge gehen mit 200 Metern Zwischenraum durch eine Senke von 400 Metern auf die Bahnlinie vor. Der Pionierzug folgt rückwärts in der Mitte, um später die Bahnlinie auf beiden Gleisen zu sprengen. Die schweren Maschinengewehr-, Granatwerfer- und die Panzerjägerkompanien gehen auf der Höhe in Stellung und überwachen das Unternehmen.

Als die Schützenzüge die Senke erreicht haben, überschreiten zwei sowjetische Reiterspähtrupps die Bahnlinie. Sie reiten in die Senke und – kommen direkt auf uns zu. Die Schützenzüge eröffnen aus nächster Nähe das Feuer und überwältigen die Rotarmisten. Inzwischen rollen wiederholt Züge mit Kriegsmaterial und Waffen nach Südosten. Aber wir schießen noch immer nicht, da wir noch nicht wissen, ob der Bahndamm auf der Höhe vom Feind besetzt ist. Endlich gewinnen die Schützenzüge sowie der Pionierzug ohne weitere Feindberührung den Bahndamm. Hastig befestigen die Pioniere ihre Ladungen an den vier Schienen. Der Chef befiehlt die Zündung und vier scharfe Detonationen unterbrechen die Stille. Da naht auch bereits der nächste Zug. Die Sprengwolken haben sich noch nicht einmal verzogen. Nun sind aller Augen auf den Zug gerichtet, der Munition, einige Panzer und Soldaten befördert. Jetzt erreicht die Lok die Sprengstelle und wir erwarten, dass sie hier entgleist und den Damm hinunterstürzt. Jedoch der Zug fährt weiter, über die Sprengstelle hinweg. Später stellt sich heraus, dass die Ladungen zu schwach waren und die dicken russischen Schienen davon nur wenig beschädigt worden waren.

Der Chef, bei einer Panzerabwehrkanone 400 Meter von der Sprengstelle entfernt stehend, befiehlt:

„Einen Schuss auf die Lok – Feuer frei!"

Kurzes Richten, Feuer! Und schon zischt Dampf aus der getroffenen Lok. Der Zug wird langsamer – steht! Die Schützenzüge brechen aus ihren Deckungen hervor und nehmen die völlig überraschten Russen gefangen.

In aller Eile werden nun neue Ladungen angebracht. Noch bevor sie gezündet werden können, kommt schon der nächste Transportzug, der hinter dem gestoppten Zug hält. Auch seine Besatzung wird schnell überwältigt.

Nach der zweiten Sprengung ist die Bahnlinie gründlich unterbrochen. Aber wir sind auch vom Gegner erkannt. In unserer tiefen rechten Flanke erscheint ein russisches Bataillon, das entfaltet auf die von uns besetzte Höhe vorgeht. Der Chef gibt Feuerbefehl an die Werfer. Für die Panzerabwehrkanone ist der Gegner noch zu weit entfernt. Beide Schützenzüge liegen nun vorn am Bahndamm.

Wenn das feindliche Bataillon jetzt weiter auf die mit unseren schweren Waffen besetzte Höhe vorgeht, wird es in einer Senke verschwinden und dann für die schweren Maschinengewehre und Panzerabwehrkanonen wegen des gewölbten Hanges erst wieder auf 50 Meter bekämpft werden können. Wir befinden uns in kritischer Lage. Die anderen Teile der Vorausabteilung unter dem Kommandeur der Panzerjägerabteilung 173, Major Stiefvater, sind noch zehn Kilometer zurück und stehen im Kampf mit starken feindlichen Kräften in der Stellung bei Satischje.

Da entschließt sich der Chef, durch Funk das Feuer der dort stehenden Batterie der Vorausabteilung anzufordern und zu lenken, um den Feind wirksam bekämpfen zu können, wenn er in der Senke vor uns verschwindet.

Ungewöhnlich schnell ist der Batteriechef am Funkgerät und dann heult die erste Granate von Süden auf uns zu, grob nach Marschkompasszahl gerichtet. Sie trifft nicht. Aber der Einschlag wird beobachtet. Korrigieren über Funk und sehr bald gelingt es, die Salven der Batterie genau in das feindliche Bataillon zu lenken. Unter Verlusten weicht der Gegner nach Süden zurück. Jetzt trifft der Befehl der Vorausabteilung ein, zurückzukommen und dort zusammen mit dem Radfahraufklärungsschwadron die Feindstellungen entlang der Straße anzugreifen. Doch das leuchtete dem Chef nicht ein. Warum den Gegner weiter rückwärts bekämpfen, während man hier den Bahndamm beherrscht. Allein fährt er zurück zum Kommandeur der Vorausabteilung und schlägt vor, an der Straße nicht weiter anzugreifen, sondern die Bahnlinie hier im Norden gesperrt zu halten und so der heranmarschierenden Division eine günstigere Ausgangsstellung für ihren Angriff über den Bahndamm zu verschaffen. Der Vorschlag wird angenommen. Da wir erkannt sind und in der Nacht mit Feuer auf unsere Höhe rechnen müssen, entschließt sich der Chef, die Kampfgruppe mit Beginn der Abenddämmerung auf eine nahegelegene Höhe zurückzunehmen. So geschieht es. Auch von hier können alle Waffen die Bahnlinie unter Feuer halten. Kaum ist der Bahndamm geräumt, da schlägt starkes Artilleriefeuer schwerer russischer Geschütze dort ein. Nur ein Soldat der Kompanie wird am Bahndamm leicht verwundet. Die Kompanie hatte an diesem Tag einen großen Erfolg errungen und – viel Glück gehabt."

Für diesen gut durchdachten erfolgreichen Angriff erhielt Oberleutnant Hopf am 21. September das Ritterkreuz.

Zwei Tage später war die 73. Infanteriedivision mit zwei Regimentern herangekommen. Als sie mit diesen Regimentern zum Angriff antrat, schlug ihr starkes Feuer aus allen Waffen entgegen. Die Sowjets hatten von allen Seiten neue Truppen herangeholt, um den Bahndamm bei Satischje zu halten.

Das I. und III. Bataillon/Infanterieregiment 170 standen in schweren, vier Tage dauernden Kämpfen, die blutige Opfer forderten. Allein die 9. Kompanie verlor fünf Tote und das I. Bataillon meldete 20 Verwundete.

Am späten Abend des 6. Augusts zog sich der Gegner zurück und am anderen Morgen hieß es wieder:

„Vorausabteilung vor!"

Wieder rollte die 1. Kompanie/Infanterieregiment 170 als Spitzenkampfgruppe der Vorausabteilung an der Spitze der Division. An diesem einen Tage legten die Radfahrer über 120 Kilometer zurück, wobei es immer wieder zu Gefechten mit feindlichen Nachhuten kam. Erst bei Einbruch der Dunkelheit erreichte die Kompanie das Tagesziel, eine kleine Stadt, in die gleichzeitig die Vorausabteilung der weiter nördlich vorgehenden 46. Infanteriedivision hineinrollte.

Nachdem Sicherungen aufgestellt waren und die Kompanie sich verpflegt hatte, lehnte sich Oberleutnant Hopf in seinem Kübelwagen zurück, um zu schlafen. Doch noch vor Mitternacht wurde er von einem Melder geweckt:

„Zum Kommandeur der Vorausabteilung!"

Der Kommandeur befahl, dass die Kompanie, sofort antretend, eine 30 Kilometer weiter südostwärts gelegene Brücke über den Tiligul im Handstreich zu nehmen habe. In den ersten Minuten des 8. Augusts trat die Kompanie an. Bei schwachem Mondlicht ging es durch das wellige Land der Ukraine, nach einer errechneten Marschkompasszahl.

Weiter nördlich sollte eine Vorausabteilung der 46. Infanteriedivision ebenfalls eine Brücke über den Tiligul nehmen. Südlich von der Infanterie 170 hatte eine Kampfgruppe der 50. Infanteriedivision den gleichen Auftrag. Nur langsam kamen die Radfahrer vorwärts; oftmals mussten Durchlässe für die Kraftfahrzeuge in die dichten Hecken geschlagen werden, wenn die Kompanie nicht von der Marschkompasszahl abweichen sollte.

Als der Morgen des 8. Augusts 1941 heraufzog, erreichte Oberleutnant Hopf an der Spitze seiner Kompanie eine Höhe. Er ließ halten, spähte vorsichtig hinüber und – hatte einen unglaublichen Ausblick:

Vor ihm lag tief eingeschnitten der Tiligul. Von rechts kam eine Straße, die zur Brücke über den 20 Meter breiten Fluss führte. Jenseits davon stieg das Gelände wieder steil an. Bei der Brücke lag eine kleine Ortschaft in tiefer Ruhe.

An der Brücke selbst standen sowjetische Posten. Wenn es gelang, in wilder Fahrt bergab die Brücke zu erreichen, sie zu überfahren und jenseits den Steilhang zur Höhe emporzukommen, dann blieben der Division schwere Verluste erspart. Dies war eine Aufgabe, wie sie typischer einer Vorausabteilung nicht gestellt werden konnte. Und noch eines kam hinzu: die Kompanie lag unbemerkt an günstiger Stelle für einen Angriff.

Oberleutnant Hopf erteilte den Befehl: Die Schützenzüge sollten auf ihren Rädern den Berg hinunterfahren, mit Maschinenpistole im Fahren auf die Brückenposten schießen, um eine Sprengung der sicherlich geladenen Brücke zu verhindern. Die schweren Waffen sollten kurz Feuerschutz geben, aber sofort folgen, sobald die Schützenzüge die Brücke überwunden hatten. Alles kam auf Schnelligkeit an. Die Soldaten waren nach diesem Befehl trotz ihrer Erschöpfung wieder hellwach.

Im ersten Morgenlicht begann der Handstreich. In wilder Fahrt fuhren die Radfahrer den Berg hinunter und schossen. Binnen weniger Sekunden waren die Soldaten der Ersten auf der Brücke, überrumpelten die Posten, zerschnitten die Zündleitungen und stießen den jenseitigen Hang hinauf. Die schweren Waffen zogen sofort nach, das war ein Glück. Denn als sie gerade über die Brücke rollten, hämmerte die Feindartillerie auf die Höhe nieder, auf der sich die schweren Waffen wenig vorher befunden hatten.

Die jenseitige Höhe wurde erreicht, ein Brückenkopf gebildet, die schweren Waffen in guter Schussposition eingebaut. Der Gegner schoss wie toll. Dann griff die Infanterie an, um die Erste im Gegenstoß zu werfen. Wie lange würde sie diesen wichtigen Brückenkopf halten können? In dieser kritischen Lage kam ein Funkspruch vom Kommandeur der Vorausabteilung, der hoffnungsfroh stimmte: „Die Vorausabteilungen der 46. und 50. Infanteriedivision konnten ihre Ziele nicht erreichen, da

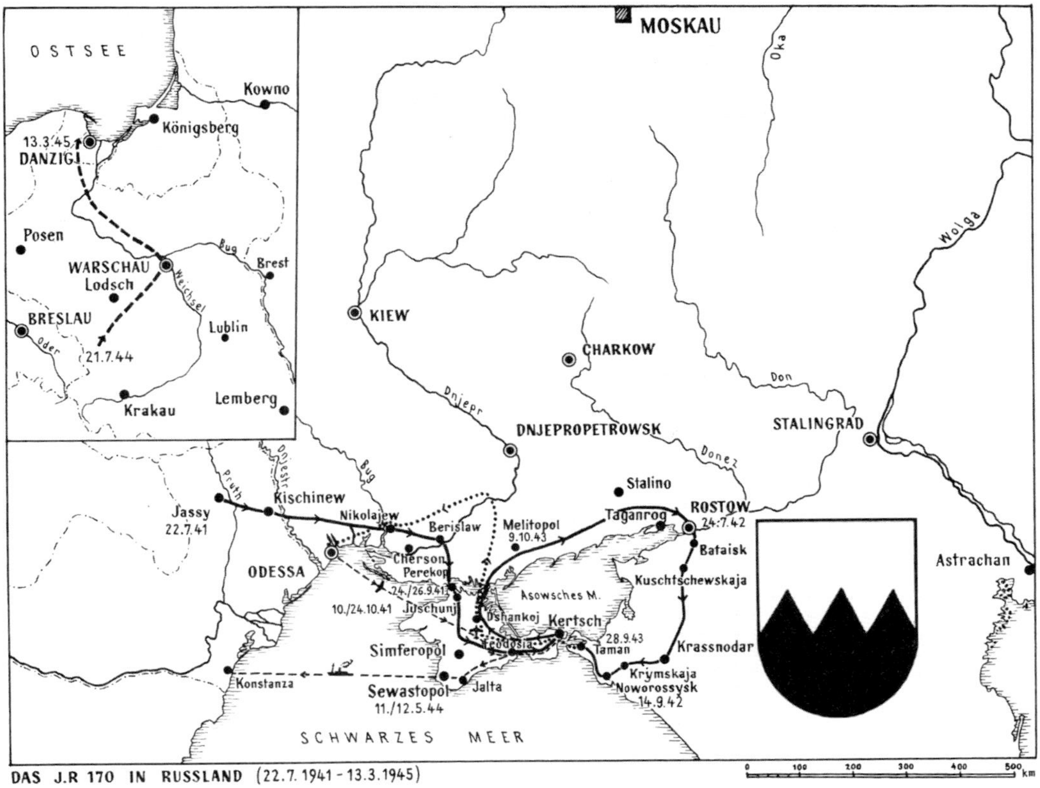

Die ursprüngliche 73. Infanteriedivision (1939–1944) mit dem Infanterieregiment 170 wurde im Russlandfeldzug nur in einem begrenzten Gebiet bei der Heeresgruppe Süd eingesetzt. Der Kartenausschnitt oben links zeigt das Einsatzgebiet nach der Neuaufstellung 1944–1945.

Bahntransport von Serbien nach Rumänien im Juli 1941. Ein Gefreiter des Infanterieregiments 170 steht am Fliegerabwehr-MG.

Fahrt durch die Karpaten. Auch hier musste ständig mit Fliegerangriffen gerechnet werden.

Manche Soldaten des Infanterieregiments 170 hatten auf diesem Bahntransport das Glück, in komfortablen Personenwaggons reisen zu können.

Ankunft im Großraum Jassy in Rumänien.
Zuerst einmal müssen die Einheiten wieder geordnet werden.

Ein Unteroffizier des Infanterieregiments 170 bei der Pflege seines Beiwagengespanns, das noch ein Zivilkennzeichen hat. Am Beiwagen ist das Truppenkennzeichen der 73. Infanteriedivision zu sehen.

Unterkunft irgendwo im Grenzbereich von Rumänien.
Die Soldaten genießen die Freizeit bei sommerlichen Temperaturen im Kriegsjahr 1941.

Schulbänke wurden nach draußen geholt, im Schatten aufgestellt und Briefe an die Lieben daheim geschrieben.

Der Krieg mit Russland begann am 22. Juni 1941.

Ein Obergefreiter des Infanterieregiments 170 löscht seinen Durst aus der Feldflasche.

Eine bespannte Kolonne des Infanterieregiments 170 auf dem Marsch nach Russland.

Kradmelder, Kommandeursfahrzeuge und eine Feldküche zwängen sich durch einen Hohlweg.

Zeitweise marschierte im Sommer 1941 die slowakische Freiwilligendivision parallel mit der 73. Infanteriedivision. Hier ein umgestürzter Lkw einer slowakischen Artillerieabteilung.

*Immer wieder kam es zu Kampfhandlungen,
die den Vormarsch der Wehrmacht verzögerten.*

*Soldaten des Infanterieregiments 170
während des Vormarsches im Sommer 1941.*

Um die Mittagszeit war die Hitze groß. Ein Bus der Divisionsführung wurde kurzerhand zum Schattenspender.

Eine Achttonner-Zugmaschine zieht einen altertümlichen Mörser, der noch aus dem Ersten Weltkrieg stammte.

Soldaten des Infanterieregiments 170 besichtigen im Sommer 1941 einen abgeschossenen BT-7 Kampfpanzer der Russen.

Artilleriefeuer auf ein von den Sowjets schwer verteidigtes Dorf in Südrussland.

Eine MG-Gruppe des Infanterieregiments 170 auf offener Wiese im Einsatz.
Das MG 34 war das Standardmaschinengewehr der Deutschen Wehrmacht bis 1942–1943.

Angestrengt wird beobachtet, ob die MG-Salven
den Gegner treffen.

Mit dem auf einer Lafette montierten MG (das wurde als schweres Maschinengewehr bezeichnet) konnte man bis zu 3.000 Meter weit zielsicher schießen.

Hier ein deutsches schweres Maschinengewehrnest im Buschwerk einer Obstplantage im Sommer 1941.

Ein erbeutetes Gegenstück zum MG 34, das russische Maxim-MG, hier mit dem typischen Schutzschild. Das Maschinengewehr war wassergekühlt und hatte eine langsame Schussfolge, dessen Tac-Tac-Tac-Geräusche jedem Infanteristen bekannt waren.

Soldaten des Infanterieregiments 170 besichtigen ein erobertes russisches Maxim-MG.

Ein Fliegerabwehr-Zwillings-MG-34 des Infanterieregiments 170. Am Aufbau des Wagens ist wieder das Truppenkennzeichen der 73. Infanteriedivision zu erkennen.

Ein Unteroffizier des Infanterieregiments 170 auf dem Richtschützensitz des Fla-MGs-34, das ein spezielles Visier für Luftziele hatte.

Ein russischer Gegenangriff mit Panzern wurde rechtzeitig erkannt und konnte von der Luftwaffe mit Bomben vereitelt werden.

Das Ergebnis des Bombenangriffs der Luftwaffe waren tiefe Trichter. In einen davon stürzte dieser russische Panzer vom Typ T-34 und brannte aus.

Zusätzliche Unterstützung bekam das Infanterieregiment 170 im Sommer 1941 von einer Heeresflakeinheit die mit der Eintonner-Zugmaschine mit aufmontiertem 2-cm-Flakgeschütz ausgerüstet war.

Russische Gefangene warten auf den Abtransport in ein Lager, kurzzeitig bewacht von Soldaten des Infanterieregiments 170. Viele der Gefangenen von 1941 haben den Winter 1941–1942 in den Lagern nicht überlebt.

Eine notgelandete LaGG-3 Jagdmaschine der überaus aktiven russischen Luftstreitkräfte steht am Wegesrand. Die deutschen Soldaten mussten vor überraschenden Angriffen aus der Luft immer auf der Hut sein.

Ein einzelnes MG 34 als Fliegerabwehr-MG auf einem Dreibein montiert.

Vormarsch auf staubigen Wegen durch die Ukraine, die damals ein Bestandteil der Sowjetunion war.

Ende August 1941 gab es für die Soldaten des Infanterieregiments 170 ein paar Tage Ruhe.

Baden an der Hafenmole von Nikolajew an der Mündung des Bug.

An der Küste vom Schwarzen Meer.

Soldaten des Infanterieregiments 170 im Hafen von Nikolajew am Schwarzen Meer.

Siloanlagen am Hafen in Nikolajew.

Blick in Richtung Stadt vom Silo am Hafen von Nikolajew aus fotografiert.

Blick über die Hafenanlage von Nikolajew vom Silo aus fotografiert. Im Hintergrund die Schiffswerft.

Riesenhafte Kräne in der Werft von Nikolajew.

Nikolajew war auch eine wichtiger Eisenbahnknotenpunkt, im Hintergrund stehen die Kräne der Werft.

Eine Gefangenenkolonne wird aus einer Kolchose unter Bewachung von nur einem Pkw herausgeführt. Vorneweg marschieren vier Gefangene, darunter auch eine klein wirkende Soldatin.

Es war im Sommer 1941 für die Soldaten des Infanterieregiments 170 ein ungewohntes Bild, unter den russischen Kriegsgefangenen auch weibliche Soldatinnen anzutreffen.

Soldaten des Infanterieregiments 170
am westlichen Steilufer des Dnjepr
bei Berislaw
Ende September 1941.

Es wurde ein Fährbetrieb eingerichtet, um das Infanterieregiment 170
über den breiten Dnjepr überzusetzen.

Pioniere haben an beiden Seiten eines Sturmbootes Schlauchboote mit Tauen befestigt und diese dann mit Planken belegt, um eine Plattform zu erzeugen, die das Übersetzen von Menschen, Tieren und Material ermöglichte. Das Übersetzen war bei der starken Strömung des Dnjepr sicherlich eine riskante Angelegenheit, da nur ein Antriebsmotor je „Fähre" zur Verfügung stand.

Während des weiteren Vormarsches kamen die Soldaten an einem russischen Denkmal vorbei.

Erste Gräber der 73. Infanteriedivision, hier das Grab von Leutnant Theodor Kornder vom Stab des Artillerieregiments 173, gefallen am 11. September 1941. Links ein Stander der 73. Infanteriedivision.

Das Grab des Gefreiten Gottfried Holzinger von der 4. Kompanie/Infanterieregiment 170, gefallen am 1. September 1941.

Der Fla-Wagen der 4. Kompanie/Infanterieregiment 170 mit dem Truppenkennzeichen der 73. Infanteriedivision.

die Brücken über den Tiligul vom Gegner gesprengt worden waren. Sie haben den Auftrag, nach links und rechts einschwenkend, unverzüglich auf den Brückenkopf der 1. Kompanie/Infanterieregiment 170 anzutreten und diesen zu verstärken."

Wenige Stunden später trafen diese Einheiten bei Oberleutnant Hopf ein, freudig begrüßt von den Soldaten der Ersten. Es war sogar eine Batterie Sturmgeschütze dabei, die eine wertvolle Verstärkung der Feuerkraft bedeuteten.

Der Gegner, der erkannt hatte, dass seine Stellungen am Tiligul aufgebrochen waren, griff nicht mehr an. Damit hatte die 1. Kompanie/Infanterieregiment 170 ein wichtiges Ziel und eine Absprungbasis für die Division erkämpft.

Wenige Tage später hatte die Division nachgezogen. Es ging weiter in Richtung zur Krim.

Während des Weitermarsches hatte Prof. Anton Ullrich, der katholische Divisionspfarrer, am 11. August 1941 ein denkwürdiges Erlebnis, das an dieser Stelle eingeflochten werden soll, weil es doch eine ganz bestimmte Seite des russischen Menschen zeigt. Er schreibt darüber: „Wir lagen in Schweischenko. In der ganzen Gegend waren die Kirchen in Vergnügungsstätten umgewandelt. In einem landwirtschaftlichen Forschungsinstitut war mein Quartier. Gegen Mittag wurde der Befehl zum Weitermarsch bekannt. Mitten in die Vorbereitungen hinein fiel ein Platzregen. Trotzdem Abfahrt, zusammen mit dem Gericht der Division. Marschziel war Rasnopoli, 47 Kilometer entfernt. Über bodenlose Straßen, vorbei an brennenden Häusern und zerstörten Brücken, ging es vorwärts. Ein Fliegeralarm erfolgte, dann blieb mein Wagen im Schlamm stecken. Artilleriepferde zogen ihn heraus. Endlich war die Vormarschstraße erreicht. Es ging steil bergauf und Gefangene schoben meinen Wagen zur Höhe empor. Dort, wo sich die Straße nach rechts wandte, hielt Rittmeister von Thüngen, Ic der Division, Telefonwache. Plötzlich fiel die Nacht ein.

Linkerhand gingen Leuchtkugeln hoch. Das war unsere vorderste Linie. Wir suchten nur noch das nächste Dorf. Schließlich sahen wir in einer Talmulde vor uns Häuser. Unsere Wagen blieben wieder stecken und in einer Lehmhütte suchte unser Kriegsgerichtsrat Quartier. Er klopfte und eine Stimme fragte:

„Wer ist drauß? – Ihr könnt rei kumma!" Und das in echtem Pfälzer Dialekt.

So machten wir die erste Bekanntschaft mit Volksdeutschen in der Gegend von Odessa. Ich sah drinnen einige Bilder, darunter ein Muttergottesbild; und ein Kreuz. Darum geschlungen ein verrosteter Rosenkranz. In einem Bett eine alte Frau. Zu ihr ging ich hin und sagte ihr, dass ich Geistlicher bin. Es ist unmöglich, die Freude dieser Frau wiederzugeben. Ich versprach ihr für den nächsten Morgen eine heilige Messe. Morgens in aller Frühe war die Frau auf den Beinen, bald liefen Kinder zu den anderen Hütten. Schließlich waren über zweidutzend Männer und Frauen mit kleinen Kindern im Festtagsstaat versammelt und immer noch kamen mehr. Vor der Lehmhütte bauten wir unseren Altar auf; ich hielt eine kurze Ansprache, kündigte Generalabsolution an und lud zur heiligen Kommunion ein. Dann hielt ich die heilige Messe und nach der heiligen Kommunion erteilte ich die allgemeine Lossprechung. Anschließend taufte ich die Kinder. Unsere Soldaten wurden ihre Taufpaten. Schließlich begann alles noch einmal von vorn, für die inzwischen von weither herbeigeeilten Menschen. Hier in Neu Kandel (Lymanske) taufte ich dreißig Kinder und teilte fünfzigmal die heilige Kommunion aus. Es wurde der denkwürdigste Gottesdienst während meines 40-jährigen Priesterlebens."

So weit der Bericht.

Am Nachmittag des 12. Augusts erhielt das III. Bataillon/Infanterieregiment 170 den Befehl, die Kolchose (ukrainisch für sowjetischer Großbetrieb) Nemerlejeff in Besitz zu nehmen, in der sich noch Feindkräfte verborgen hielten. Dies war erst bekannt geworden, als einige Soldaten der Artillerieabteilung 173 mit ihren mit Munition beladenen Lastwagen in die Kolchose hineinfuhren. Sie wurden von den Sowjets erschossen.

Das Bataillon trat am 13. August zu diesem Angriff an. Es ging durch die Sonnenblumenfelder hindurch, die größtenteils von feindlichen Maschinengewehrgruppen besetzt waren. In hartem Kampf, teilweise im Nahkampf, musste das Sonnenblumenfeld überwunden werden. Viele Soldaten stürzten tödlich getroffen zu Boden. Bei erbitterten Nahkämpfen fielen auch Oberleutnant Fuchs, Chef der 6. Kompanie/Infanterieregiment 170 und Oberleutnant Fischer, Chef der 12. Kompanie/Infanterieregiment 170. Der Angriff kam zum Erliegen. Nun wurde das gesamte Regiment eingesetzt, nachdem die Artillerieabteilung 173 die Kolchose sturmreif geschossen hatte.

Das Regiment drang kämpfend in die Kolchose ein, in der sich – wie durch Gefangenenaussagen bekannt wurde – die Reste von drei Maschinengewehrbataillonen mit einem General, vierzig Offizieren und 500 Soldaten eingenistet hatten.

Ein Teil des Gegners konnte entkommen. Vom Infanterieregiment 170 fielen insgesamt 40 Soldaten und Offiziere.

Zwei Sturmgeschütze hätten beim Fehlen feindlicher Panzerabwehrkanonen genügt, diese Kolchose mit ungleich weniger Verlusten in Besitz zu nehmen. So wurde das Gefecht um die Kolchose Nemerlejeff eine bittere Lehre für das Regiment. Bis zu diesem Zeitpunkt hatte allein die 9. Kompanie im Russlandfeldzug bereits 21 Tote und 43 Verwundete zu beklagen.

Vom 15. bis 17. August hatte das Regiment in Postulary drei Ruhetage, bevor es seinen Vormarsch in Richtung Nikolajew (Mykolajiw) fortsetzte, das am 20. August erreicht wurde. Hier ging die Division zur Ruhe über und konnte bis zum 25. August ihre volle Kampfbereitschaft wieder herstellen.

Am 26. August erfolgten die Verlegung nach Norden und der Einsatz auf dem Westufer des Dnjepr unter anderem bei Tjahynka. Es wurde sofort gewaltsame Aufklärung über den Dnjepr vorbereitet. Das Gebiet um den Dnjepr war im Bereich der Division ein wilder Dschungel und der einzige Weg, der hindurchführte, war der Eisenbahndamm.

Gefangenenaussagen ergaben, dass das jenseitige dünenartig ansteigende Ufer von mindestens drei Bataillonen Rotarmisten gehalten würde, die in guten Feldstellungen lägen. In den Seitenarmen des Dnjepr, der hier – dicht oberhalb seiner Mündung – rund 1.000 Meter breit ist, lauerten russische Motorboote, mit Maschinengewehren und Schnellfeuerkanonen bestückt. Schwere Granatwerfer und eine 15-cm-Batterie wurden ebenfalls ausgemacht.

Ein Stoßtrupp in Kompaniestärke wurde aus Freiwilligen des Regiments gebildet. Mit ihm sollte ein Übersetzversuch vorgetäuscht werden. Artillerieunterstützung war vorbereitet. Am frühen Nachmittag des 29. Augusts 1941 war es so weit. Oberstleutnant Schleußinger, der Regimentskommandeur, kam zur Sturmkompanie hinaus, die auf der Sandbank eines Nebenarmes, dicht bei einem Anlegesteg angetreten war.

„Kameraden", sagte er, „alles ist bis ins Kleinste vorbereitet. Es kommt jetzt darauf an, dass Ihr mit Tempo und Schwung vorgeht. Es darf keine Stockung eintreten. Die Artillerie unterstützt euch auf das Beste. Das Unternehmen muss gelingen!"

Bis 14.05 Uhr arbeitete sich Oberstleutnant Schleußinger kriechend zur vordersten Beobachtungsstelle in einem großen Heuhaufen vor. Er hatte sich das Fernsprechgerät auf den Rücken gebunden und zog ein Feldkabel hinter sich her. Binnen kurzer Zeit hatte er die Verbindung zur Division, zur Artillerie und zur Anlegestelle hergestellt.

Genau zur festgelegten Zeit begann der Feuerschlag. Fünfzehn Minuten war das gegenüberliegende Ufer in Rauch und Schlammkaskaden gehüllt. Dann fielen die Maschinengewehre und die vorgezogenen Infanteriegeschütze in das Feuer ein und nun legten die Boote ab und wurden zum anderen Ufer gepaddelt. Plötzlich setzte vom feindbesetzten Ufer starkes Maschinengewehrfeuer ein. Ein Floßsack wurde durchschossen und sackte ab. Die ersten Boote und Floßsäcke erreichten das Ufer. Die Soldaten sprangen an Land, warfen Handgranaten und stürmten die Höhe empor, hielten den Gegner in seinen Stellungen durch Maschinenpistolenfeuer nieder, überwältigten ihn. Der erste Graben wurde genommen. Weiter stießen die Soldaten vor und erstürmten nacheinander acht Feldbefestigungen, die hintereinander gestaffelt waren.

Die übrigen Stoßtrupps säuberten im Waldgefecht einen ein Kilometer breiten Streifen mit festem Untergrund. Schließlich erreichten sie den Bahndamm. Dort oben standen Gruppen von Rotarmisten, die sich nicht hinunterwagten, weil das gesamte Gelände vermint war. Der sechste Stoßtrupp räucherte drei Unterstände am Damm aus, die mit Maschinengewehr bestückt waren. An dieser Stelle hatten die Sanitäter einige Verwundete zu versorgen. Aber schon ging es entlang des Dammes weiter und die angesetzten Truppen erreichten das befohlene Angriffsziel. Mit Granatwerfern wurden Gruppen von Rotarmisten bekämpft, die einen See durchschwimmen wollten.

Dann war das Unternehmen beendet und Oberstleutnant Schleußinger rief den Stoßtrupp zurück. Als sie die Ablegestelle wieder erreichten, stand dort der Divisionskommandeur, Generalleutnant Bieler, neben Oberstleutnant Schleußinger.

„Ich bin froh, euch wiederzusehen", sagte der Oberstleutnant und General Bieler beglückwünschte die Soldaten zum errungenen Erfolg.

Am 7. September 1941 überschritt das Infanterieregiment 170 bei Beryslaw den Dnjepr. Einen Tag später kam es bei Britany zu einem schweren Gefecht. Hauptmann Pfautsch, Kommandeur des III. Bataillons/Infanterieregiment 170 fand dabei den Tod; sein Ordonnanzoffizier, Leutnant Martin, fiel ebenfalls.

Der Vormarsch durch die Nogaische Steppe begann. Er dauerte bis zum 23. September und stellte alles bisher Dagewesene in den Schatten, denn es war brütend heiß. Feindflieger griffen fast ununterbrochen an. In einer einzigen Vormarschwoche verlor die 73. Infanteriedivision durch Fliegerangriffe 24 Tote und 50 Verwundete. 66 Pferde wurden getötet. Allein die 1. Kompanie/Infanterieregiment 170 hatte in dieser Zeit 3 Offiziere (Leutnant Heinzelmann, Leutnant Brasch, Leutnant Münch) sowie 7 Mannschaften als Tote und 20 Soldaten als Verwundete zu beklagen. Bei Askania Nowa stellte sich die Division zum Angriff auf die Enge von Perekop und darüber hinaus zum Sturm auf die Krim. Über einen Monat sollte dieser Kampf dauern, viele Opfer sollte er fordern und glänzende Siege bringen.

Am Morgen des 24. Septembers 1941 begann der Angriff auf Perekop, der Landenge, die den Eingang zur Krim verschließt. Die Hauptsperre auf der Landenge war der Tatarengraben, jener acht Kilometer lange, rund fünfzehn Meter tiefe und zirka fünfzig Meter breite Graben mit einem hohen Wall, der die Enge vom Schwarzen Meer zum Asowschen Meer durchschneidet.

In die Atamanengräber der alten Kosakenhäuptlinge hatten die Sowjets Maschinengewehrstände eingebaut. Breite Minenfelder waren ihnen vorgelagert. Es war ein Wall von neun Kilometer Tiefe, der bezwungen werden musste.

Am Ufer befanden sich schwere sowjetische Küstenbatterien. Im Schutz der vorgelagerten Inseln lagen Kriegsschiffe in der Perekoper Bucht auf Lauer. Breite, tiefgestaffelte Stacheldrahthindernisse versperrten den Weg.

Als die Morgendämmerung des 24. Septembers aufzog, brüllten vor der Front der 73. Infanteriedivision zweihundert Geschütze auf. Der Feuerorkan überzog die sowjetischen Stellungen. Eine halbe Stunde später traten das Infanterieregiment 186 und das Infanterieregiment 170 zum Angriff an. Diesmal sollte der Sprung auf die Krim glücken, der im ersten handstreichartigen Versuch der 11. Armee missglückt war, wobei Major Stiefvater, der den Handstreich auf Perekop an der Spitze mitfuhr, schwere Verluste erlitten hatte.

Diesmal würde es klappen, dafür sollte General von Manstein sorgen, der die 11. Armee am 17. September 1941, nach dem Tode von General Ritter von Schobert, als Oberbefehlshaber übernommen hatte. Zwei Divisionen standen General Hansen, dem Kommandierenden General des LIV. Armeekorps zur Verfügung: die 46. und die 73. Infanteriedivision. Eine weitere – die 50. Infanteriedivision – sollte dem Korps unterstellt werden. Der Angriff begann. Gnadenlos brannte die südliche Sonne auf den Tatarengraben herunter, als die Männer des Infanterieregiments 170 vorgingen. Noch vor ihnen waren die Pioniere angetreten und hatten bis 10.00 Uhr 650 Minen aufgenommen. Flankierendes Feuer aus zwei Meter tiefen Gräben schlug der 7. Kompanie/Infanterieregiment 170 entgegen, als sie versuchte, eine Feldstellung zu überwinden. Leutnant Hemrich, der diese Kompanie führte, fiel. Eine halbe Stunde später traf es auch Leutnant Gösswein von der 2. Kompanie/Infanterieregiment 170. Brandbomben und Fliegerbomben, mit Zugzündern im Drahtverhau befestigt, gingen hoch.

Das Infanterieregiment 213 schloss sich dem Angriff an. Sturmgeschütze rollten nach vorn, wurden eingewiesen, schossen feindliche Maschinengewehrnester zusammen. Es ging wieder weiter. Vor den Männern des Infanterieregiments 170 lag die Ortschaft Kula. Auf einmal der Ruf:

„Achtung, Panzer!"

Dreizehn leichte T-26-Panzer und sechs T-34-Panzer rollten vor. Sie stießen auf die beiden mitgeführten Panzerabwehrkanonen der schweren Panzerabwehrkompanie die sämtliche leichten Panzer abschoss.

„Sturzkampfflugzeuge müssen her!" rief einer der Männer, als offenbar wurde, dass die T-34-Panzer nicht mit den „Anklopfgeräten" zu knacken waren.

Um 10.00 Uhr griffen Sturzkampfflugzeuge an. Sie stürzten fast senkrecht aus dem Himmel, der Erde und den Bunkern und Panzern entgegen. Allein fünf der sechs T-34-Panzer wurden durch Volltreffer vernichtet, ein einziger Feindpanzer konnte entkommen. Martin-Bomber der Russen flogen an und bombten. Dann stürmte ein Bataillon Rotarmisten in die linke Flanke des Infanterieregiments 170. Es brach im Artilleriefeuer zusammen.

Beim I. Bataillon wurde der eingedrungene Gegner durch den Bataillonskommandeur Hauptmann Hager im Gegenstoß geworfen. Schon fiel der Abend ein. Das Infanterieregiment 170 war tief in das feindliche Stellungssystem eingedrungen. Aber es hatte das ganze feindliche Artilleriefeuer auf sich gezogen und schwerste Verluste erlitten. Das II. Bataillon/Infanterieregiment 170, das dem Infanterieregiment 213 zur Säuberung eines nach Südwesten vorspringenden feindlichen Stellungsteiles unterstellt war, kämpfte in mehrstündigem Ringen eine Reihe von Bunkern nieder und führte seinen Auftrag durch. Der Feindstützpunkt Preobrashenka wurde schließlich vom Infanterieregiment 170 nach ebenfalls schwersten und verlustreichen Kämpfen genommen. Die Nacht fiel ein, vom Gegner ebenso wie von den deutschen Truppen begrüßt. Im Morgengrauen ging der Kampf weiter. Das II. Bataillon/Infanterieregiment 170, immer noch dem Infanterieregiment 213 unterstellt, wartete in seinen Löchern das Erscheinen der Sturzkampfflugzeuge ab. Als die Sturzkampfflugzeuge ihre Ziele gebombt hatten, trat die 73. Infanteriedivision gegen 06.45 Uhr zum weiteren Angriff an. Im Abschnitt des II. Bataillons/Infanterieregiment 170 befand sich ein starkes Widerstandsnest, das fünfmal berannt werden musste. Erst nach Einsatz von Sturmgeschützen gelang der Durchbruch und der Vorstoß bis Punkt 663. Hier musste sich das II. Bataillon/Infanterieregiment 170 eingraben.

Die beiden übrigen Bataillone waren ebenfalls um 06.45 Uhr angetreten, um den dritten Festungsring aufzuknacken. Im Abschnitt des I. Bataillons/Infanterieregiment 170 ging ein Granathagel nieder. Aber auch die deutsche Artillerie schoss Wirkungsfeuer. Hauptmann Hager stürmte dem Bataillon voraus auf Kart Kasak zu. Der Angriff schien durchzuschlagen. Plötzlich aber tauchten russische Panzer auf. Im Breitkeil rollten sie auf das Bataillon zu, erreichten die Soldaten, die in den russischen Laufgräben Deckung nahmen und überrollten sie.

Ein T-34-Panzer rollte auf Hauptmann Hager zu. Mit entsetzensstarren Blicken sahen die Männer in seiner Nähe, wie der T-34-Panzer den Hauptmann überrollte. Als sie zu ihm hinüberrannten, war der Bataillonskommandeur bereits tot. Hauptmann Dösch übernahm die Führung des verwaisten Bataillons. Dennoch wurde ein langes Panzerhindernis aus T-Trägern von den Sturmgeschützen überwunden. Ein tiefgestaffeltes Minenfeld forderte weitere Opfer. Die dahinterliegenden Erdstellungen waren heißumkämpft.

Schließlich tauchten Ratas und Martin-Bomber am Himmel auf. Die russische Artillerie verstärkte ihr Abwehrfeuer aus allen Kalibern. Die Gefechtsstärken der Kompanien sanken auf rund dreißig Mann herab. Als der Tag zu Ende ging, war der Tatarengraben noch immer in Feindbesitz. Dreimal tauchten die Sturzkampfflugzeuge aus dem Himmel nieder und warfen ihre Bomben. Zwei Tage hatten die Soldaten des Infanterieregiments 170 mit letztem Einsatz gekämpft und noch immer war der Gegner nicht weich geworden. Der russische Panzerangriff am Spätnachmittag traf in der Hauptsache das Schwesterregiment 213. Die Panzerjägerkompanie schoss hierbei acht Feindpanzer ab. Noch am späten Abend des 25. Septembers entschied Generalleutnant Sieler, dass der Angriff auf den Tatarengraben am nächsten Morgen schwerpunktartig auf einem 900 Meter breiten Streifen mit vier Einbruchsteilen weitergeführt werden sollte. Wieder war das II. Bataillon/Infanterieregiment 170 am Schwerpunkt des Angriffs eingesetzt. Links davon schloss sich das gesamte übrige Infanterieregiment 170 an. Oberstleutnant Schleußinger befand sich vorn in der Spitzenkompanie.

Noch vor der Artillerievorbereitung gelang es den Männern, sich bis dicht an das Drahthindernis heranzuarbeiten und Gassen durch den Draht zu schneiden. Während des Artilleriefeuerschlages zogen sie sich etwas zurück und als das Signal zum Angriff gegeben wurde, griffen sie geschlossen an und mit ihnen das Infanterieregiment 213. Starkes Feindfeuer schlug dem Infanterieregiment 170 entgegen. Dort, wo das Infanterieregiment 213 am Südwall angriff, waren nach Gefangenenaussagen die russischen Besatzungen in dem hier deckend liegenden Granatfeuer zurückgewichen und deshalb gelang hier der Einbruch auf Anhieb. Auf rund 400 Metern Breite stürmten die Soldaten in die Bresche hinein, die ständig durch nachgeführte Einheiten erweitert wurde. Der Tatarengraben war erreicht. Und erst jetzt zeigte sich, welch ein Hindernis er war. Seine Tiefe betrug an dieser Stelle sogar rund zwanzig Meter; die Breite war zwischen den beiden Aufwürfen rund 40 Meter. Ein System von doppelten Unterständen war in die Wände eingebaut, in der Böschung befanden sich Deckungslöcher dicht bei dicht. Die Grabenwände hatten 60 bis 70 Grad Neigung.

Das Infanterieregiment 213 stürmte durch die Bresche weiter nach Süden, erreichte eine sowjetische 15-cm-Haubitzenbatterie mit vier Geschützen und Zugmaschine. Sie wurde erstürmt. Ein rund ein Kilometer tiefer Brückenkopf wurde gebildet.

Während dieser Zeit kämpfte das Infanterieregiment 170 noch immer verbissen um den Einbruch und Durchbruch. Hier, nördlich des Grabens, waren starke Kampfstände mit Betonplatten verkleidet. Es gelang dem Infanterieregiment 170 ebenfalls, den Tatarengraben zu überwinden und sich 300 Meter weiter südlich einzuigeln. Der Kommandeur des Infanterieregiments 213 ließ durch seinen Ordonnanzoffizier, Leutnant Guth, eine Meldung an das Infanterieregiment 170 gehen und zwar für die Fortsetzung des Angriffes, der von Oberstleutnant Hitzfeld, dem Kommandeur des Infanterieregiments 213 selbstständig nach Rücksprache mit Oberst Häuser, dem Kommandeur des Artillerieregiments 173, und dem Regimentskommandeur des Infanterieregiments 186, Oberstleutnant Schröder, angesetzt worden war.

Erst als der Angriff lief, konnte die Verbindung mit der Division aufgenommen werden. Generalleutnant Bieler billigte den Entschluss. Das Infanterieregiment 170, das zuerst noch etwas zurückhing, holte schnell auf und stürmte dann Schulter an Schulter mit den Schwesterregimentern vorwärts, und noch vor Einfall der Dunkelheit erreichte die gesamte Division das Tagesziel.

Die Landenge bei Perekop war aufgebrochen. Die 73. Infanteriedivision – und damit auch das Infanterieregiment 170 – hatte ihre Aufgabe erfüllt – aber unter schwersten Opfern. Oberstleutnant Hitzfeld erhielt für seinen selbstständigen und schlachtentscheidenden Entschluss das Ritterkreuz. Die Division grub sich in den nächsten Tagen in den erreichten Stellungen ein. Noch galt es, die Engen von Juschunj zu überwinden, ehe der Sprung auf die Krim und nach Sewastopol fortgesetzt werden konnte.

Die nächsten Tage vergingen im Bombenregen sowjetischer Flieger und im Artilleriefeuer der russischen schweren Geschütze. Ein schwerer Schlag traf das Regiment, als in der Nacht des 3. Oktobers eine Fliegerbombe in das Kraftfahrzeug des

Regimentsstabes einschlug. Oberstleutnant Schleußinger und der Nachrichtenoffizier des Regiments, Leutnant Wehr, fielen; Oberleutnant Wiesel, der Regimentsadjutant, wurde schwer verwundet. Oberst von Lepel übernahm die Führung des Regiments.

General von Manstein, der Oberbefehlshaber der 11. Armee, setzte nunmehr zum entscheidenden Stoß drei Divisionen des LIV. Armeekorps ein. Und zwar die 22. Infanteriedivision links, die 73. Infanteriedivision in der Mitte und die 46. Infanteriedivision mit einigen unterstellten Teilen der 170. Infanteriedivision rechts. Dahinter stand das XXX. Armeekorps bereit: mit der 72. Infanteriedivision, der Masse der 170. Infanteriedivision und der 50. Infanteriedivision. Nachgeführt werden sollte später das XXXXII. Armeekorps mit der 24. und der 132. Infanteriedivision. Den sechs deutschen Divisionen in den beiden vorderen Treffen standen acht Feinddivisionen der 51. sowjetischen Armee gegenüber, dazu kamen vier Kavalleriedivisionen, ferner die Festungstruppen und Marinebrigaden von Sewastopol.

Der Auftrag, der der 73. Infanteriedivision gestellt wurde, lautete:

„Aus Bereitstellungen in Gegend Kart Kassak mit den Regimentern 186 rechts und 170 links über den Stichkanal vorstoßen, die Poststelle Juschunj und das Dorf Juschunj in Besitz nehmen und damit den Weg zu einem weiteren Vorstoß über den Tschetarlykabschnitt nach Süden freimachen.

Das Infanterieregiment 213 bleibt westlich Kart Kassak in seiner Bereitstellung und wird nach erfolgtem Durchbruch bei Juschunj neben dem Infanterieregiment 186 vorbeigehen und sich in den Besitz des Tschetarlykabschnitts setzen. Angriffsbeginn ist der 18. Oktober 1941."

Der Angriffsplan des Infanterieregiments 170 entsprach noch im Wesentlichen den Ausarbeitungen des gefallenen Oberstleutnants Schleußinger. Und zwar sollte das III. Bataillon/Infanterieregiment 170 und dahinter das II. Bataillon/Infanterieregiment 170 den Übergang bei Punkt 904 über den Stichkanal erzwingen. Das I. Bataillon/Infanterieregiment 170 sollte derweilen entlang der Bahnlinie bis Punkt 930 vorstoßen.

In der Nacht vom 17. auf den 18. Oktober wurde dazu das II. und III. Bataillon/Infanterieregiment 170 aus dem Dorf nördlich des Salinensees in die Sturmausgangsstellungen verschoben. Man hatte eine genaue Feindlagenkarte bei einem Leutnant eines russischen Marinebataillons gefunden. Nach dieser Karte konnte aufmarschiert werden. Gleichzeitig mit dem Infanterieregiment 170 sollte das Infanterieregiment 186 bei Punkt 905 über den Stichkanal setzen. Am 18. Oktober um 05.00 Uhr begann der Angriff. Das III. Bataillon/Infanterieregiment 170 stürmte mit der 10. Kompanie nach vorn. Major Möhring, der Bataillonskommandeur, führte das Bataillon an der Spitze, während der Bataillonsstab sich mit dem Rest der 12. Kompanie hinter die 10. Kompanie eingeschoben hatte. Links von der Zehnten griff die 9. Kompanie/Infanterieregiment 170 an. Leider war durch starken Nebelbeschuss die

Verbindung innerhalb des Bataillons zerrissen. Die 9. Kompanie kam zu weit nach Norden ab. Die 10. Kompanie stürmte trotz starken Feindfeuers aus Feldstellungen gegen diese vor und geriet plötzlich in ein dichtes Drahthindernis. Hier blieb sie liegen und hatte erhebliche Verluste. Nun versuchte Oberleutnant Jörn, Chef der 12. Kompanie, mit einem Reservezug die Feldstellung nördlich Punkt 904 zu erstürmen. Über das offene Gelände, in dem lediglich Granattrichter einige Deckung boten, stürmten die Männer vorwärts. Oberleutnant Jörn, mit seinem Kompanietrupp ungefähr sechzig Meter vor dem Gros laufend, erhielt von einem Scharfschützen einen Kopfschuss und stürzte zu Boden. Gefreiter Bochold, der als Melder bei ihm war, konnte nur noch den Tod seines Chefs feststellen.

Die Verbindung zum Regiment war abgerissen. Der Bataillonskommandeur ohne Stab weit voraus, die Nachrichtenstaffel und der Ordonnanzoffizier waren durch den Nebelbeschuss weit auseinandergeraten. Leutnant Klauer, der mit dem Obergefreiten Becke auf einem Krad vom Regiment aus die Verbindung mit dem Bataillonsstab aufnehmen wollte, fiel. Der Bataillonsstab konnte nach langem Kampf im erreichten Stichkanal Fuß fassen.

Wie der Angriff beim III. Bataillon/Infanterieregiment 170 durchgeführt wurde, wird in dem Bericht des damaligen Feldwebels Helmut Tenner: „Durch die Enge von Juschunj“ dargestellt:

„Tagelang haben wir in unseren Schützenlöchern gewartet und das feindliche Artilleriefeuer sowie die nächtlichen Fliegerangriffe über uns ergehen lassen. Nun ist es soweit! Der zweite Großangriff soll steigen! Schweigend marschiert die Kompanie durch die sternklare Nacht in den Bereitstellungsraum. Die Front ist ruhig. Nur die sowjetischen Nachtbomber müssen etwas von der jetzt durchgeführten Verschiebung gemerkt haben. An zahlreichen Stellen fallen Leucht- und Sprengbomben. Jetzt sind sie über uns. Ein bekanntes pfeifendes Geräusch – Hinlegen! Der Einschlag liegt 50 Meter entfernt. Nichts ist passiert.

Die neue Stellung ist erreicht. Der Zugführer der abgelösten Kompanie weist mich ein, ein fragender Blick von mir bei einem eingestürzten Grabenstück.

‚Gestern Nacht!‘, sagt er ruhig. ‚Einer war tot, die anderen konnten wir noch ausgraben!‘

Drei weitere Bombentrichter sind in der Nähe. Ich weise meine Gruppenführer ein, stehe im halblauten Gespräch mit einigen Männern. Die Zigaretten glimmen verdeckt. Wir wissen, was uns bevorsteht. Wir werden am Schwerpunkt des Angriffs eingesetzt werden. Feldstellungen sind zu nehmen; außerdem der dahinter liegende drei Meter tiefe Stichgraben, breite Drahthindernisse mit eingebauten Minen- und Flammenwerfern und wieder ausgebaute Feldstellungen mit Panzerkuppeln; dann erst ist das Ziel des Bataillons erreicht: die Poststelle Juschunj! Mit einem Schlage zerreißt die nächtliche Ruhe über der flachen, noch in Morgennebeln gehüllten

Steppe. Artillerievernichtungsfeuer trommelt auf feindliche Feldstellungen. Auf der ganzen Front heult es jetzt auf, die Geschütze aller Kaliber beginnen die Ouvertüre des Kampftages im Fortissimo aufzuspielen. Ununterbrochen jaulen die Granaten über unsere Köpfe hinweg. Einschlag auf Einschlag wird in den etwa zwei Kilometer entfernt liegenden Feindgräben beobachtet. Wir stehen längst bereit, fröstelnd; mit vor Spannung vibrierenden Nerven. Dann der Befehl:

'Auf maarsch!'

Auseinandergezogen gehen wir vor, genauso, wie in diesem Augenblick Tausende anderer Soldaten auf der Landenge der Krim. Das Artilleriefeuer wird nach vorn verlegt, wir nähern uns den Gräben des Gegners, sie sind leer. Die Sowjets haben sich hinter ihre Drahthindernisse zurückgezogen.

Inzwischen hat die Sonne den Morgennebel verdrängt. Jetzt erwacht auch der Gegner aus seiner Erstarrung. Maschinengewehrsalven peitschen, Gewehrschüsse knallen von vorn und aus der rechten Flanke. 300 Meter vor uns liegt das Drahthindernis. Die unterstellten Pioniere, die gerade noch einmal ihre gestreckten Ladungen überprüfen, sollen die Minen aufnehmen und eine Gasse durch den Draht für uns schlagen. Aber vorerst kommt der Stichgraben. Den müssen wir jetzt gewinnen.

Im geschlossenen Sprung rennt mein Zug vor, läuft im Feuerschutz der nachgezogenen Maschinengewehre weiter, verschwindet im Kanal. Brackwasser steht hier am Boden, zäher Lehm schmiegt sich um die Stiefel, will uns festhalten. Und vor uns eine senkrechte, drei Meter hohe Wand. Ein Mann stöhnt, ich blicke mich um. Es ist Schütze H., dem ein Querschläger den Armknochen durchgeschlagen hat. Wir suchen einige Holzstücke, schienen den Arm und legen den Kameraden in Deckung. Die Pioniere und der Spitzenzug der Nachbarkompanie sind nun auch im Graben.

Doch jetzt hat uns der Feind bemerkt. Seine Artillerie schießt auf den Graben, krachend schlagen die ersten Granaten um uns ein. Aus den Stellungen hinter dem Draht pfeifen Geschosse. In dem sich verdichtenden Feuer können die Pioniere nicht raus. Granatwerfer schießen, es werden immer mehr. Die Splitter sausen uns um die Ohren. Wir graben uns Löcher in die Wand und warten.

Es ist fast unmöglich über die freie Plaine zu uns zu gelangen. Aber unser Kompanieführer schafft es. Aber in dem Augenblick, da er bei uns beobachtend seinen Kopf über den Grabenrand hebt, haut eine Granate in der Nähe ein.

'Schweinerei!' schreit er und springt wieder in Deckung. Ein erbsengroßer Splitter steckt in seiner Lippe. Verbunden geht er zurück zum Kompaniegefechtsstand und erhält unterwegs noch einen Streifschuss. Der Angriff ist ins Stocken geraten, der Artilleriebeobachter muss nach vorn. Plötzlich steht der Regimentsführer, Major Marbach, vor mir. Die Feldmütze auf dem Schädel, Karabiner in der Hand. Er will sich selbst von der Lage überzeugen. Ich erstatte ihm Bericht. Seine Antwort, zugleich als Befehl gedacht, ist kurz: 'Wir müssen durch! Versuchen Sie es mit Ihrem Zug!'

Eine Lücke im Drahtverhau soll ausgenutzt werden. Wir graben Stufen in die Wand, ich klettere hoch, meine Männer stehen auf dem Sprung. Die Kameraden rechts beobachten gespannt das Unternehmen. Zwei schwere Maschinengewehre von ihnen sollen uns Feuerschutz geben.

‚Los!' rufe ich.

Die Gewehre krachen, Maschinengewehrsalven rattern, ich springe durch die Lücke im Draht, werfe mich hin, erkenne Stellungen, schieße! Geschosse pfeifen, spritzen um mich in den Boden.

‚Maschinengewehr nach vorn!'

Ich drehe mich um. Gerade taucht der Kopf des Schützen 1 über der Deckung auf. Ich kann mich auf ihn verlassen. Drei Gewehrschützen liegen jetzt bereits hinter mir, schießen ebenfalls. Das Maschinengewehr aber schweigt, deshalb blicke ich mich abermals um und erkenne den Schützen 2, der jetzt anstelle des Schützen 1 hinter dem Maschinengewehr liegt. ‚Maschinengewehr nach vorn!' Immer noch Schweigen, und als ich mich ein drittes Mal umschaue, steht das Maschinengewehr verlassen da. Da stimmt etwas nicht Richtig! Jetzt von hinten ein Befehl. Der Kommandeur ruft uns zurück. Im Graben angekommen sehe ich, wie Sanitäter eben die beiden Maschinengewehrschützen, die verwundet worden waren, verbinden. Zwei weitere Kameraden sind schon versorgt.

Es ist Nachmittag. Die zweite Phase des Angriffs beginnt. Die Artilleriebeobachter leiten jetzt vom Graben aus das Feuer ihrer Batterien auf die erkannten Stellungen, die Gegenwehr des Gegners wird sichtlich schwächer. Die Pioniere entminen die Hindernisse, wir können durch.

Zwei Kompanien liegen jetzt vor dem Draht. Neu auflebendes Feuer zwingt sie zu Boden. Ich habe inzwischen am linken Flügel eine verlassene Feldstellung gefunden, groß genug für den Zug. Von rechts kommt langsam ein Sturmgeschütz auf uns zu. Es hat den Angriff beim Nachbarregiment unterstützt und ist jetzt frei für neue Aufgaben. Nicht weit von mir hält es an.

Wir treten abermals an. Nicht weit vor uns liegen die Häuser der Poststelle Juschunj – unser Ziel! Ich setze mich mit dem Leutnant im Sturmgeschütz in Verbindung. Er hilft uns. Brummend und klirrend rollt das Geschütz los, wir folgen in Reihe hinterher. Wütend versucht die Feindartillerie das auf sie zukommende Unheil abzuwenden – zu spät! Das Sturmgeschütz feuert. Granaten hauen in die Feindstellungen hinein. Und jetzt folgen uns rechts die Kompanien, gehen mit uns vor, unaufhaltsam. Zu Dutzenden holen wir die lehmgelben Gestalten aus ihren Löchern. Handgranaten brechen den Widerstand der noch schießenden Rotarmisten. Einige hundert Gefangene macht das Bataillon. Der Rest zieht sich in der beginnenden Abenddämmerung zurück in das Dorf. Es wird rasch dunkel. Zwei Kilometer vor dem endgültigen Ziel graben wir uns für die Nacht ein. Sowjetische Panzerabwehrkanonen und Artillerie schießen Störfeuer. Als ich dann in der Nacht mit einem Spähtrupp in das Dorf Juschunj eindringe, regt sich nichts. Die ausgebauten Stellungen am Dorfrand sind verlassen. Trotzdem werden aus den Kellern und Löchern noch fünfzig Gefangene eingebracht, als das Dorf am anderen Morgen vom Bataillon in Besitz genommen wird.

Wir jedoch atmen auf. Das Ziel ist erreicht, die Landenge an allen Stellen durchbrochen, der Schlüssel zur Krim ist in unserer Hand. Nur noch eine stumme Pflicht bleibt uns zu erfüllen an denen, die den Sieg nicht miterleben durften."

Einer der Männer, die den Sieg nicht miterleben durften, war Hauptmann Döscher, der Führer des I. Bataillons.

Ein schwerer Abschnitt in der Geschichte des Infanterieregiments 170 war damit zu Ende gegangen. Die 73. Infanteriedivision hatte innerhalb eines Monats 27.000 Gefangene gemacht, 47 Panzer, 88 Tanketten, 96 Geschütze, 136 Panzerabwehrkanonen und 149 Granatwerfer vernichtet oder erbeutet. Fünf Flugzeuge waren durch Infanteriebeschuss abgeschossen worden. Generalleutnant Bieler sagte in seinem Tagesbefehl am 29. Oktober 1941 unter anderem:

„Ihr alle habt Eure Pflicht bis zum Äußersten getan. Eure Leistungen an Tapferkeit, Angriffsgeist, im Durchhalten gegen feindliche Gegenangriffe, schwerstes Artilleriefeuer, massierte Fliegerangriffe und im Ertragen körperlicher Anstrengungen reihen sich ein in die größten Taten deutscher Soldaten. Dafür danke ich Offizieren, Unteroffizieren und Mannschaften aus tiefstem Herzen und dafür spreche ich Euch meine vollste Anerkennung aus. Ich gedenke insbesondere tiefbewegt der vielen tapferen Kameraden, die nicht mehr unter uns sind."

Einen Tag später erhielt Generalleutnant Bieler die Nachricht, dass ihm am 26. Oktober 1941 das Ritterkreuz verliehen worden sei. Dazu sagte er in einem Tagesbefehl des 30. Oktobers 1941: „Der Führer und Oberste Befehlshaber hat mir am 26. Oktober 1941 in Anerkennung der unübertrefflichen Tapferkeitstaten der kampferprobten und sieggewohnten 73. Division das Ritterkreuz des Eisernen Kreuzes verliehen. Ich danke Euch aus diesem Anlass, Ihr Männer meiner Division. Ich bin mit Euch für alle Zeiten verbunden."

Durch die Krim bis Kertsch und zum Mius

Durchbruch durch die Parpatschstellung – Eroberung von Kertsch – Der Weitermarsch zum Mius

Am 29. Oktober 1941 begannen der Vormarsch und die Verfolgung des sich absetzenden Gegners auf der Krim. Bis zum 14. November kämpfte sich die Division in Richtung Kertsch vorwärts. Es ging über Dschankoj und Bachtschi-Eli nach Tambowka.

Bereits am 2. November musste Generalleutnant Bieler zu höherer Verwendung die Division verlassen. Neuer Divisionskommandeur wurde Generalleutnant von Bünau, der bereits im Westfeldzug als Oberst und Kommandeur des Infanterieregiments 133 das Ritterkreuz erhalten hatte. Er sollte die Division zwei Jahre lang durch schwere Zeiten führen.

Parpatsch wurde erreicht. Hier hatte der Gegner an der dortigen Landenge eine weitere starke Verteidigungsstellung ausgebaut.

Der Angriff am 6. November, der vom Infanterieregiment 213 geführt wurde, drang bis Minareli Schiban durch. Am folgenden Morgen wurde er fortgesetzt, und nun beteiligte sich auch das Infanterieregiment 170 daran; und zwar auf der linken Flanke. Der Durchbruch wurde erzwungen und am 8. November die Verfolgung des geschlagenen Gegners fortgesetzt.

Der „Türkenwall" und Mariental waren die nächsten Ziele. Das Infanterieregiment 170 verfolgte den weichenden Gegner. Hierbei beobachtete gegen Abend des nächsten Tages die in Nachtstellung gegangene 9. Kompanie auf einer Anhöhe ungefähr 500 Meter entfernt russische Kolonnen, die einem Dorf zustrebten, von dem die Kompanie nur ungefähr zwei Kilometer entfernt war.

Da sich auch ein Artilleriebeobachter auf dem Kompaniegefechtsstand befand, konnte die Artillerie verständigt werden. Die Geschütze schossen Abpraller, die unter den russischen Kolonnen schwere Verheerungen anrichteten. Diese Gelegenheit ausnutzend, beschloss der Bataillonskommandeur des III. Bataillons/Infanterieregiment 170, das Dorf zu nehmen, um dem Bataillon Gelegenheit zu geben, wieder einmal nach langer Zeit in richtigen Häusern schlafen zu können.

Die 9. Kompanie/Infanterieregiment 170 trat an. Es war fast finster geworden, als sie in das Dorf eindrang. Es wurde kein Widerstand geleistet und wer beschreibt das Erstaunen, als die Landser entlang der Dorfstraße Pferde einer russischen Kavallerieeinheit an den Bäumen angebunden fanden. Die Säuberung der Häuser begann. Aus den Kartoffelkellern der Hütten wurden die überraschten Sowjets herausgeholt.

Ihnen gehörten die Pferde und sie hatten sich bei Beginn des Artilleriefeuerschlages in die Deckungen der Keller zurückgezogen. Die Gefangenen wurden gesammelt und zurückgeschickt. Am nächsten Morgen setzte die gesamte 9. Kompanie hoch zu Ross die Verfolgung weiter fort. Die Fußkranken wurden auf bespannte Panjefahrzeuge gesetzt. Allerdings wurde diese Freude rasch dadurch getrübt, dass gegen Mittag der Regimentskommandeur mit seinem Stab die 9. Kompanie überholte und die stattlichen Reiterschwadrone sah. Am Abend wurden dann die schönen Pferde vom Regiment kassiert.

Pausenlos ging die Verfolgung des weichenden Gegners weiter. Die Verbände des Infanterieregiments 213 hatten die Spitze übernommen. Das Infanterieregiment 170 marschierte links davon in Richtung auf den Tschurubaschsee weiter. Vom Tschurubaschsalzsee aus führte eine direkte Straße nach Kertsch und – Kertsch war das Ziel der Division.

Wenn diese Straße schnell erreicht wurde, waren die noch südlich und südwestlich des Sees stehenden russischen Truppen von ihrem Rückzugsweg auf Kertsch abgeschnitten.

Das Infanterieregiment 213 war als erstes am Ziel. In der Nacht zum 10. November zog schließlich auch das Infanterieregiment 170 nach, erreichte nördlich von Iwanowka die Straße nach Kertsch und richtete sich zur Abwehr der nach Norden und Nordosten durchbrechenden Russen ein. Das Infanterieregiment 213 erstürmte in den nächsten drei Tagen Kertsch, das am 14. November abends genommen wurde. Am nächsten Tag, bei inzwischen acht Grad Kälte, erreichte auch das Infanterieregiment 170 Kertsch und richtete sich zur Ruhe und zur Wiederauffrischung ein. Es gab eine Ruhezeit bis zum 10. Dezember. Am 10. Dezember 1941 verunglückte hier Hauptfeldwebel Arnold von der 13. Kompanie tödlich beim Geschützreinigen.

Die Großlage hatte sich inzwischen entscheidend geändert. Sie bestimmte auch die neuen Bewegungen der 73. Infanteriedivision und des Infanterieregiments 170, sodass sie hier in knapper Skizzierung zur Erläuterung dargelegt werden soll.

Die Panzergruppe Kleist, inzwischen in 1. Panzerarmee umbenannt, hatte den zurückgehenden Feind rasch in Richtung Rostow verfolgt und am 17. Oktober bereits den Hafen Taganrog erobert. Die dabei entstandenen Verluste waren unerhört hoch. So betrug z. B die Grabenstärke der 3. Kompanie/Infanterieregiment „Leibstandarte Adolf Hitler" noch sieben (!) Mann.

Am 28. Oktober 1941 hatte die 1. Panzerarmee mit allen Teilen den Mius erreicht. Während der nunmehr hier einsetzenden Herbstschlammperiode war ein weiterer Vorstoß unmöglich. Die eigenen Verluste waren bisher nicht ausgeglichen oder aufgefüllt worden. Dahingegen hatte sich der Feindwiderstand erheblich verstärkt. Zwar gelang es dem III. Panzerkorps unter General der Kavallerie von Mackensen noch mit der 13. und 14. Panzerdivision, der motorisierten 60. Infanteriedivision und der

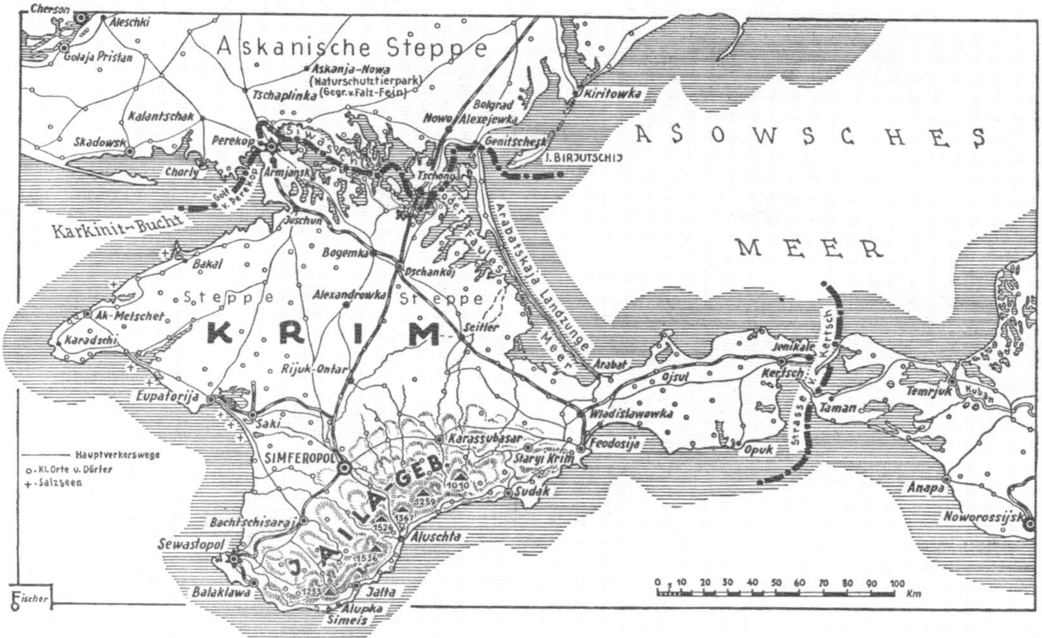

Die Krim mit ihren Zugängen über die Landenge von Perekop und die verästelten Lagunen südlich davon sowie Kertsch und die Halbinsel Taman auf dem Kubanbrückenkopf waren Einsatzgebiete des Infanterieregiments 170 und der gesamten 73. Infanteriedivision bis Herbst 1943.

Soldaten des Infanterieregiments 170 vor dem Angriff auf die Landenge von Perekop im September 1941.

Marschkolonnen des Infanterieregiments 170 auf dem Weg zur Landenge von Perekop, dem Zugang zur Krim.

Trosskolonnen des Infanterieregiments 170 bei einer Rast auf dem Weg zur Landenge von Perekop.

Der Divisionskommandeur Generalleutnant Rudolf von Bünau fährt mit seinem Stoever-Kübelwagen die Kolonnen ab und muntert seine Männer auf.

Ein abgeschossener russischer Panzer vom Typ T-26 wird besichtigt.

Vor Perekop verstärkte sich der russische Widerstand, sodass sich die Soldaten des Infanterieregiments 170 eingraben und auf Verstärkung warten mussten, bis der Aufmarsch der deutschen Truppen abgeschlossen war und der Sturm auf die Krim beginnen konnte.

Doch die Soldaten des Infanterieregiments 170 waren zuversichtlich, hier ein Gefreiter in seinem Grabenabschnitt.

Solange die Spätsommerhitze dauerte und die Kampfhandlungen zum Erliegen kamen, konnte man es wagen, seine Kleidung im Graben von lästigem Ungeziefer zu befreien.

Männer des Infanterieregiments 170 in einem Graben, der von Dornengestrüpp umgeben ist.

Nach schweren Kämpfen Ende September 1941 war es gelungen, den Tatarengraben von Perekop zu erreichen und die Männer schinden sich ab, um eine 3,7-cm-Pak zuerst den fünfzehn Meter tiefen Abhang hinunterzubringen und anschließend auf der anderen Seite wieder empor. Auf der Grabensohle sieht man einen Trampelpfad.

Diese Aufnahme gibt einen guten Eindruck von der Größe des Tatarengrabens.

Als endlich die gegenüber liegende Grabenböschung erklommen war, wurde ein Essensträger beobachtet, der mit seiner schweren Last den besten Weg den Abhang hinunter suchte.

Durch Zurufe seiner Kameraden wurde er auf dem richtigen Weg den Abhang hinunter geleitet.

Der Durchbruch zur Krim ist geschafft,
die Männer des Infanterieregiments 170 sind abgekämpft aber guter Dinge.

Die Strapazen der schweren Kämpfe sind in
die Gesichter der Männer geschrieben.

Ein Sprung aus einem Fenster
in der Unterkunft.

Soldaten des Infanterieregiments 170
nach schweren Kämpfen um die Krim.

Zwei Kameraden vom Tross
des Infanterieregiments 170.

Das sind keine gestellten Fotos eines PK-Berichterstatters, sondern selbst inszenierte Fotos einer Gruppe für die Lieben daheim. Das Foto zeigt, wie ein Haus gestürmt wird.

Das schwere MG 34 in Feuerstellung mit Gruppenführer, der seine MPi 40 im Anschlag hat.

Mit dem schweren MG 34 auf einer Lafette mit drei Beinen konnten feindliche Ziele bis zu einer Entfernung von 3.000 Metern wirkungsvoll bekämpft werden.

Zeitungen aus der Heimat sind angekommen, die von den Soldaten des Infanterieregiments 170 gerne gelesen wurden.

Bevor es zum nächsten Einsatz geht,
wird noch schnell ein Becher frische Kuhmilch gezapft.

Durch einen Bombentreffer wurde am 3. Oktober 1941 der Pkw des Regimentskommandeurs Oberstleutnant Richard Schleußinger getroffen, wobei er und sein Fahrer den Tod fanden.

Zufällig kamen die deutschen Soldaten während einer Beerdigung an einem Dorf vorbei. Ein alter Mann liegt im offenen Sarg aufgebahrt und wird unter reger Anteilnahme der Dorfbevölkerung betrauert.

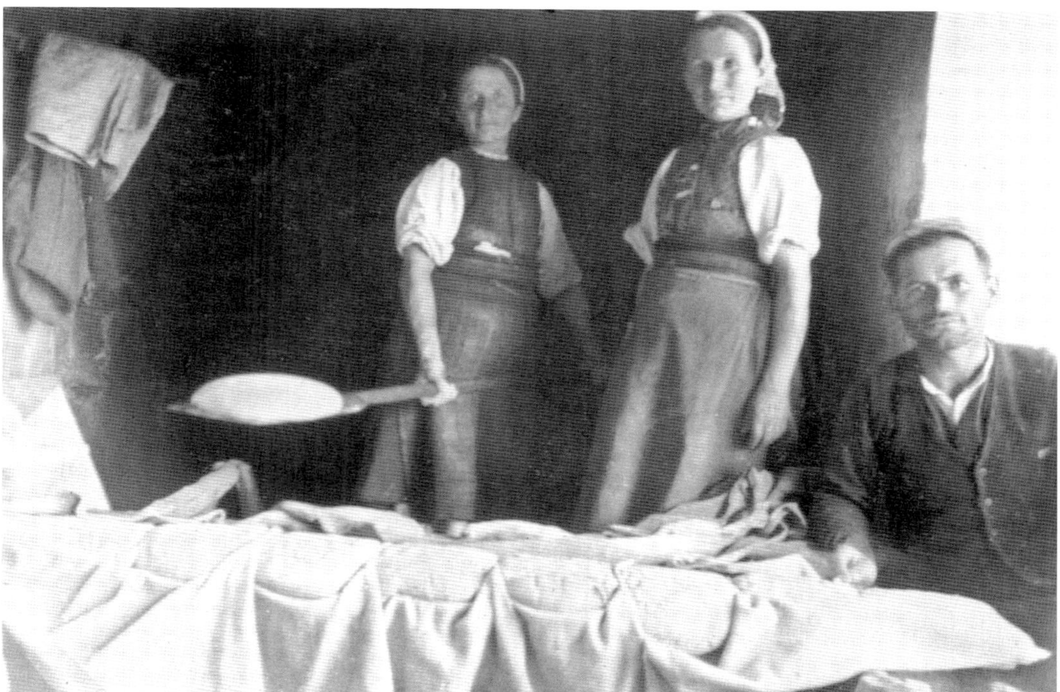

In der Dorfbäckerei werden Brotlaibe für den Backofen vorbereitet.

Der Staudamm von Saporoshje, der den Dnjepr aufstaut, ist bis heute ein wichtiges Kraftwerk für die russische Schwerindustrie.

Die Tataren sind mehrheitlich muslimisch und haben eigene Moscheen im Süden Russlands errichtet.

Mit dem Herbst kam auch der Regen, der das ganze Land in Morast verwandelte, so auch diesen Friedhof.

Versorgungsfahrzeuge kamen oft nur mühsam durch den Schlamm voran. Die Pisten wurden immer breiter ausgefahren, denn jeder Fahrer versuchte ein befahrbares Stück des Weges zu finden.

Der Winter 1941/1942 war auch im Südabschnitt der Ostfront ungewöhnlich hart.
Ein Soldat des Infanteriregiments 170 besucht Gräber gefallener rumänischer Soldaten.

Um die Jahreswende 1941/1942 versuchten die sowjetischen Streitkräfte bei Kertsch eine Landung auf der Krim,
die unter schweren Verlusten auf beiden Seiten verhindert werden konnte.

An dem Abwehrkämpfen bei Kertsch war von der 73. Infanteriedivision nur das Infanterieregiment 213 beteiligt, während die anderen Divisionseinheiten mit den Infanterieregimentern 170 und 186 zum Mius marschierten.

Soldaten des Infanterieregiments 213 besichtigen das Wrack eines deutschen Kfz 15 in der Bucht von Kertsch.

Eine Bilderfolge von einem Kradmelder des Infanterieregiments 170 im Frühjahr 1942 an der Miusfront bei Taganrog.

Sowjetische Kriegsgefangene schieben das Beiwagenkrad aus dem Schlamm. Deutlich ist das Truppenkennzeichen der 73. Infanteriedivision zu erkennen.

Endlich steht das Krad auf festerem Boden und kann weiterfahren.

Kurze Wäsche im Freien. Auch auf der Rückseite des Beiwagens ist das Truppenkennzeichen der 73. Infanteriedivision zu erkennen.

Mit Dreck verschmiert kam der Kradmelder bei seinem Oberleutnant an.

Ein namentlich leider nicht bekannter Oberleutnant des Infanterieregiments 170.

Eine Gänseherde wird zusammengetrieben.
Sie werden einen guten Braten abgeben.

Vier Soldaten des Infanterieregiments 170 wurden soeben
mit dem Kriegsverdienstkreuz II. Klasse ausgezeichnet.

Grabenkämpfer des Infanterieregiments 170 werden mit dem Eisernen Kreuz II. Klasse ausgezeichnet.

Ein deutscher Posten muss an erobertem russischen Gerät Wache halten – links sieht man einen Traktor und in der Bildmitte ein ZIS-Lkw mit einem Fliegerabwehr-MG vom Typ Maxim.

Die Heeresflak mit 8,8-cm-Kanonen unterstützte den Abwehrkampf des Infanterieregiments 170 an der Miusfront im ersten Halbjahr 1942.

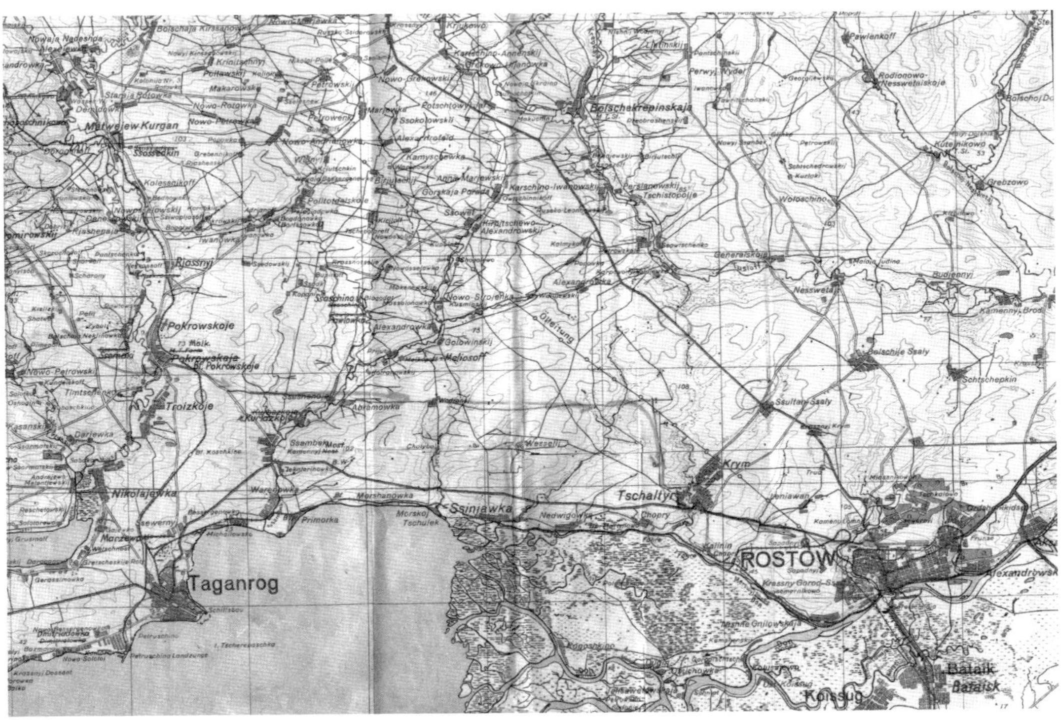

Kartenausschnitt des Bereiches von Taganrog bis Rostow am Don. Oberhalb von Taganrog liegt Pokrowskoje. In dieser Gegend lag die 73. Infanteriedivision mit ihren verbliebenen Infanterieregimentern 170 und 186 bis Juli 1942.

Soldaten des Infanterieregiments 170 beim Bau von tiefen Erdbunkern an der Miusfront 1942.

Auf diesem Foto ist gut erkennbar, wie tief die Soldaten ihren Bunker in die Erde gruben.

Im rückwärtigen Bereich der Miusstellung ging es ruhiger zu.

Soldaten des Infanterieregiments 170 in ihrem Grabenabschnitt an der Miusfront im Frühsommer 1942. Die selbst gebastelten Flugzeugmodelle dienten wohl als Hilfe zur Erkennung von Fliegern in der Luft. Rechts auf dem Foto ist das Modell einer Messerschmitt Bf 110 zu erkennen.

Es gab auch ruhige Zeiten am Mius an denen sich die Soldaten ein Sonnenbad gönnen konnten.

Die Schreibstube des Infanterieregiments 170 im rückwärtigen Bereich der Miusfront. Ein Gruppenbild mit den Quartiersfrauen und ihren Kindern.

Ausflug mit dem Panjegespann, um für die Feldküche Essbares zu ergattern.

Die Soldaten des Infanterieregiments 170 hatten ein halbes Jahr Zeit, sich gemütlich einzurichten und bauten kunstvoll beschriftete Schlafstellen in die Unterkunftshäuser.

Auch der Aufenthaltsraum war mit Sprüchen und Bildern dekoriert. Links am Tisch sitzt Unteroffizier Pregler.

Der Großraum um Taganrog, wo der Mius in das Asowsche Meer mündet, war von Januar bis Juli 1942 der Unterkunfts- und Kampfraum der 73. Infanteriedivision.

Ein kunstvoll angelegtes Truppenkennzeichen der 73. Infanteriedivision, der Fränkische Rechen.

Fronttheater Taganrog

Mai/Juni 1942.

„JA, DAS IST CHARASCHO"!

Russisch-Brot mit deutschen Rosinen

1. Teil

1. Ja, das ist schön — Marschfox
2. „Ja, das ist charascho"
   Irina's Verse an unsere Soldaten
3. „Hahn im Korb",
   Tänzerische Neckerei'n zu Drei'n
4. Lied a. d. Operette „Rosemarie"
   Iwanutjenko
5. Tango Excentric —
   Lutinskaja / Makarenko
6. Neapolitan. Ständchel
7. An der Rivjera — Tänzer. Strandidyll
   Vera Ruban / Schmakow
8. Hörst Du mein heimliches Rufen
   Larissa Sobolewa
9. Es regnet ...
   Ein fesch-feuchtes Quartett
10. Jiu-Jitsu
    Eine excentrische Rauferei
11. Silberne Wolken, Tango
12. Semitschki / Sonnenblumenkerne
    Eine alltägliche Scene
13. Fliegermarsch

2. Teil

14. Kleines Potpourri
15. „Ob Tambour, Leutnant, General ...
    Singspiel um eine Vielgeliebte
16. Drei mal Simplizissimus:
    1. Gift!! 2. Beim Zahnarzt 3. Hurra-ein Junge!
17. Lilli Marlen — Grosses-Ballett

Spielleitung: Peter Sucharew / Dirigent: Wladimir Kamischew
Ballett: Eugenie Kochanowckaja Bühnenbild: Boris Wolkow

Programmgestaltung und verantwortlich im Rahmen der Truppenbetreuung: Sdf (Z) Alfred Ruske (PK)

Aenderungen vorbehlte.ua

In Taganrog gab es ein Fronttheater, in das gruppenweise Soldaten des Infanterieregiments 170 gehen konnten, sofern es die Feindlage erlaubte.

„Leibstandarte“ Rostow zu erobern. Das Korps versuchte sogar noch das Tor zum Kaukasus aufzubrechen. Doch in dieser kritischen Phase des Kampfes stießen die 9., unter General Charitonow, und die 37. Sowjetarmee, unter General Lopatin, in den Rücken des III. Panzerkorps, das nach erbitterten Kämpfen hinter den Mius zurückgenommen werden musste.

Da die beiden Panzerdivisionen unter allen Umständen aufgefrischt und dazu aus der Front gezogen werden mussten, erhielt die 73. Infanteriedivision den Befehl, den Kriegsschauplatz Krim zu verlassen und die beiden Panzerdivisionen am Mius abzulösen. Es begann ein schwerer Wintermarsch.

Bei Kälte bis 40 Grad minus marschierte die Division vorwärts. Spitze hielt das Infanterieregiment 170; es folgte das Infanterieregiment 186, während das Infanterieregiment 213 diesmal am Schluss marschierte. Das sollte für dieses Regiment unter Oberst Hitzfeld einschneidende Veränderungen mit sich bringen, die an dieser Stelle kurz erläutert werden sollen:

Das Infanterieregiment 213 setzte sich als letztes in Marsch. Erstes Ziel war Melitopol, das über Dschankoj erreicht werden sollte. Als die Division eben durch die Landenge von Henitschesk die Krim verließ, traf die Hiobsnachricht ein, dass die Sowjets bei Kertsch und Feodossija gelandet seien. Es war am Heiligen Abend. Die Masse der Division verließ bereits die Krim. Lediglich das Infanterieregiment 213 traf soeben in Henitschesk ein und wollte hier Weihnachten feiern.

Am 26. Dezember 1941 ging ein fernmündlicher Befehl der Heeresgruppe Süd ein, dass das Regiment, das sich noch als einziges der 73. Infanteriedivision im Heeresgruppenbereich befand, mit der unterstellten I. Abteilung/Artillerieregiment 173 umgehend den Rückmarsch über Dschankoj anzutreten habe und damit dem Korps Bieler unterstellt sei.

General von Manstein hatte sogar versucht, die gesamte 73. Infanteriedivision zurückzurufen. Aber die 1. Panzerarmee wollte die Division nicht freigeben und machte lediglich das Zugeständnis, dass diejenigen Teile der Division, die hoch auf der Krim wären, zurückbleiben dürften.

So wurde die 73. Infanteriedivision zerrissen und das Infanterieregiment 213 unter dem tapferen Oberst Hitzfeld trug wesentlich mit dazu bei, dass Kertsch und Feodosia in erbitterten Kämpfen zurückerobert werden konnten. Das Regiment kehrte erst im Juli 1942 in den Divisionsverband zurück. Doch zurück zum Infanterieregiment 170 und damit zur Restdivision.

Der 1.000 Kilometer-Marsch der 73. Infanteriedivision durch die gnadenlose russische Winterlandschaft ging unterdessen weiter. Melitopol wurde am 31. Dezember 1941 durchschritten. Es gab einen kurzen Aufenthalt und die Männer, die sich ein glückliches Neues Jahr wünschten und ein gesundes Wiedersehen mit den Ihren in der Heimat, ahnten bereits, dass der Krieg in Russland kein Blitzfeldzug sein, sondern noch lange dauern und viele Opfer kosten würde. Es ist unvorstellbar, was die Infanteristen damals bei dem Höllenmarsch leisteten. Am 15. Januar 1942 wurde Mariupol erreicht und am 26. Januar 1942 traf die Spitzengruppe des Infanterieregiments 170 in Pokrowskoje am Mius, nördlich von Taganrog, ein und trat unter den Befehl von General von Mackensen und damit unter das III. Panzerkorps. Sie übernahm die Stellungen der 14. Panzerdivision, die leider nur sehr unzulänglich ausgebaut waren.

Während die 14. Panzerdivision nunmehr zum Gegenangriff gegen die bei Dnjepropetrowsk (Dnipro) – Stalino eingebrochenen sowjetischen Kräfte antrat und diese mit letztem Einsatz zurückwarf, richteten sich die Männer des Infanterieregiments 170 in den Miusstellungen ein. Die Stellung des Infanterieregiments 170 lag in der Mitte der Abwehrfront, die vom Asowschen Meer bei Taganrog über Sambek nach Rjaschjemaja verlief.

Die Sowjets griffen laufend an. Immer wieder kam es zu örtlichen kleineren Einbrüchen, die im Gegenstoß bereinigt werden mussten. Fieberhaft versuchte das Regiment, das Stellungssystem in seinem Abschnitt auszubauen. Die Erfrierungen häuften sich. Es fehlte an warmer Winterbekleidung.

Die 56. Sowjetarmee trat mehrfach zu weiträumigen Umfassungsangriffen an, um das gesamte III. Panzerkorps einzukesseln und zu vernichten. Auch bei der Waffen-SS Division „Leibstandarte", am rechten Flügel der Miusfront, versuchten die Sowjets ständig durchzubrechen. Auch hier holten sie sich blutige Köpfe.

In diesem Raum sollte das Infanterieregiment 170 von Ende Januar 1942 bis zum 20. Juli 1942 bleiben. Die beiden Gefechtsvorposten des Infanterieregiments 170 mit den Codenamen „Rechtes Auge" und „Linkes Auge" wurden andauernd berannt. Dann wieder versuchten es die Rotarmisten durch Stoßtrupps. Diese Versuche konnten – wenn auch unter hohen Opfern – abgewiesen werden.

Russische Zivilisten bauten eine Bereitschaftsstellung für das Regiment aus.

In dieser Situation des Stellungskrieges und des Kampfes gegen „General Winter" war es wieder einmal mehr die Ärzteschaft des Infanterieregiments 170, die in unermüdlichem Einsatz manchem Kameraden von der Infanterie das Leben und Arme und Beine retteten. Stabsarzt Dr. Beltinger und Oberarzt Dr. Wördehoff taten im Verein mit den Sanitätern alles, was in ihren Kräften stand. Dass dabei der Humor nicht zu kurz kam, sei an einem kleinen Beispiel erwähnt.

Es war im Frühjahr 1942 an der Miusfront. In seinem Revier hatte Dr. Beltinger verschiedene farbige Ausschnitte des Simplicissimus und anderer satirischer Zeitschriften an den Wänden angebracht. Meistenteils solche Bilder, die leicht- und leichtestgeschürzte Mädchen zeigten. Davon erhoffte er sich eine Aufheiterung der Krankenatmosphäre. Wie sich ein damaliger Angehöriger des Regimentsstabes dazu einstellte, verraten folgende Zeilen Dr. Beltingers:

„Kunst und Leben.
Ein Mensch, im Drange nach Vergnügen
Ersatz sucht, was er nicht kann kriegen.
Der Mensch in seiner Leutnantszeit,
war drum dazu auch gleich bereit.
Zuhaus hätt er ‚ne nette Braut;
doch wenn er jetzt ihr Bild anschaut,
dann fehlt ihm etwas, sozusagen.
Der Reiz der Eva, den in ersten Tagen
der Schöpfer vor das Feigenblatt erfunden
Ihr mitgegeben. – In den Urlaubsstunden
da hat er seinen Einblick ja getan
in das, was uns vom ewig Weiblichen zieht an.
Doch dies liegt alles längst zurück.
Hier fehlt ein solches Meisterstück.
Doch plötzlich auf der Such' nach Frauen
da findet unser Leutenant, die Richtige; er steht gebannt
heut im Revier. Hier an den Wänden
war von des Stabsarzt's güt'gen Händen
zur eigenen Erbauung und auch noch für diese,
die's Schicksal mal hereinschaun ließe
manch Künstlerblatt hübsch angebracht.
Zum Preis der Frauenschönheit war's gedacht!
Des Leutnants Auge weitet sich
und trinkt verzückt und inniglich
die wohlgelungne Formgestaltung
die Grazie, Harmonie der Haltung.
Nach' langem, tiefem Sichversenken
kommt resignierend er ans Ziel:
Vom Traum zur Wirklichkeit fehlt viel!
Wenn Kunst und Technik sich vereinen,
so gibts nichts Besseres, sollt man meinen.
Trotzdem dann kommt der Mensch zum Schluss:
Aus Fleisch und Bein bringt's mehr Genuss."

Doch nach dieser humoristischen Abschweifung zurück zum Einsatz des Regiments am Mius. Durch Gefangene und Überläufer wurden vor der Front der 73. Infanteriedivision die 73. Panzerbrigade der Sowjets, das Schützenregiment 256 und schließlich die Schützenregimenter 395 und 535 festgestellt. Weiter wurden im Verlauf der

Kämpfe die Schützenbrigaden 13, 81 und 102, die 68. Marinebrigade und zuletzt noch das Schützenregiment 875 eingesetzt. Einige Gefangene berichteten, dass sie unter Alkohol gesetzt, und teilweise sogar unbewaffnet von ihren Kommissaren gegen die deutschen Abwehrstellungen gejagt worden seien. Ein gefangen genommener Angehöriger eines angreifenden Panzerverbandes erklärte, dass er ohne Ausbildung, direkt von der Panzerfabrik aus, mit dem neuen Panzer zur Front gekarrt und eingesetzt worden sei.

Immer wieder kam General von Bünau mit seinem Ia, Major Ziervogel, zur Truppe in die vorderste Linie. Ebenso Oberst von Lepel, der Regimentskommandeur, mit seinem Adjutanten, Hauptmann Merck, und den Ordonnanzoffizieren Büchl und Tenner. Dann wurde Büchl als O1 zur Division versetzt und Leutnant Schuster trat an seine Stelle.

Die Soldaten des Infanterieregiments 170 sahen, dass ihre Offiziere ihnen auf das Engste verbunden waren. Das gab ihnen Zuversicht und ließ sie auch in schweren Krisenlagen durchhalten.

Eine solche Krisenlage trat ein, als am 14. März 1942 zehn russische Panzer die Hauptkampflinie im Abschnitt des Kampftruppenkommandanten III, Hauptmann Hohentanner, durchbrachen und im weiteren Vorstoß auf Pokrowskoje zielten.

Leutnant Mayerhofer, Adjutant des Kampftruppenkommandanten III – dieses Kommando wurde aus dem III. Bataillon/Infanterieregiment 170 gebildet –, brachte diese Meldung dem Ordonnanzoffizier des Regiments, Leutnant Tenner.

Es gelang, die auf den Schlitten sitzenden Begleitinfanteristen durch Maschinengewehr- und Werferfeuer niederzukämpfen. Diese Schlitten wurden von den Feindpanzern gezogen. Den Feindpanzern gelang es, bis in die Protzenstellung der Artillerie einzudringen.

Der Posten bei den 500 Meter entfernt stehenden Flugzeugabwehrbatterien – die zur Luft- und Bodenabwehr bestimmt waren – wollte seinen Augen nicht trauen, als er plötzlich die Feindpanzer erkannte. Er alarmierte die beiden Batterien und binnen weniger Minuten wurden acht der zehn angreifenden Panzer von der 8,8-cm-Flakkanone abgeschossen. Zwei Panzer drehten und rollten in Richtung auf die eigenen Bereitstellungen zurück.

Doch inzwischen war auch die Artillerie alarmiert. Eine 10-cm-Kanone schoss einen weiteren Panzer ab und die Infanteristen schlugen den zehnten mit Sprengmitteln bewegungsunfähig. Er stand in den folgenden Tagen und Wochen im Niemandsland und wurde abwechselnd von deutschen und russischen Spähtrupps als Ausgangsbasis benutzt. Das Wetter war schlecht. Schnee wechselte mit Regen und dieser wiederum mit Frost ab. Nacht für Nacht besuchten die „Nähmaschinen vom Dienst" die deutschen Stellungen und die Ortsunterkünfte. Sie warfen Bomben, die laufend Verluste kosteten. Am 4. April war es ihnen gelungen, das Munitionslager der Division durch einen Volltreffer in die Luft zu jagen. Aber es gab auch Lichtblicke für die Angehörigen der Division und somit auch für die des Infanterieregiments 170. Einer der schönsten war das Divisionserholungsheim in Taganrog, in dem die Infanteristen jeweils für einige Tage Ruhe und Unterhaltung fanden. Glücklich aber waren diejenigen, die in Urlaub fahren durften.

So verging das Frühjahr, und die Vorbereitungen zum Angriff in Richtung Kaukasus begannen am 20. Juli 1942 auch bei der 73. Infanteriedivision. Und zwar trat die 73. Infanteriedivision zur Gruppe Wetzel der 17. Armee (das V. Armeekorps unter General der Infanterie Wetzel) und löste mit der angeschlagenen 218. Infanteriedivision und der 125. Infanteriedivision die Panzerverbände ab, die nun zur Auffrischung zurückgezogen wurden.

Damit war wieder ein Abschnitt in der Geschichte des Infanterieregiments 170 zu Ende gegangen.

Der Weg nach Noworossijsk

Der heiße Tag vor Rostow – Von Bataisk bis Krasnodar –
Der Kampf um Noworossijsk – Ein halbes Jahr Stellungskämpfe

Die Große Lage stellte sich im Juli 1942 so dar: Hitler glaubte, die sowjetischen Kräfte seien erschöpft. Er wollte nunmehr zwei Ziele auf einmal erreichen. Und zwar sollten die 4. und 6. Armee eine Zange bilden, direkt nach Osten und Südosten vorstoßen und aus dem Raume Kursk – Charkow den mittleren Don entlang südostwärts auf Stalingrad zielen. Um Stalingrad sollten sich die Zangenarme schließen. Gleichzeitig sollte ein weiterer starker Angriffskeil von der 1. Panzerarmee und von der 17. Armee gebildet werden, im Vormarsch nach Süden und Südosten in den Kaukasus hinunterstoßen und bis zu den Ölquellen von Baku am Kaspischen Meer gelangen. Auf der Krim war Sewastopol gefallen und zum Stoß in den Kaukasus musste als nächstes Ziel das stark befestigte Rostow genommen werden. Während von Norden die Divisionen der 1. Panzerarmee angriffen, trat die 73. Infanteriedivision in der Kampfgruppe Wetzel von Westen gegen Rostow an. Am 21. Juli 1942, einen Tag vor dem Angriff der 73. Infanteriedivision auf Rostow, lautete die Stellenbesetzung folgendermaßen:

Regimentskommandeur:	Oberst von Lepel
29. September bis 23. Oktober	Koppenwallner,
ab 24. Oktober 1942	Oberstleutnant Müller
Regimentsadjutant:	Oberstleutnant der Reserve Merck
Ordonnanzoffizier:	Leutnant Schuster,
	Leutnant Tenner
Chef Stabskompanie:	Hauptmann Graber
Regimentsarzt:	Stabsarzt Dr. Beltinger,
	Oberarzt Dr. Wördehoff
Regimentsveterinär:	Stabsveterinär Dr. Horstmann
Regimentszahlmeister:	Stabszahlmeister Deutschmann
Kommandeur I. Bataillon:	Hauptmann Holzapfel
ab 31. August	Oberleutnant Nessel
Bataillonsadjutant:	Leutnant Schulz, Leutnant Neupert
Ordonnanzoffizier:	Leutnant Schwald
Bataillonsarzt:	Oberarzt Dr. Kiefer,
	Assistenzarzt Dr. Vogelsang

Bataillonszahlmeister:	Oberzahlmeister Ellermann
Chef 1. Kompanie:	Oberleutnant Consmüller, Leutnant Schulz
Chef 2. Kompanie:	Oberleutnant Gruner
Chef 3. Kompanie:	Oberleutnant Schönfelder
Chef 4. Kompanie:	Oberleutnant Nessel
ab 31. August	Leutnant Lieb
Kommandeur II. Bataillon:	Hauptmann Kremnitz
Bataillonsadjutant:	Leutnant Denz, Leutnant Zech
Ordonnanzoffizier:	Leutnant Zech, Leutnant Walter
Bataillonsarzt:	Oberarzt Dr. Wördehoff
Bataillonszahlmeister:	Oberzahlmeister Hähnle
Chef 5. Kompanie:	Oberleutnant: Rothengasse
Chef 6. Kompanie:	Oberleutnant Mühlmann gefallen 1. August; dann Leutnant Busch, dann Leutnant Dürr
Chef 7. Kompanie:	Oberleutnant Anschütz verwundet 22. Juli; dann Leutnant Barthel
Chef 8. Kompanie:	Oberleutnant Beutner
Kommandeur III. Bataillon:	Hauptmann Hohentanner
ab 5. August	Hauptmann Hopf
Bataillonsadjutant:	Leutnant Mayerhofer, Leutnant Langer
Ordonnanzoffizier:	Leutnant Langer; Leutnant Kiesel
Bataillonsarzt:	Stabsarzt Dr. Beltinger
Bataillonszahlmeister:	KVI der Reserve Liebermeister
Chef 9. Kompanie:	Leutnant Demmel
Chef 10. Kompanie:	Leutnant Vogt
Chef 11. Kompanie:	Oberleutnant Schnier, Leutnant Langer
Chef 12. Kompanie:	Oberleutnant Sperr
Chef 13. Kompanie:	Oberleutnant Steidel, Oberleutnant Dr. Büchl

Chef 14. Kompanie: Hauptmann Kopf,
Leutnant Hillrichs,
Hauptmann Graber
Chef 15. Kompanie: Oberleutnant Steingrüber
(dies war eine Kompanie aus russischen Freiwilligen)

Am Angriffstag, dem 22. Juli 1942, traten neben der 73. Infanteriedivision die Waffen-SS-Division „Wiking" und die 13. Panzerdivision von Westen und Nordwesten gegen Rostow an. Die 73. Infanteriedivision, in der Kampfgruppe Wetzel stehend, erhielt als erstes Angriffsziel die Höhe 188,6 und den Panzergraben rund 18 Kilometer westlich von Rostow.

Das Infanterieregiment 170 stürmte am frühen Morgen dieses glutheißen Tages auf Rostow vor.

Mit dem III. Bataillon/Infanterieregiment 170 an der Spitze kam das Regiment zunächst rasch vorwärts. In schnellem Ansprung gelang es dem III. Bataillon, den 600 Meter vor dem Panzergraben liegenden Höhenzug zu erstürmen. Oben angekommen aber blieb das gesamte Bataillon im konzentrierten feindlichen Abwehrfeuer liegen. Die angeforderte Sturzkampfflugzeugunterstützung blieb aus unbekannten Gründen aus.

Oberst von Lepel gab dem II. Bataillon/Infanterieregiment 170 den Befehl, den steckengebliebenen Angriff des Schwesterbataillons weiter vorzutragen.

Die 5. Kompanie/Infanterieregiment 170 wurde an diesem Tage Stoßkompanie. Chef der 5. war Oberleutnant Rothengass. Von ihm haben wir einen knappen Bericht über diesen Angriff, der an dieser Stelle als Zeitdokument dienen soll. „Im Laufe des späten Vormittags stellte sich das II. Bataillon hinter dem Höhenzug bereit. Durch den Bereitstellungsraum schlängelte sich ein winziges trübes Rinnsal, das dennoch infolge der tropischen Hitze zum Tränken der Pferde des kleinen Bataillonstrosses, zum Abkühlen, vornehmlich der Füße der erhitzten Soldaten, und – für denjenigen, der sich nicht beherrschen konnte, zu einem ‚labenden' Trunk benutzt wurde.

Zunächst hieß es abwarten. Gegen 13.00 Uhr traf der Befehl zum Angriff ein.

Nach kurzer Artillerievorbereitung sollte die 5. Kompanie/Infanterieregiment 170, verstärkt durch einen Zug der 8. Kompanie/Infanterieregiment 170, antreten.

Der Artilleriefeuerschlag war, zeitlich gesehen, zu kurz und räumlich gesehen zu lang, das heißt zu weit gestreut. Trotzdem griffen wir unmittelbar danach an.

Die Höhe wurde ziemlich schnell überwunden. Dann ging es den ungefähr 600 Meter langen Abhang hinunter. Sofort wurde ein Zug der Kompanie mit gezieltem und genau liegendem Maschinengewehr- und Gewehrfeuer, ferner noch mit Granatwerferfeuer belegt. Dadurch wurde der gesamte Angriff nach links abgedrängt. Doch das mörderische Feuer folgte uns schnell, sodass ich ‚Hinlegen' und ‚volle

Deckung!‘ befehlen musste. Wir durften bei einer Hitze von 40 Grad keine Bewegung machen, weil der Gegner auf alles schoss, was sich regte. Doch es war gerade diese unbarmherzige Hitze, die immer wieder Männer dazu brachte, sich kriechend den spärlichen Schatten der ebenso spärlichen Sträucher und Grasinseln zu nähern.

Das feindliche Feuer forderte große Opfer. Es ließ in den nächsten Stunden nicht nach. Durch Zurufe, die von einem Soldaten zum anderen weitergegeben wurden, erfuhr ich, dass ein ganzer Zug meiner Kompanie ausgefallen war.

Vor uns lag der feindliche Panzergraben. Von dort kam das Feuer und aus dem Hintergelände auch. Es wurden die schlimmsten Stunden für meine 5. Kompanie.

Erst als es bereits Abend wurde, schossen wieder deutsche schwere Maschinengewehre. Das war für uns das Zeichen.

‚Sprung auf – maarsch! – In den Panzergraben – hiiinein!‘

Wir stürmten vorwärts und bei Einfall der Dunkelheit hatte ein Zug im Nahkampf die Feindseite des Panzergrabens gesäubert und igelte sich nunmehr dort ein. Dieser Zug sicherte die Restkompanie, die sich sofort an die Arbeit machte, den Panzergraben zuzuschütten, damit die nachfolgenden Einheiten hinübergelangen und auch die Trosse den wichtigen Nachschub hinüberbringen konnten.

Es war spät in der Nacht, als der erste Verpflegungstross nach vorn zu den ausgebrannten Männern gelangte. Endlich gab es Verpflegung und Wasser.

Die Kompanie hatte inzwischen die Toten gesammelt und die Verwundeten versorgt. Sechs Kameraden waren gefallen und über zwanzig verwundet. Ein schwerer Schlag für die 5. Kompanie“

Diesem verlustreichen Auftakt folgten weitere schwere Kampftage um Rostow. Noch am 22. Juli war die Panzerabteilung der Division „Wiking“ zum Flugplatz von Rostow vorgestoßen, hatten auch die Panzergrenadiere derselben Division über mehrere Panzergräben hinweg den Außenring der Stadt erreicht.

Zwei Tage lang kämpfte die 73. Infanteriedivision im Verband des V. Armeekorps zusammen mit der 9., 125. und 198. Infanteriedivision Schulter an Schulter.

Schließlich war es Sturmbannführer Mühlenkamp bei der Verfolgung des Gegners gelungen, mit seiner Panzerabteilung, der Division „Wiking“, zehn Kilometer westlich Rostow eine Furt über den Don zu finden und freizukämpfen. Hier setzten in der Nacht zum 25. Juli auch die Spitzengruppen des Infanterieregiments 170 über den Fluss.

Der Angriff ging weiter. Über Rostow auf Bataisk, das am 27. Juli genommen wurde. Der Gegner zog sich planmäßig zurück.

„Es sieht so aus, als wollten uns die Iwans bis ins Gebirge hineinlocken und dann unter dem Arm verhungern lassen!“ sagte Obergefreiter Mayer II von der 7. Kompanie/Infanterieregiment 170. Und ähnlich dachten viele Regimentsangehörige. Das Regiment bildete die Spitze der Division und durchschritt am 28. Juli Nowo

Bataisk, um einen Tag später Alexejewka zu erreichen. Die sowjetische Artillerie hämmerte mit allen Kalibern auf die Vormarschstraße der Division und jene des V. Armeekorps ein. Es gab täglich größere Verluste. Am 30. Juli verursachten russische Bombenangriffe auf Kuschtschewskaja schwere Verluste. Oberleutnant Mühlmann, Chef der 6. Kompanie, ist dabei gefallen. Wenige Tage darauf – immer noch befand sich die Gruppe Wetzel in schneller Bewegung nach Süden – am 3. August 1942, hatte allein das III. Bataillon/Infanterieregiment 170 bei Kusslekowska neun Tote und dreißig Verwundete zu beklagen. Am gleichen Tage bestand die 9. Kompanie/Infanterieregiment 170 noch aus drei Unteroffizieren und 25 Mann:

Dieser Gewaltmarsch und das feindliche Artillerie- und Luftbombardement forderten einen hohen Blutzoll. Dennoch ging der Marsch weiter! Über Nowo Platinowskaja, das am 6. August erreicht, und Medwedowskaja, das vom Infanterieregiment 170 einen Tag später durchschritten wurde, erreichte das Infanterieregiment 170 am Abend des 9. Augusts 1942 Krasnodar.

Am Abend desselben Tages hatte die 13. Panzerdivision unter Generalmajor Herr, – die parallel zur 73. Infanteriedivision vorging – die Ölstadt Maikop im Sturm genommen und 50 Flugzeuge auf dem dortigen Feldflugplatz erbeutet. Hauptmann Hopf, der nach der Verwundung von Hauptmann Hohentanner am 5. August die Führung des III. Bataillons/Infanterieregiment 170 übernommen hatte, führte sein Bataillon mit unterstellten Regiments- und Divisionsteilen als Kampfgruppe Hopf in Richtung Bahnhof und nahm ihn trotz starken feindlichen Widerstandes in Besitz.

Die ganze Stadt steckte noch voller Sowjetsoldaten. Der Angriff auf die Stadt selbst wurde wenig später von der gesamten Division geführt, der sich die 9. Infanteriedivision zugesellte. Im Straßenkampf säuberte auch das Infanterieregiment 170 die Stadtviertel und bis zum 13. August war Krasnodar in deutscher Hand.

Damit war zugleich der Kuban erreicht, und in der Nacht zum 15. August fuhr das Infanterieregiment 170 im Divisionsverband auf Sturmbooten über den Kuban. Sämtliche andere Divisionen des V. Armeekorps setzten ebenfalls über.

Bis hierher hatte das Infanterieregiment 170 binnen 16 Tagen in glühender Hitze, bei starkem Feindwiderstand, kämpfend über 300 Kilometer zurückgelegt. Und noch war kein Ende dieses Vorstoßes nach Süden abzusehen.

Am 16. August wurde Krasny erobert. Einen Tag später stürmten die Männer des Infanterieregiments 170 nach Mingrel'skaya hinein, am 18. August standen sie in schweren Kämpfen mit der völlig intakten 103. sowjetischen Schützenbrigade und erreichten – nach Vernichtung dieser harten und gut ausgerüsteten Einheit des Gegners – am 19. August Krimskaya.

In weiteren Vorwärtskämpfen nach Nizhnebakanskaya und darüber hinaus drang das Infanterieregiment 170 in die Vorgebirge des Kaukasus ein, die sich vor Noworossijsk erstreckten. In erbitterten Gefechten wurden die Höhen 462,2 und 520,6 genommen. Gegenstöße von zwei russischen Bataillonen wurden mehrfach abgewiesen. Aus Soldaten der Trosse bildete Major Ernst eine Reserveeinheit, um damit in Notfällen eingreifen zu können.

Das Infanterieregiment 213 war inzwischen wieder zur Division zurückgekehrt. Es wurde vertretungsweise von Oberstleutnant Marbach, dem ehemaligen Kommandeur des II. Bataillons/Infanterieregiment 170, geführt, hatte am 20. und 21. August 1942 im Nordteil von Krimskaya die Sicherung nach Westen und Südwesten übernommen und trieb Aufklärung auf Moldawanskoje vor.

Hier schien der Gegner sich festsetzen zu wollen und auf den Talstraßen über Nizhnebakanskaya und Neberdzhayevskaya kam die Division infolge dieses sich versteifenden Feindwiderstandes nicht weiter vor.

General Wetzel entschloss sich, nunmehr den Angriffspunkt nach rechts zu verlegen und rechts von der 73. Infanteriedivision die 125. Infanteriedivision für den weiteren Vorstoß durch das Gebirge einzuschieben. Für den 30. August wurde dann von der Division die Fortsetzung des Angriffes nach Südwesten befohlen.

Am 31. August verursachte ein Volltreffer in den Regimentsstab einen Toten und acht Verwundete. Hauptmann Holzapfel, der Kommandeur des I. Bataillons/Infanterieregiment 170, wurde verwundet. Auf dem Gefechtsstand übernahm zuerst Oberleutnant Schönfelder, sodann Oberleutnant Nessel die Führung des Bataillons.

Der Kampf um Noworossijsk gelangte in sein entscheidendes Stadium. Vorerst wurde jedoch die Division im Vorgehen durch das enge und dichtbewaldete Tal nach Verkhnebakanskiy durch starke Feindberührung am 2. September 1942 aufgehalten. Generalleutnant von Bünau setzte das Infanterieregiment 213 zu einem weiten Umgehungsvorstoß an, der durch unwegsames Waldgebiet, weit nach Westen über Verkhnebakanskiy ausholend, von dort aus über den Ort hinweg nach Südwesten auf Noworossijsk führen sollte.

Gespannt wartete nicht nur die Division, sondern auch das Infanterieregiment 170 auf den Ausgang des Unternehmens und in den frühen Nachmittagsstunden des 2. Septembers 1942 erscholl über den Feldfernsprecher der Ruf von Oberstleutnant Marbach:

„Das Meer! Das Meer!"

Damit hatte das Regiment die Voraussetzung zum endgültigen Stoß nach Noworossijsk hinein geschaffen.

Am 3. September trat die 73. Infanteriedivision zum geschlossenen Angriff an. Das Infanterieregiment 170 stürmte auf dem linken Divisionsflügel durch die Atakajskayaschlucht und erreichte die Höhe und die dort stehenden Arbeiterhäuser.

Der nächste Tag sah das Regiment in dieser Stellung in der Verteidigung gegen starke feindliche Gegenstöße. Am 5. September wurde der Angriff auf Noworossijsk fortgesetzt. Die Höhe 531,3 wurde vom III. Bataillon/Infanterieregiment 170 in schnellem Ansprung erreicht und anschließend in erbittertem Nahkampf in Besitz genommen. Dabei hatte die 10. Kompanie/Infanterieregiment 170 fünf Tote und drei Verwundete.

Mit dem I. Bataillon/Infanterieregiment 170 stürmte Hauptmann Nessel auf die Höhe 544,7 zu. Auch an dieser Stelle kam es zu schweren Gefechten, ehe sich der Gegner geschlagen gab. Die 1. Kompanie/Infanterieregiment 170 hatte hierbei vierzehn Ausfälle. Es wurden zahlreiche Gefangene gemacht.

Aber noch immer verteidigte die 47. sowjetische Armee verzweifelt diesen wichtigen Hafen Südrusslands.

Das I. Bataillon/Infanterieregiment 186 wurde schließlich zum Zünglein an der Waage. Geführt von Oberleutnant Ziegler drang es in den späten Nachmittagsstunden des 5. Septembers 1942 von Nordwesten her in die Stadt ein. Es gewann im Stadtteil Mefodijews Kij im harten Häuserkampf Raum und besiegelte so das Schicksal von Noworossijsk. Noch am nächsten Tage erhielt Werner Ziegler als 121. deutscher Soldat das Eichenlaub zum Ritterkreuz des Eisernen Kreuzes.

Am 7. September drang auch das Infanterieregiment 213 in die Stadt ein, während das Infanterieregiment 170 noch immer im Kampf um die wichtigen beherrschenden Höhen stand. Es hatte dabei die linke Flanke des Infanterieregiments 213 und des Infanterieregiments 186 zu decken. Der Kampf im Fabrikgelände von Noworossijsk gestaltete sich zu einem furioso des Krieges im Osten.

Die Zementfabrik wurde vom Infanterieregiment 213 im Sturm genommen. Am Abend des 14. Septembers zog auch das Infanterieregiment 170 nach Niederringen des Feindwiderstandes auf den Höhen in Noworossijsk ein und übernahm in den Abendstunden den Gefechtsstand des Infanterieregiments 186.

Das gesamte Fabrikgelände wurde in den nächsten Tagen gesäubert. Das Elektrizitätswerk wurde besetzt und zur Verteidigung eingerichtet.

Am 21. September versuchte das Infanterieregiment 170 entlang der Küstenstraße auf Tuapse vorzudringen. Der Weg führte durch Steinbrüche mit den sogenannten Querrippen. An der ersten Querrippe versteifte sich der Widerstand des Gegners in diesem für ihn und für eine Verteidigung günstigen Gelände. Der Tag forderte 40 Mann Verluste, es wurde kaum Boden gewonnen.

Daraufhin griffen am 22. September das Infanterieregiment 213 und das Infanterieregiment 170 Schulter an Schulter weiter an. Der Angriff auf die Höhenrippe B und die beiden Gebäudekomplexe „Kino“ und „Stalin“ dauerte den ganzen Tag über an. An der Höhenrippe B tobten stundenlange Nahkämpfe. Dreimal wechselte diese Rippe den Besitzer. Erst gegen 15.00 Uhr gelang es, die Höhe B endgültig in eigenen Besitz zu bringen und zu halten. Im Kampf um die Komplexe „Stalin“ und „Kino“ griffen auf deutscher Seite auch Sturmgeschütze ein. So gelang es schließlich, den Gegner zu werfen und beide Gebäudekomplexe zu nehmen. Aber der Komplex

„Stalin“ musste nach einem Gegenangriff wieder aufgegeben werden und auf der Höhe C im Stalingebäude nistete sich der Feind ein und leistete erbitterten Widerstand.

Die Partisanen, die bereits am 9. September den Divisionskommandeur und den Ia der 198. Infanteriedivision meuchlings erschlagen hatten, machten immer mehr von sich reden. Und am 24. September traf es auch das Infanterieregiment 170, als der Regimentszahlmeister, Stabszahlmeister Deutschmann, auf einer Fahrt von Partisanen überfallen und sein Fahrer Herrmann ermordet wurde.

Während dieser Tage des Kampfes um Noworossijsk und um die weitere Umgebung der Hafenstadt griffen auch ständig sowjetische Flieger in den Kampf ein. Bereits am 15. September forderte ein starker Bombenangriff bei dem I. Bataillon/Infanterieregiment 170 drei Tote und 18 Verwundete.

Das I. Bataillon/Infanterieregiment 170 besetzte nördlich und ostwärts der Stadt Höhenstellungen. Der Regimentsstab bezog die Kolchose Lipki. Dort wurden Bunker gebaut. Die Kämpfe flauten in den folgenden Tagen ab. Nur gelegentlich waren noch Feuerüberfälle, Späh- und Stoßtruppunternehmen der Rotarmisten zu verzeichnen.

Hier wurde auch eine 15. Kompanie aus russischen Gefangenen aufgestellt. Allein 150 Sowjetsoldaten und dreizehn russische Offiziere meldeten sich dazu, als der O2 des Regiments in dem Gefangenenlager bei Noworossijsk Freiwillige warb. Oberleutnant Steingrüber übernahm die Ausbildung. Sie umfasste die Granatwerferausbildung und die Ausbildung in der Aufklärung. Keiner dieser russischen Soldaten lief in der Folgezeit über. Die 15. Kompanie führte selbstständige Aufgaben durch. Mehrere Soldaten wurden ausgezeichnet. Alle kämpften tapfer im Regimentsverband. Der Regimentsgefechtsstand zum Beispiel wurde von dieser Kompanie bewacht.

Das rumänische „Königsbataillon“ wurde dem Infanterieregiment 170 noch unterstellt. Sein Kommandeur, Oberstleutnant Theodorescu, erhielt das Eiserne Kreuz I. Klasse. Der gesamte Stalingebäudekomplex wurde am 24. September genommen. Hier richtete sich das Infanterieregiment 213 – das diesen Komplex auch erobert hatte – zur Verteidigung ein.

Die Front war wieder zum Stehen gekommen.

Am 28. September musste Oberst von Lepel als Kranker das Regiment verlassen. Bis sein Nachfolger Oberstleutnant Müller eintraf, führte Major Koppenwallner, der Kommandeur des III. Bataillons/Infanterieregiment 186, das Regiment vertretungsweise. Kurz vorher war noch ein heiterer Zwischenfall passiert, der Oberst von Lepel betraf und der deutlich machte, dass dieser gebildete Humanist den Unterschied zwischen Botanik und Zoologie nicht kannte, wie der Regimentsarzt Dr. Beltinger schlüssig bewies. Und zwar war es folgendermaßen:

Eines Tages wurde Stabsarzt Dr. Beltinger zu Oberst Lepel gerufen. Was war passiert? Bei seinem täglichen Routinespaziergang, bei dem der Regimentskommandeur auch sein „Morgenei“ zu legen pflegte, hatte er beim Anziehen an einer Oberschenkelinnenseite plötzlich einen starken Schmerz gespürt. Da er sicher war, dass ihn eine Biene gestochen hatte, zerquetschte er in schnellem Entschluss – wie es einem Soldaten gebührt – das Biest von außen und meinte, damit sei nun alles behoben.

Aber im Verlaufe des Vormittags brachte ihm der „Bienenstich“ solche Plage, dass er ärztliche Hilfe in Anspruch nehmen musste. Bei der Inspektion sah der Regimentsarzt nun, allerdings nicht die erwartete Quaddel eines Bienenstiches, sondern eine – Brandblase! Nebenan fand sich in einer Hosenfalte ein zusammengedrückter Zigarettenstummel. So war ein an und für sich rein botanisches Produkt irrtümlicherweise als Insekt zerdrückt worden.

„Woraus“, so kommentierte der Regimentsarzt, „zu folgern ist, dass selbst ein Humanist Zigaretten und Bienen verwechseln kann, wenn er ein starker Raucher ist.

Und die Moral:

Selbst einem Kenner macht es Müh:
Der Unterschied Botanik – Zoologie.“

Immer wieder gab es Verluste. So wurde zum Beispiel Obermusikmeister Scheler im Hinterland durch Beschuss aus einer Rata getötet. Bei Anapa tötete eine russische Bombe Leutnant Leininger, den Führer des Reiterzuges 170. Von Leutnant Tenner haben wir aus dieser Zeit eine knappe Darstellung der Gegebenheiten auf dem Regimentsgefechtsstand auf der Kolchose bei Lipki. Er schreibt darüber:

„Das Regiment blieb, mit kleinen Ausnahmen, über ein halbes Jahr dort. Zu größeren Kämpfen kam es nicht, aber Stoßtruppunternehmungen von deutscher und russischer Seite forderten laufend Verluste. Dazu kamen Ausfälle, die durch Granatwerferfeuer verursacht wurden. Die Werfergranaten explodierten im Geäst der Bäume, sodass die Splitter von oben herunter in die Gräben schlugen und die Soldaten sich kaum dagegen schützen konnten.

Bei der russischen Artillerie dagegen wurden fast ausschließlich Kanonen verwendet, sodass unsere am Hinterhang liegenden Stellungen wegen der gestreckten Flugbahn nicht wesentlich belästigt wurden. Der Nachschub befand sich in der Stadt, und die Straße, die von Noworossijsk nach Lipki führte, war vom Gegner einzusehen, der auch sofort jedes Fahrzeug unter Feuer nahm, das diese Strecke in Höchstgeschwindigkeit passierte: Auch hier kam es immer wieder zu Verlusten.

Beim Beziehen dieser Bergstellung, von der aus man die Stadt, den Hafen und die russischen Stellungen gut beobachten konnte, bestand noch kein Anschluss an den linken Nachbar.

In diesem Raum herrschte ein reger Agenten- und Partisanenverkehr, der erst später unterbunden werden konnte. Eines Tages erschienen zum Beispiel zwei junge hübsche Mädchen, die im Raum des Infanterieregiments 170 festgenommen wurden. Bei ihrer Vernehmung stellte sich heraus, dass sie von den Russen nach Noworossijsk geschickt worden waren, um dort die Stellungen und Anlagen der deutschen Truppen, die Anzahl der Geschütze, die Grabenbelegungen und anderes mehr festzustellen.

Sie hatten ihren Auftrag bereits erfüllt, sich aber auf dem Rückweg im Wald verirrt. In ihren Körbchen hatten sie deutsche Geschosse.

Sie sagten schließlich aus, dass auf russischer Seite, ganz in der Nähe der deutschen Stellungen an der Küstenstraße, eine Agentenschule existiere, von der aus in erster Linie Frauen und Mädchen, sowie Krüppel und sonstige Beschädigte, die des Mitleides der deutschen Soldaten sicher sein durften, für ihre Aufträge ausgebildet und eingesetzt wurden.

Eines Tages erschienen beim Regiment zwei Überläufer, die sich als Angehörige eines russischen Baubataillons ausgaben. Dem Ic des Regiments war es unverständlich, dass am helllichten Tage Russen unbemerkt durch die gut besetzten, verdrahteten und verminten Stellungen hatten gelangen können. Es wurden zwei deutsche Soldaten mit den angeblichen Überläufern zurückgeschickt, um festzustellen, an welcher Stelle die beiden Russen durchgeschlüpft sein könnten. Bestand dieses Loch, musste es verschlossen werden. Gab es keines, dann war etwas oberfaul an den beiden ‚Überläufern'.

Wie es der Zufall fügte, erschien eine halbe Stunde nach Abmarsch der vier Männer ein Bataillonsmelder auf dem Regimentsgefechtsstand und legte zwei Ausweise vor, die er im Wald gefunden hatte, als er einmal außerhalb des Weges hatte ‚abprotzen' müssen.

‚Herr Leutnant!' sagte er zum 2. Ordonnanzoffizier, ‚Sie haben uns einmal gesagt, dass jedes Stück russischen Papiers bei Ihnen abgeliefert werden müsse. Ich hoffe, Sie haben für diese beiden Ausweise Verwendung!'

Und ob Leutnant Tenner dafür Verwendung hatte! Es handelte sich nämlich um die Lichtbildausweise der beiden ‚Überläufer'. Darunter einer, der auf den Namen Tennengold ausgestellt war, Minister der Leichtindustrie der Sowjetrepublik Daghestan.

Nach gewisser Zeit kamen die beiden Soldaten mit den Überläufern zurück und nahmen auf den ihnen angebotenen Stühlen Platz. Sie kehrten dem Ic den Rücken und als dieser laut genug den Namen Tennengold sagte, drehte sich der eine rasch um und blickte den Ic fragend an. Kein Zweifel, der Mann war der, den das Lichtbild auf dem Ausweis darstellte.

Bei der weiteren Vernehmung gaben die beiden zu, den Auftrag gehabt zu haben, im Hinterland der deutschen Truppen bei den sich bildenden Partisaneneinheiten als Führer eingesetzt zu werden.

Die Division, der die beiden schließlich überstellt werden sollten, war hocherfreut, die Männer zu bekommen und durch sie mehr über den gegenüberliegenden Gegner zu erfahren. Auf dem Weg zur Division aber wurden die beiden von einer

SS-Abwehreinheit regelrecht gekidnappt. Das weitere Schicksal der Partisanenführer ist uns nicht bekannt." Am 8. Januar 1943 wurde das II. Bataillon/Infanterieregiment 170 zum Küstenschutz in der Gegend von Anapa eingesetzt. Das Bataillon sollte an dieser Stelle fast drei Monate bleiben.

Wenige Tage später kam es zu einem bedauerlichen Zwischenfall, der alle Soldaten der Division tief bewegte. Oberstleutnant Marbach, Kommandeur des Infanterieregiments 213 seit dessen Abzug von der Krim, wollte sich am 20. Januar von seinem Regiment 213 verabschieden; bevor er in Urlaub fuhr. Er ging in die Stellungen und robbte zum Schluss bis zu den Vorposten vor, wo seine braven Männer in vorderster Linie lagen. Auf dem Wege dorthin wurde er von einem russischen Scharfschützen bemerkt und durch Herzschuss tödlich verwundet.

So endete ein letzter Abschiedsbesuch dieses hervorragenden Offiziers mit einem Abschied für immer. Beim ersten Versuch, den verehrten Kommandeur zu bergen, wurden zwei weitere Soldaten verwundet. Doch dann drangen seine Männer zu ihm vor und brachten ihn zurück. Er war schon tot. Als letzten Gruß stellte die 14. Kompanie/Grenadierregiment 170 in Noworossijsk die Ehrenwache am Sarge.

Am anderen Tage wurde Oberstleutnant Marbach auf dem Soldatenfriedhof unter dem alten Türkenturm am Südende von Noworossijsk beigesetzt. General von Bünau sprach die letzten Worte. Von Oberstleutnant Marbachs altem II. Bataillon/ Infanterieregiment 170 konnte keiner am Grabe sein, denn das gesamte Bataillon war bei Anapa eingesetzt.

In der Waldstellung des Infanterieregiments 170 war es Ende Januar 1943 noch immer verhältnismäßig ruhig. In Lipki wurde für auftretende Künstler des Fronttheaters eine Bühne geschaffen. Dazu ein kleines Schwimmbecken.

Doch eingangs Februar – Stalingrad fiel in diesen Tagen – wurde es auch hier, im äußersten Südosten der Ostfront, lebendig. In diesen ersten Februartagen griffen die Sowjets Noworossijsk an. Die Lage hatte sich zu Ungunsten der deutschen 17. Armee entwickelt, die hier den äußersten Süden der Front besetzt hielt. Und zwar musste sich Hitler auf Drängen von Feldmarschall von Manstein bereits Ende Dezember 1942 dazu entschließen, die Räumung des Kaukasus einzuleiten. Es waren den Sowjets neben Stalingrad weitere entscheidende Schläge gelungen. So war es russischen Panzerverbänden geglückt, bis auf etwa 70 Kilometer an Rostow heranzukommen. Dies zu einer Zeit, da die vorderen Teile der Heeresgruppe A – die 1. Panzerarmee und die 17. Armee – noch 600 Kilometer von Rostow entfernt standen. Noch hielt die 4. Panzerarmee südlich des Don, ostwärts Rostow, den Unterlauf des Don zum Rückzug für die Heeresgruppe offen. Aber wie lange? Hitler verfügte am 21. Januar 1943, dass Teile der 1. Panzerarmee über Rostow zurückzuführen seien. Bei der Heeresgruppe A blieben nur die 13. Panzerdivision und die motorisierte 50. Infanteriedivision der 1. Panzerarmee zurück. Im „Großen Gotenkopf", jener am weitesten nach Südosten vorgeschobenen Stellung der 17. Armee, die von der Tschelbasmündung am Asowschen Meer nach Südosten bis Ust-Labinskaja am Kuban vorspringend und dann nach Süden auf Saratowskaya eindrehend und schließlich, den Halbkreis vollendend, nach Westen um Noworossijsk herum ans Meer führte, standen eingangs Februar 1943 398.000 deutsche und rumänische Soldaten. Und zwar von Norden nach Süden und Westen in folgender Aufstellung:

Das LII. Armeekorps – XXXXIX. Gebirgsarmeekorps – XXXXIV. Armeekorps – rumänische Kavalleriekorps – V. Armeekorps. Diese 17. Armee wollte Stalin, ebenso wie die 6. Armee in Stalingrad, kassieren. Lassen wir an dieser Stelle jene entscheidende Geheimsitzung des 24. Januars 1943 im Kreml Revue passieren, auf der dieser Plan zur Sprache kam.

Stalin hatte die Oberbefehlshaber der Kaukasusfronten und den Admiral der Schwarzmeerflotte ins Stawka befohlen, die Befehlszentrale des Kremls.

Nach einleitenden Worten Stalins hielt General Antonow, Chef des sowjetischen Generalstabes, einen Vortrag über die deutschen Absichten. Er erklärte, dass der rote Nachrichtendienst herausbekommen habe, dass Hitler aus diesem Gebiet des Kaukasus bald wieder offensiv werden und die russischen Ölgebiete erreichen wollte.

Stalin erklärte anschließend, dass es das Ziel der Roten Armee sein müsse, der 17. deutschen Armee den Rückzug auf die Halbinsel Taman abzuschneiden.

General Petrow, der Oberbefehlshaber der Schwarzmeergruppe, erhielt Weisung, aus dem Raume Maikop mit der 46. Armee und aus dem Raume westlich davon mit der 18. Armee auf Krasnodar vorzustoßen, diesen Eckpfeiler der deutschen Gotenkopfstellung zu nehmen und über den Kuban auf die Halbinsel Taman vorzuprellen.

Gleichzeitig damit sollte Noworossijsk in doppelter Umfassung genommen werden. Und zwar, indem die 47. Sowjetarmee die Stadt frontal angreifen und Kampfgruppen über See westlich Noworossijsk und bei Anapa landen und die Stadt aus dem Rücken berennen sollten.

Noworossijsk, so führte Stalin aus, werde durch eine kombinierte Land- und Seeoperation in Besitz genommen werden. Damit sei die 17. deutsche Armee von ihrem Rückzug auf die Halbinsel Taman abgeschnitten.

So weit die Weisungen Stalins. Nun zurück zur Obersten deutschen Führung.

Der „Große Gotenkopf", so entschied Hitler, sollte vorerst bis zur Räumung von Krasnodar gehalten werden, dass ja Versorgungsbasis für die 17. Armee war. Außerdem müsse zuerst die Straße von Kertsch eisfrei sein. Vorher sei an eine Rückführung der 17. Armee nicht zu denken.

Im Verteidigungsabschnitt der 73. Infanteriedivision hatten General von Bünau und sein Artillerieführer, Oberst Peslmüller, seit Ende Januar 1943 auf mögliche russische Landungen in der Osereikabucht hingewiesen. Die deutsche Luftaufklärung hatte im Raume Gelendschik und Tuapse starke Ansammlungen von Landungsfahrzeugen beobachtet. Aufgefangene Feindfunksprüche deuteten ebenfalls auf eine Landungsoperation hin. In den ersten Morgenstunden des 4. Februars 1943 wurde dann auch General von Bünau aus dem Schlaf getrommelt. Am Feldfernsprecher war Major Dr. Lahmeyer, Kommandeur der Heeresküstenartillerieabteilung 789, die in Glebowka (Glebovskoye) westlich Noworossijsk lag. Der Major meldete dem Kommandeur der 73. Infanteriedivision:

„Schwere Schiffsartillerie beschießt von See unsere Stellungen. Der Feuerzauber spricht für eine russische Landung, Herr General."

General von Bünau war sofort hellwach:

„Das Korps!" befahl er dem wachhabenden Ordonnanzoffizier.

Aber das V. Armeekorps war nicht von einer Landung an dieser Stelle überzeugt. Dennoch war es so! Zu dieser Stunde machten sich die russischen Landungstruppen bereit. An Bord des Führerzerstörers „Charkow" gab Vizeadmiral Oktjabrski den Befehl, das Feuer vorzuverlegen und die Sturmabteilungen an Land zu setzen.

Die Landungsboote mit 1.500 Mann Marineinfanterie und Panzerbesatzungen, dazu zwei Großprähme mit US-Panzern, liefen durch die Ossereikabucht auf Land zu. Und jetzt zeigte es sich, dass die russischen Schiffsgeschütze nur Scheinstellungen beschossen hatten. Denn in diesem Augenblick eröffneten die deutschen 10,5-cm-Geschütze das Feuer.

Landungsboote wurden getroffen und flogen in die Luft, die anderen aber kamen näher. Die ersten Boote erreichten das Ufer, die russischen Stoßtrupps formierten sich. Sie kletterten die Böschungen hinauf, machten die Besatzung einer rumänischen Batterie nieder.

Dann, gegen Morgengrauen, kamen die Hauptgruppen: drei Marinebrigaden und ein Luftlanderegiment auf Großtransportern, geleitet von Zerstörern, Kreuzern, Kanonenbooten und Torpedoschnellbooten. Es wurde bereits hell und dieser Umstand wirkte sich tödlich für einige Großtransporter aus, die in direktem Beschuss von den 10,5-cm-Langrohrkanonen getroffen und vernichtet wurden.

Die russischen Kriegsschiffe drehten – befehlsgemäß – ab und auf einmal drehte auch das Gros der Landungsflotte ab.

Damit waren die vorher gelandeten Einheiten allein. Sie wurden von der 73. Infanteriedivision im harten Kampf vernichtet. 597 Gefangene wurden gemacht, 620 Tote gezählt. Die übrigen Rotarmisten waren wahrscheinlich ertrunken. Dennoch gelang es hier russischen Kräften, sich am Myschakoberg festzusetzen. Von hier aus – von der Höhe 450 – konnten sie die deutschen Stellungen einsehen und leiteten das Feuer der Kabardinkabatterien, einiger in den Fels eingebauter Batterien, die in direktem Beschuss über die Bucht hinweg schossen. Ganz besonders waren es die Männer des Grenadierregiments 186 – sämtliche Infanterieregimenter waren in Grenadierregimenter umbenannt worden – die in Stadt und Hafen Noworossijsk eingesetzt waren. Am selben Tag war noch eine weitere Landungsgruppe unter Major Kunikow auf Booten der 4. sowjetischen Küstenschutzflottille (Oberleutnant N. J. Sipjadon) in die Bucht von Noworossijsk eingelaufen. Diese Truppen waren an Land gegangen und in die Vorstadt Stanitschka eingedrungen. Sie stießen auf die schwachen Kompanien des Hafenkommandanten, Kapitänleutnant Hossfeld. Es gelang diesen Kräften nicht, die Angreifer zu werfen. Vielmehr setzten sich die gelandeten Kräfte in Stanitschka fest, wo ein gefahrdrohender Brückenkopf entstand, der laufend verstärkt wurde.

Hier war es die 14. Kompanie/Grenadierregiment 170, die allein vom Grenadierregiment 170 zur Verfügung stand, die in einem erbitterten Gefecht im Landekopf Stanitschka gegen das russische Vorkommando antrat und vor einem rumänischen Bunker, den die Russen erobert hatten, im vernichtenden Feindfeuer zusammenbrach.

In den nächsten drei Nächten gelang es den Sowjets, diese Höhe kräftemäßig zu verstärken und die 83. und 225. Rotbannermarinebrigade und die 165. Schützenbrigade über See her in den schmalen Brückenkopf einzuschleusen. Es war der damalige Politoberst Leonid Breschnjew, der hier die sowjetischen Truppen immer wieder anfeuerte. Er gab dem Brückenkopf seinen Namen:

„Kleines Land! Das Land, in dem die Tapfersten und Kühnsten zu Hause sind."

Das Grenadierregiment 213, das am 7. Februar 1943 zur Vernichtung des Brückenkopfes antrat, erlitt in einem Abschnitt von nur 200 Metern Breite schwere Verluste. 21 Tote und 17 Verwundete waren zu beklagen.

Auch Hitlers Befehl vom 9. Februar, die Russen endlich ins Meer zu werfen, konnte nicht durchgeführt werden. Am Myschakoberg verbluteten nacheinander drei deutsche und zwei rumänische Divisionen. Und eine davon war auch die 73. Infanteriedivision, die hier ihren Blutzoll entrichtete. Die Russen brachten schließlich vom 20. September 1943 an 78.000 Mann in diesen kleinen Brückenkopf hinein. So standen die deutschen Landser im Frühjahr 1943 mit den sowjetischen Truppen gemeinsam in Noworossijsk. Späh- und Stoßtrupps wurden durchgeführt. Dieser Kleinkrieg forderte große Opfer.

Inzwischen war die Ausbildung der 15. Kompanie des russischen Grenadierregiments 170 beendet und diese Kompanie bewährte sich nun hervorragend. Der Aufklärungszug brachte bei Stoßtruppunternehmen Gefangene ein und die 6 schweren Granatwerfer des Granatwerferzuges brachten den Russen schwere Verluste. Kein einziger Mann der 15. Kompanie ist übergelaufen. Die nächtliche Bewachung des Regimentsgefechtsstandes lag ausschließlich in den Händen dieser Soldaten.

Diese Truppe wurde allerdings auch sehr kameradschaftlich behandelt. Die russischen Offiziere trugen Lederzeug und Schulterstücke, sie wurden ins Kasino eingeladen und jeder Russe erhielt deutsche Auszeichnungen und – Urlaub. Das deutsche Rahmenpersonal verstand sich ebenfalls bestens mit den russischen Soldaten. Durch Tod und Verwundung wurde diese Kompanie fast völlig aufgerieben. Im Laufe der

Zeit wurden die Bunkerstellungen laufend verbessert, sodass auch die Ausfälle durch Granatbeschuss und Fliegerbomben zurückgingen. In Noworossijsk wurde vom Infanterieregiment 170 das Florian-Geyer-Erholungsheim eingerichtet, in welchem sich jeder Regimentsangehörige umschichtig acht Tage erholen konnte und dies bei bester Verpflegung, in Privatquartieren, mit Musik und Tanz.

Bis zum 30. März 1943 blieb das II. Bataillon/Grenadierregiment 170 zum Küstenschutz in der Gegend Anapa.

Der Kubanbrückenkopf, der in dieser Zeit gebildet wurde, verlief von der Gegend ostwärts Temrjuk am Asowschen Meer in leichtem Bogen nach Osten vorspringend über Krimskaya bis nach Noworossijsk und schloss das Küstenland um Anapa, die sumpfige Mündung des Kuban und das bewaldete Hügelland nordwestlich Noworossijsk ein.

Hier verteidigte auch das Grenadierregiment 170 und zwar im Raume von Neberdschajewsk bis zur Atakajskayaschlucht. Am 2. April 1943 wurde das I. Bataillon/Grenadierregiment 213 dem Grenadierregiment 170 unterstellt und neben das Regiment in den Raum westlich des Stadtteiles Stanitschka – Ortsrand russischer Friedhof eingeschoben, wo es das I. Bataillon/Grenadierregiment 170 abzulösen hatte.

Am 18. und 19. April trat das Grenadierregiment 170 zum Unternehmen „Neptun" an, das Eindrücken des russischen Landekopfes. Wieder kam es zu erbitterten und verlustreichen Kämpfen. Der Versuch scheiterte trotz starker Artillerievorbereitung und eines unmittelbar vor Angriffsbeginn geflogenen Sturzkampfflugzeugangriffs. Und zwar in der Hauptsache infolge des Beschusses durch die Feindbatterien in der Gegend Kabardinka.

Die Verluste des Grenadierregiments 170 wurden ständig schmerzlicher.

Es kam naturgemäß auch viel Nachersatz, doch dauerte es immer eine gewisse Zeit, bis sich die Soldaten eingewöhnt hatten.

Das bedingte hin und wieder Zwischenfälle, die oftmals heiterer Art waren und aufzeigten, dass auch der Nachersatz nicht auf den Kopf gefallen war.

So erhielt zum Beispiel das I. Bataillon/Grenadierregiment 170 neben einem neuen Küchenunteroffizier auch einen Sanitätsunteroffizier als Ersatz. Letzterer war offensichtlich ein starker Esser, wobei „Esser" die Schmeichelei des Jahres bedeutete. Er machte sich den häufigen Personalwechsel im Bataillonsstab zu Nutze, indem er jeden Tag mit drei Kochgeschirren zum Essenfassen erschien und frechweg drei Portionen verlangte. Dies mit den Worten: „Eine für Unteroffizier B., eine für den Sanitätsgefreiten R., und die dritte für mich!" Seine Versorgung klappte so lange vorzüglich, bis der Spieß die Identität dieser „drei" Personen feststellte.

Der Frühling hatte dem Frühsommer Platz gemacht. In ihren Stellungen lagen die Bataillone im Einsatz. Immer wieder griffen russische Spähtrupps an. Allnächtlich schlichen sich deutsche Spähtrupps zu den russischen Stellungen hinüber. Allnächtlich

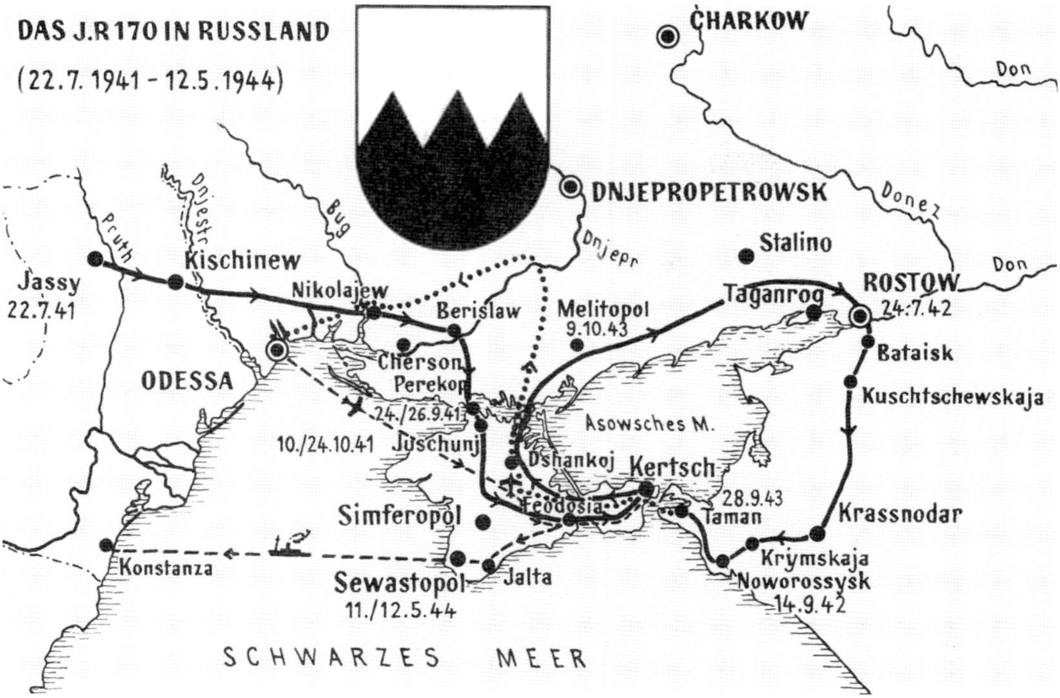

Die ursprüngliche 73. Infanteriedivision (1939–1944) mit dem Infanterieregiment 170 wurde im Russlandfeldzug nur in einem begrenzten Gebiet im Rahmen der Heeresgruppe Süd eingesetzt.

Vormarsch nach Bataisk im Sommer 1942.

Hauptmann Kremnitz vom Infanterieregiment 170 während der Sommeroffensive 1942.

Der große Panzergraben vor Krasnodar musste erst etwas eingeebnet werden, damit Panzer und Fahrzeuge den Graben passieren konnten.

Fährbetrieb über den Kuban
im Spätsommer 1942.

Pferde und Gerät wurde an das andere Ufer
des Kuban übergesetzt.

Die Atakaskajaschlucht vor Noworossijsk im Spätsommer 1942.

Oberleutnant Sperr und Hauptmann Theo Hopf (mit Ritterkreuz) vom Infanterieregiment 170 beim Kampf um Krasnodar am 9. August 1942.

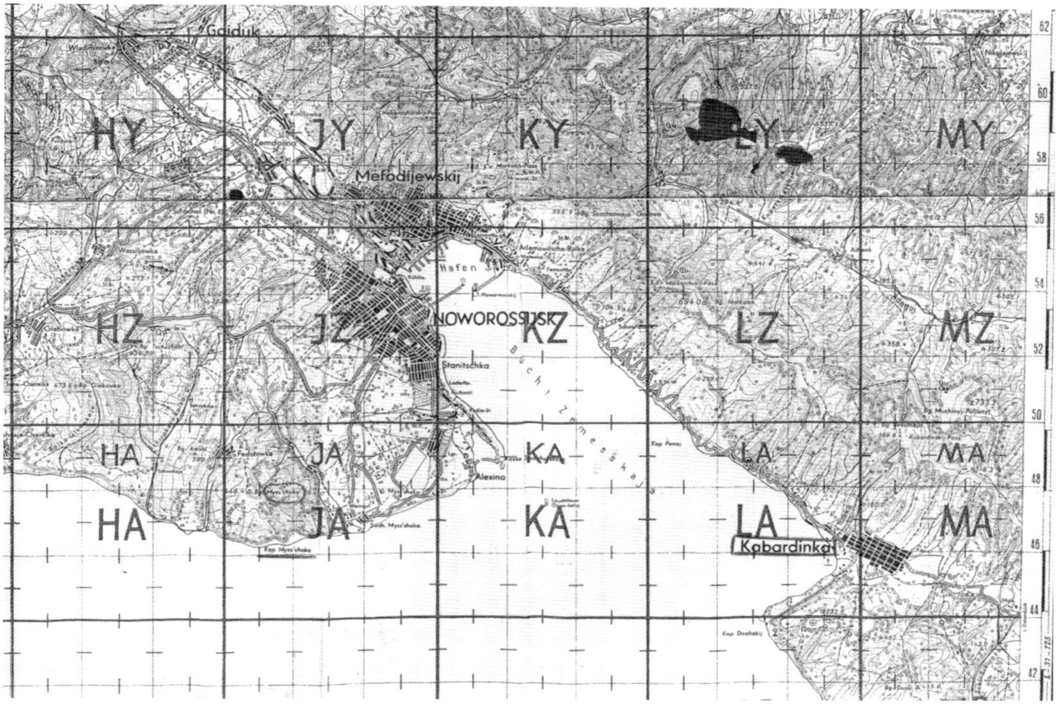

Ausschnitt einer Truppenkarte von 1943 vom Kampfraum des Infanterieregiments 170 um Noworossijsk, das nie ganz erobert werden konnte.

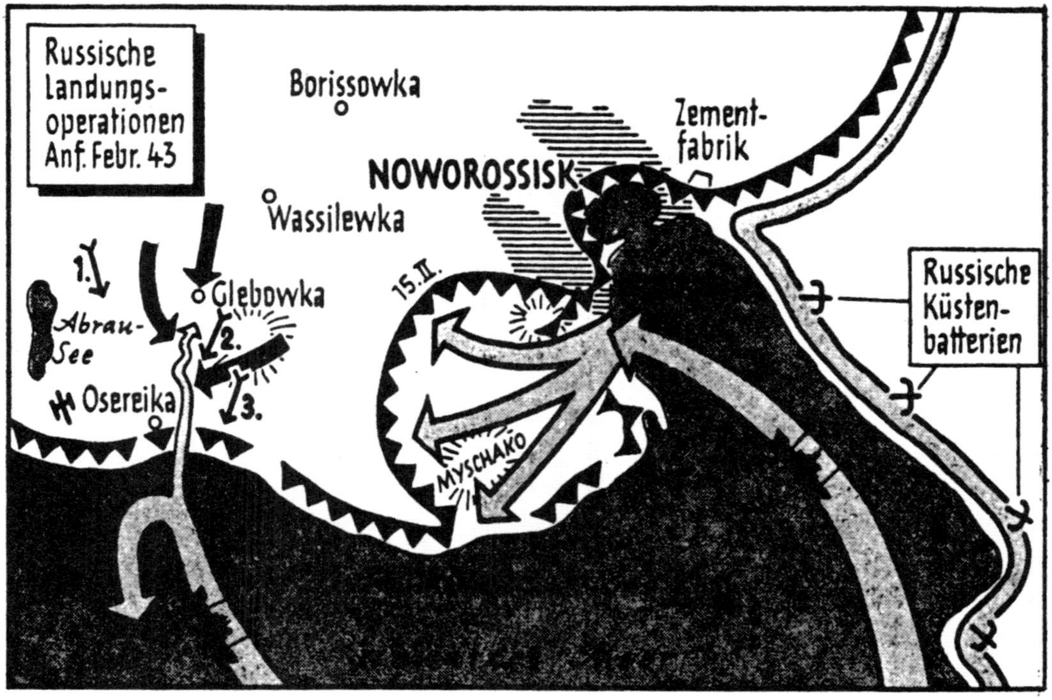

Im Februar 1943 landeten russische Truppen in der Bucht von Noworossijsk, die den geschaffenen Brückenkopf zäh verteidigten.

*Eine Skikompanie
im Winter 1942/1943.*

*Alle Soldaten tragen
einheitliche Wintertarnanzüge.*

Beisetzung von Gefallenen des Infanteriegiments 170
auf einem Sammelfriedhof bei Krasnodar im November 1942.

Ein Kompaniechef des Infanterieregiments 170
salutiert zu Ehren der Gefallenen.

Blick auf Noworossijsk, das an den Ausläufern des Kaukasus direkt am Schwarzen Meer liegt.

Blick von den Bergen auf dass heiß umkämpfte Noworossijsk 1943.

Soldaten des Infanterieregiments 170 mit den Quartiersfrauen in ihrer Unterkunft vor Noworossijsk im Sommer 1943.

Ein Steinbruch vor Noworossijsk.

Der Sommer 1943 brachte den Soldaten des Grenadierregiments 170 wieder eine reiche Obsternte. Hier werden Melonen unter einem schattigen Baum genossen.

Eroberte russische T-34 aus den Kämpfen im Jahr 1943.

Soldaten des Grenadierregiments 170 in einem Feldlazarett auf dem Kubanbrückenkopf im Sommer 1943.

Oberleutnant Paul Langer (in der Bildmitte) vom III. Bataillon/Grenadierregiment 170 bei einer Lagebesprechung im September 1943.

Ein Soldat des Grenadierregiments 170 auf dem Kubanbrückenkopf im Herbst 1943.

Der Koch einer Einheit macht an der Unterkunft etwas Fleischbeilage fertig.

Gefreiter Halbig vom Grenadierregiment 170 im Kubanbrückenkopf 1943.

Ende September 1943 setzte das Grenadierregiment 170 von der Taman-Halbinsel nach Kertsch über.

Dicht gedrängt stehen Pferde des Grenadierregiments 170 auf dem Marinefährprahm und wurden nach Kertsch übergesetzt.

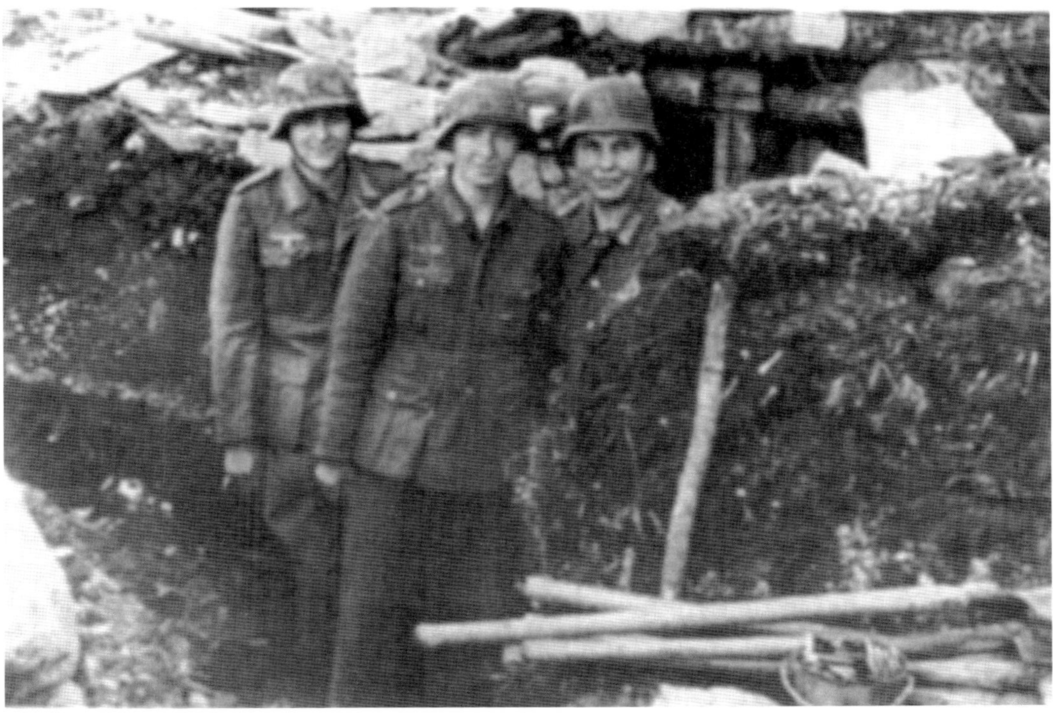

Grenadiere des Grenadierregiments 170 in den neuen Stellungen auf der Halbinsel Kertsch im Oktober 1943.

Nach schweren Kämpfen gegen einen weit überlegenen Gegner musste schließlich 1944 die ganze Krim wieder geräumt werden. Auch die 73. Infanteriedivision musste bis auf Sewastopol zurück und wurde dort wie alle anderen Einheiten vernichtet. Nur wenigen Soldaten gelang es im Mai 1944, mit Fähren und Schiffen nach Rumänien zu entkommen.

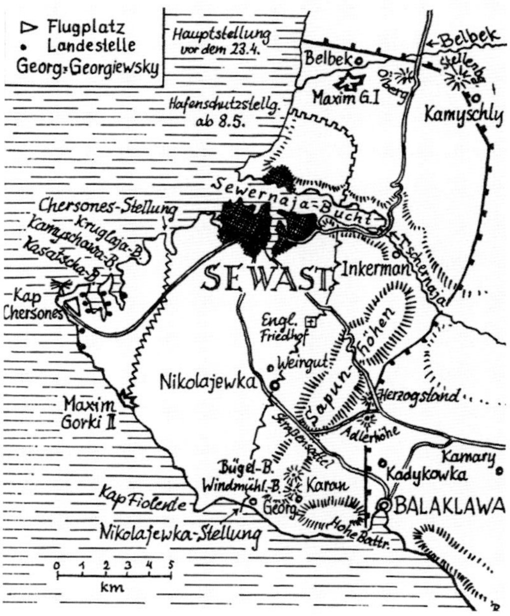

Das 1942 unter schweren Verlusten eroberte Sewastopol wurde im Mai 1944 für viele deutsche Einheiten zur Falle.

Sowjetische Marineinfanterie hisst im Mai 1944 in Sewastopol triumphierend die Flagge.

griffen auch sowjetische Bomber an. Feindliche Scharfschützen pirschten sich aus dem Niemandsland bis dicht vor die deutschen Stellungen vor. Sie warteten manchmal drei, vier Tage, ehe sie zum Schuss kamen. Aber wenn sie schossen, dann war dies das Todesurteil für einen weiteren Soldaten des Regiments.

Doch dann flauten die Kämpfe im Abschnitt des Grenadierregiments 170 ab. Den ganzen Juni über war es – abgesehen von Spähtrupps – ruhig. Erst Mitte Juli wurde die Tätigkeit der Feindartillerie wieder hektischer und die verstärkt durchgeführten Späh- und Stoßtrupps deuteten auf einen neuen größeren Angriff hin.

Das Grenadierregiment 170 wies die vor seiner Front geführten Feindangriffe am 23. Juli 1943 ab. Beim Schwerpunkt des Angriffes aber, im Raum des Grenadierregiments 213, versuchten die Rotarmisten, das „Krähennest" – die Höhe 352,6 – zu erstürmen. Von dort aus wollten die Sowjets, wie spätere Gefangenenaussagen festhielten, im weiteren Durchstoßen bis zur Hauptstraße südwestlich Neberdshajewsk gelangen, wo das Infanterieregiment 170 bis zur Atakayaskayaschlucht verteidigte.

Auf dem „Krähennest" verteidigte Oberleutnant Gollert-Hansen, der Chef der 7. Kompanie/Grenadierregiment 213. Er wurde dreimal verwundet, hielt aber die Höhe mit außergewöhnlicher Tapferkeit, wofür er am 7. August 1943 das Ritterkreuz erhielt.

Dennoch wäre das Schicksal des „Krähennestes" besiegelt gewesen, wenn nicht das III. Bataillon/Grenadierregiment 170 gewesen wäre, das unter Führung von Hauptmann Graber in der Abenddämmerung in Richtung „Krähennest" vordrang, wo noch immer der Kampf tobte. Es gelang der 11. Kompanie/Grenadierregiment 170 die Verbindung zur 7. Kompanie/Grenadierregiment 213 herzustellen und die rechte Flanke der Kompanie zu verstärken. Hauptmann Graber erhielt Befehl, die Führung sämtlicher noch auf dem „Krähennest" kämpfenden Teile zu übernehmen, die Höhe auf jeden Fall zu halten, und die Verbindung mit dem hier ebenfalls kämpfenden rumänischen 23. Jägerbataillon herzustellen.

Hauptmann Graber und seine Männer waren im rechten Augenblick gekommen. Sie hielten das „Krähennest" über Nacht. Am 24. Juli 1943 war die Einbruchsstelle abgeriegelt und die Hauptkampflinie wieder fest in deutscher Hand.

Hauptmann Graber meldete dem Regiment, dass westlich des „Krähennestes" eine 800 Meter breite Lücke zum rechten Nachbarn aufklaffte. Hauptmann Scharnagel wurde von der Division mit seiner 1. Kompanie/Pionierbataillon 173 von Westen her in die Lücke eingeschoben, während die 2. Kompanie/Pionierbataillon 173 zum „Krähennest" beordert wurde. Damit war dieser Einbruch, der sich krisenhaft auszuweiten drohte, wieder bereinigt.

In den beiden folgenden Tagen versuchten die Sowjets abermals, diesen Frontabschnitt einzudrücken. Auch diesmal wurden sie wieder unter schweren beiderseitigen Verlusten abgewiesen. Der Sommer war eingefallen. Es wurde heiß. Das I. Bataillon/

Grenadierregiment 170 lag mit dem Bataillonsgefechtsstand noch immer auf dem „Krähennest", am Dolgayaberg. Aus einer ruhigen Periode im August 1943 berichtet der damalige Ordonnanzoffizier, Leutnant Schwald, folgende Einzelheiten: „Zu meinen Aufgaben als Ordonnanzoffizier des I. Bataillons gehörte unter anderem auch die regelmäßige Begehung der Stellungen, die Überprüfung des Standorts und Einsatzes der leichten und schweren Waffen und anderes mehr.

Das war bei dem unwegsamen Gelände und bei dem wegen des steinigen Geländes nur sehr flachen Grabensystems sehr mühsam und beschwerlich. Meistenteils kam ich müde und abgekämpft zum Gefechtsstand zurück.

Eines Tages, es war gegen Ende August, entledigte ich mich nach der Rückkehr meiner Stiefel und zog Turnschuhe an, um die geplagten Füße etwas besser ausruhen zu können. Mein Kommandeur, Hauptmann Nessel, bemerkte dies mit sichtlichem Missfallen und sagte, das ginge nicht an, denn er erwarte abends noch Gäste. Ich erklärte ihm, dass ich nicht die Absicht hätte, während des Besuches meine Schweißkolben auf den Tisch zu legen. Diese Gehorsamsverweigerung machte den Hauptmann derart perplex, dass er mich – wenn auch widerwillig – gewähren ließ. Der Besuch – es waren Herren der Nachbarbataillone – kam dann auch und es entwickelte sich bei Cointreau und Benediktiner aus angesammelten Marketenderwaren ein fröhlicher Abend.

Ein Anruf des Regiments, von Leutnant Tenner durchgeführt, teilte uns in dieser Stimmung die Nachricht mit, dass soeben eine Frontbetreuungstruppe angekommen sei. Das wiederum erhöhte die Stimmung und mein Freund Tenner übergab, gewissermaßen zur Untermauerung dieser erfreulichen Mitteilung, den Fernsprecher gleich einem weiblichen Mitglied der Künstlertruppe. Die Dame am anderen Ende des Drahts war sichtlich beeindruckt, als sie mit der vordersten Linie sprechen konnte. Sie wunderte sich sehr über die hervorragende Stimmung an der Front und sang anschließend ein kleines Liedchen aus ihrem Repertoire."

Ein heiteres Intermezzo sei hier aus der Feder des damaligen Leutnants Schwald wiedergegeben, um aufzuzeigen, dass der oft zitierte Kadavergehorsam nicht existierte, sondern dass sich Soldaten immer, und auch gegenüber „hohen Tieren", zu behaupten wussten.

„Innerhalb des Regiments war das Tragen von Schildmützen, wie sie zur Bekleidung der Gebirgsjäger gehörten, ausdrücklich verboten. Vielfach wurde dieses Verbot jedoch missachtet. Bei einem Kontrollgang lief dem Regimentskommandeur so ein Unglücksrabe von Landser über den Weg, der eine fesche Jägermütze trug.

‚Welcher Einheit gehören Sie an?', fragte Oberstleutnant Müller.

‚Dem ersten Bataillon Grenadierregiment 170, Herr Oberstleutnant!', war die rasche Antwort. Was folgte war ein mächtiges Donnerwetter und daran anschließend eine ernste Belehrung. Der bescheidene Hinweis des Landsers, dass ja auch der Herr

Regimentskommandeur eine verbotene Jägermütze auf dem Kopfe trage, veranlasste den Kommandeur zu einem versöhnlichen Ausspruch: ‚Da fällt mir das schöne griechischen Sprichwort ein: Quod licet Iovi, non licet bovi!' (Was dem Jupiter gestattet ist, ist einem Ochsen noch lange nicht erlaubt).

Er entließ den Soldaten, der so couragiert Antwort gegeben hatte. Ob dem Kommandeur inzwischen aufgefallen ist, dass er damit nicht aus dem griechischen, sondern aus dem lateinischen Sprachschatz geschöpft hatte?"

Es wurde September und die Gerüchte mehrten sich, dass es zurückgehe. Dies aber war den Soldaten des Grenadierregiments 170 einfach unverständlich, denn dieses Landstück, auf dem sie nunmehr ein Jahr gestanden und gekämpft hatten, in dessen Erde ihre gefallene Kameraden gebettet waren, das wollten sie nicht so einfach hergeben. Schließlich hatten sie es gegen schwere und schwerste sowjetische Angriffe gehalten. Niemals war es dem Gegner in den vergangenen Monaten gelungen, hier durchzubrechen. Außerdem wussten sie, dass es hier im Winter nicht so kalt war, wie anderswo in Russland.

Dennoch musste der Kubanbrückenkopf planmäßig geräumt werden, wenn nicht die gesamte 17. Armee eingekesselt, abgeschnitten und vernichtet werden sollte.

Rückzug

Sprungweise zur Tamanhalbinsel – Übersetzen nach Kertsch –
Der Kampf um Kossa Tusla – Verlegung nach Melitopol –
Kampf am Dnjepr

Bereits zu Ende August verdichteten sich die Anzeichen eines kurz bevorstehenden feindlichen Großangriffes auf den Kubanbrückenkopf. Zu der Zeit wurde das Grenadierregiment 170 von folgenden Offizieren geführt: Stellenbesetzung des Regiments am 15. September 1943 vor Beginn der Räumung des Kubanbrückenkopfes:

Regimentskommandeur:	Oberstleutnant Müller verwundet am 23. Oktober 1943
Regimentsadjutant:	Oberleutnant der Reserve Dr. Merck
ab 6. November 1943	Oberleutnant Lieb
Ordonnanzoffizier:	Leutnant der Reserve Becker,
Ordonnanzoffizier 2:	Leutnant Tenner
Chef Stabskompanie:	Oberleutnant Bohnensack gefallen 4. Oktober 1943
Regimentsveterinär:	Stabsveterinär Dr. Horstmann
Regimentsarzt:	Oberarzt der Reserve Dr. Wördehoff gefallen 4. Oktober 1943
Regimentszahlmeister:	Stabszahlmeister Deutschmann
Regimentsnachrichtenzugführer	Leutnant Müller
Regimentsreiterzugführer:	Leutnant Leininger †
Regimentspionierzugführer:	Leutnant Bauer †
Kommandeur I. Bataillon:	Hauptmann Nessel verwundet 11. Oktober 1943
Bataillonsadjutant:	Leutnant der Reserve Neupert
Ordonnanzoffizier:	Leutnant der Reserve Schwald
Bataillonsarzt:	Assistenzarzt Dr. Vogelsang
Bataillonszahlmeister	– – –
Chef 1.Kompanie:	Oberleutnant Schulz
Chef 2. Kompanie:	Leutnant Bänfer
Chef 3. Kompanie:	Leutnant Klaus
Chef 4. Kompanie:	Oberleutnant Lieb ab 6. Dezember 1943

Kommandeur II. Bataillon:	Major Kremnitz verwundet 23. Oktober 1943
Bataillonsadjutant:	Leutnant Zech gefallen 7. Mai 1944
Ordonnanzoffizier:	Leutnant Walter
Bataillonsarzt:	Oberarzt der Reserve Dr. Haege
Bataillonszahlmeister:	Oberzahlmeister Hähnle
Chef 5. Kompanie:	Oberleutnant der Reserve Rothengass
Chef 6. Kompanie:	Oberleutnant Schuster (gefallen im Oktober 1943)
Chef 7. Kompanie:	Oberleutnant der Reserve Dürr
Chef 8. Kompanie:	Oberleutnant Beutner

Kommandeur III. Bataillon:	Hauptmann Graber Oberleutnant Denz, gefallen am 4. Oktober 1943; dann Oberleutnant Langer
Bataillonsadjutant:	Oberleutnant Langer
Ordonnanzoffizier:	Leutnant der Reserve Kiesel
Bataillonsarzt:	Assistenzarzt Dr. Weber
Chef 9. Kompanie:	Oberleutnant Bohnensack
Chef 10. Kompanie:	Oberleutnant der Reserve Vogt, Leutnant Lippe, Oberleutnant Wilhelm
Chef 11. Kompanie:	Oberleutnant Schnier, Leutnant Spiegel
Chef 12. Kompanie:	Oberleutnant der Reserve Sperr
Chef 13. Kompanie:	Oberleutnant der Reserve Dr. Büchl gefallen am 7. Mai 1944; dann Leutnant Schmid
Chef 14. Kompanie:	Hauptmann Naske, Hauptmann der Reserve Vogt

Am 30. August 1943 wurde im Hafen von Noworossijsk der russische Leutnant zur See Boris Vassiljev gefangen genommen. Er gab beim Verhör Einzelheiten eines Landungsunternehmens gegen den Hafen und die Stadt Noworossijsk bekannt, das in den ersten Septembertagen durchgeführt werden sollte. Der Leutnant hatte den Auftrag erhalten, mit zwei Mann in einem Schlauchboot die Küste zwischen Stanitschka und der Westmole des Noworossijsker Hafens zu erkunden. Es sollte ein handstreichartiger Überfall auf den Innenhafen mit einer gleichzeitigen Landung im Raume Osereika –

Anapa koordiniert werden. Drittens sollten Fallschirmjägerverbände in Stärke von 2.000 Mann bei Borissowka – nordwestlich Noworossijsk – eingesetzt werden. Mit diesem dreifachen Schlag beabsichtigte die sowjetische Führung die Zersplitterung der deutschen Verteidigung.

Sofort setzte das Armeeoberkommando 17 ein Fernschreiben an das für die Verteidigung von Noworossijsk zuständige V. Armeekorps ab, mit dem Inhalt, dass sich das V. Armeekorps auf diese Angriffe einzustellen habe. Von der Armee wurden dem V. Armeekorps verschiedene Verbände unterstellt und noch am 31. August zugeführt.

Der Angriff fand – nicht statt.

Die geplante und bereits im Detail ausgearbeitete Räumungsoperation mit dem Codenamen „Krimhild“ sollte ein stufenweises Zurückgehen binnen zwölf Wochen auf die Krim bewirken. Doch am 7. September 1943 wurde dieser Plan gegen den Plan „Brunhild“ ausgetauscht, nach welchem diese Absetzbewegungen binnen sechs Wochen durchzuführen seien. Und zwar in drei Phasen:

1. Phase: Verteidigung in der „Großen Gotenkopfstellung“ bis die Räumung des Wehrmachtsgutes und der sonstigen Materialien, sowie der Abtransport des nicht mehr benötigten Personals und der freiwillig zurückgehenden Zivilbevölkerung abgeschlossen ist. Dafür waren sieben Tage vorgesehen.
2. Phase: Sprungweises Absetzen über Zwischenstellungen in die „Kleine Gotenkopfstellung“. Hierfür sollten vierzehn bis siebzehn Tage ausreichen.
3. Phase: Verteidigung in der „Kleinen Gotenkopfstellung“, bis das restliche Wehrmachtsgut und die im Verlaufe des Rückzuges freigewordenen Verbände abtransportiert sind. Anschließend rascher Rückzug aus der Tamanhalbinsel und Übersetzen über die Straße von Kertsch. Diese letzte Phase sollte abermals vierzehn Tage in Anspruch nehmen.

Am 6. September 1943 gab Oberstleutnant Müller den Bataillonskommandeuren und Führern der Regimentseinheiten den Plan und die Einzelheiten der vorgesehenen Räumung bekannt. Er teilte mit, dass die Zwischenstellungen mit den Codebezeichnungen „Siegfriedstellung“, „Hagenstellung“ und „Rüdigerriegel“ planmäßig bezogen und gehalten werden müssten, um die reibungslose Rückführung zu gewährleisten.

Verpflegungsmagazine mussten erst angelegt und dann wieder geräumt werden.

Sämtliche Nachschubeinheiten, Munitionsdepots, Lazaretteinheiten und Sanitätskompanien mussten zuerst und in Etappen nach rückwärts in Marsch gesetzt werden. Schließlich musste von der Armee und ihrem Oberbefehlshaber, General der Pioniere Jaenecke, genügend Schiffsraum an der Straße von Kertsch bereitgehalten werden, um alle Truppen, sowie sie eintrafen, übersetzen zu können. „Dieses planmäßige Absetzen wird noch voraussichtlich in der nächsten Woche erfolgen!" schloss der Regimentskommandeur seine Ansprache.

In der Nacht zum 10. September 1943 landeten die Sowjets in Noworossijsk und damit wurde die Aussage des gefangen genommenen russischen Leutnants, die man immer wieder angezweifelt hatte, bestätigt. Generalleutnant Leslidse, Oberbefehlshaber der 18. Sowjetarmee, befehligte die Landungstruppen, während die Landungsoperationen von Konteradmiral Cholostjakow von Kap Doob aus geleitet wurden. Es gelang den Angreifern, sich in den Landeabschnitten festzusetzen, obgleich die beiden Marinekompanien des Hafenkommandanten, Kapitänleutnant Hoßfeld, verzweifelt versuchten, den gelandeten Gegner wieder ins Meer zu werfen.

Wenige Stunden darauf traten die Alarmeinheiten der Gruppe Böhme mit der 73. Infanteriedivision, Teilen der 101. Jägerdivision und der 1. rumänischen Gebirgsdivision an. Hinzu kamen die Verbände der Gruppe Braun mit der 4. Gebirgsdivision und der 4. rumänischen Gebirgsdivision. Zwei Tage lang dauerten die Kämpfe, die auch vom Grenadierregiment 170 im Raume Neberdschajewsk – Atakajskayaschlucht geführt wurden, auf den eine der drei sowjetischen Kampfgruppen zielte. Dann war der Gegner bis auf Stützpunkte im Hafen- und Fabrikgelände geworfen. Lediglich der Ostgruppe der Sowjets gelang es, bei Noworossijsk durchzustoßen und die Verbindung mit den zu Lande angreifenden ostwärtigen Truppen herzustellen. Das Ziel des Großangriffes aber, das Durchstoßen durch den Südflügel der Gotenkopfstellung, war den Sowjets trotz aller Tapferkeit nicht gelungen. Standhaft verteidigten sich sowjetische Kampfgruppen im Süd- und Südwestteil von Noworossijsk noch nach dem 14. September 1943. Die endgültige Entscheidung in Noworossijsk wurde jedoch dadurch nicht herbeigeführt, weil in der Nacht zum 16. September 1943 die Absetzbewegungen nach Plan begannen.

Am 15. September 1943 – zufällig am Geburtstag des Regimentskommandeurs – begann beim Grenadierregiment 170 um 19.00 Uhr das Loslösen aus den Regimentsstellungen. Auf den Tag genau ein Jahr hatte das Grenadierregiment 170 in Noworossijsk, am „Denkmal", in der Kolchose Lipki, in der Atakajskayaschlucht, zeitweise auch am Abrauasee oder gar mit Teilen in Anapa oder Verkhnebakanskiy in den grünen Laubwäldern der Kaukasushänge seine Stellungen gehalten. Es war ein nasser Winter 1942/1943 gewesen und ein oftmals brüllendheißer Sommer 1943.

Aber in diesem Augenblick, da es galt, von diesen Stätten Abschied zu nehmen, stellten die Männer des Grenadierregiments 170 fest, dass sie gern in dieser doch bevorzugten und abwechslungsreichen Landschaft gewesen waren.

Im Verlaufe dieses einen Jahres hatten sich die Stellungen der Einheiten zu einem fast lückenlosen System mit festen Hindernissen ausgeweitet, die das Regiment, begünstigt durch das hügelige, waldreiche Gelände, auch gut noch länger hätte halten können. Viele tote Kameraden mussten zurückgelassen werden. So auch der alte

Kommandeur des II. Bataillons/Grenadierregiment 170, Oberstleutnant Marbach. Mit dem II. Bataillon/Grenadierregiment 170 vorn, das von Major Kremnitz geführt wurde, wurde am 16. September gegen 03.30 Uhr bereits die einige Kilometer weiter nördlich gelegene „Siegfriedstellung“ erreicht, während das III. Bataillon/ Grenadierregiment 170 unter Hauptmann Graber eine Zwischenstellung bezog und nur langsam auf die „Siegfriedstellung“ zurückwich. Der Feind, der bis zum III. Bataillon/Grenadierregiment 170 vorgefühlt hatte, drang nur zögernd nach. Während am 17. September das II. Bataillon bereits die nächste rückwärtige Stellung – die „Hagenstellung“ – erkundete, wurde das in der „Siegfriedstellung“ liegende I. Bataillon unter Hauptmann Nessel von den Sowjets angegriffen. Das Bataillon hielt den Gegner und wies diesen Angriff blutig ab.

Die weiteren Absetzbewegungen wurden planmäßig durchgeführt. Doch bereits am 18. September nachmittags meldete ein vorgeschobener Beobachter der Artillerie, dass der Gegner beim linken Nachbarn eingebrochen sei. Oberstleutnant Müller ließ Teile der 5. Kompanie/Grenadierregiment 170, einen Pionierzug, und die benachbarte 11. Kompanie abbiegen und den Einbruch abriegeln.

Während die Männer dieser Kampfgruppe den Einbruch abzuriegeln versuchten, schoss die eigene Artillerie – die diesen Versuch unterstützen wollte – zu kurz und von der 5. Kompanie/Grenadierregiment 170 wurde Leutnant Schmidt tödlich verwundet.

Dennoch: der Einbruch wurde gestoppt und bis zum befohlenen Lösen um 21.00 Uhr konnte der gesamte Abschnitt gehalten werden.

In der Nacht zum 20. September blieb das II. Bataillon unter Major Kremnitz in der „Volkerstellung“, die inzwischen erreicht worden war. Abermals schoss die eigene Truppe – diesmal waren es Nebelwerfer – zu kurz. Und zu allem Übel gab es mitten in der laufenden Rückzugsbewegung noch einen Kompaniechefwechsel bei der 6. Kompanie/Grenadierregiment 170. Hier wurde Oberleutnant Bohnensack, der die Stabskompanie übernehmen musste, durch Oberleutnant Schuster, der bis dahin beim Regimentsstab gewesen war, abgelöst. Alle Waffen und sämtliche Geräte wurden bei dem Rückzug mitgenommen. Beim Grenadierregiment 170 ging dabei kein Nagel verloren.

Erst am 23. September setzte sich das II. Bataillon/Grenadierregiment 170 ohne neue Verluste in den „Rüdigerriegel“ ab. Dieser war durch einen Gefechtsposten unter Leutnant Bentheimer gesichert worden.

Am 25. September griff hier der nunmehr stärker und massierter nachsetzende Feind mit vierzehn Panzern an. Drei von ihnen wurden abgeschossen. Doch durch die feindliche Artillerie, die sich mehr denn je am Kampf beteiligte, erlitt das Bataillon empfindliche Verluste. Am 25. September begann schließlich das letzte Loslösen. Das II. Bataillon/Grenadierregiment 170 gelangte nunmehr nach Vyshestebliyevskaya und erhielt hier nach zehntägigen ununterbrochenen Kämpfen einen Tag Ruhe. Am 27. September, gegen Mitternacht, ging der Rückzug des Regiments weiter. Die Landenge von Taman rückte in greifbare Nähe. Sämtliche Soldaten waren zuversichtlich, auch diese letzte Etappe zu schaffen. Nirgendwo auf der gesamten Front des zurückgehenden Kubanbrückenkopfs war es auch nur zu der kleinsten Panik gekommen. Jeder Zug wurde zeitlich und räumlich genau eingehalten und konnte weder vom Gegner noch von den Unbilden der Witterung verhindert werden.

Am Abend des 27. Septembers wurde der Rastraum I – unmittelbar an der Übersetzstelle gelegen – erreicht. Die Männer des Regiments setzten über. Als letztes ging das II. Bataillon/Grenadierregiment 170 um 05.00 Uhr des 28. Septembers in die Fahrzeuge und um 11.45 Uhr trafen die letzten Soldaten des Infanterieregiments 170 bei strahlendem Sonnenschein, und dennoch von Feindfliegern unbehelligt, in Kertsch ein. Hier, im alten Pantakapaion der Griechen, sammelte alles.

Nach zweitägiger Ruhe erhielten die Regimentsteile – und darüber hinaus die gesamte Division – den Befehl, in den neuen Einsatzraum Melitopol zu verladen. Die Division sollte im Raume Melitopol andere deutsche Divisionen im Abwehrkampf gegen die mit überlegenen Kräften angreifenden Sowjetarmeen unterstützen.

Oberstleutnant Müller und der engere Stab des Grenadierregiments 170 fuhren im Kraftwagen voraus, um die Lage zu erkunden und das Eintreffen des im Eisenbahntransport folgenden Regiments zu erwarten.

Lediglich das II. Bataillon/Grenadierregiment 170 machte vorerst diese Bahnfahrt nicht mit, denn es wurde bereits am 29. September – als die übrigen Divisionsteile noch in Ruhe lagen – gegen 12.10 Uhr ohne den Tross auf Pionierlandungsbooten von dem Seetransportpier in Kertsch auf die ganz flache und schmale Insel Kossa Tusla überführt, die südlich der Straße von Kertsch liegt. Das Bataillon hatte Auftrag, diese Insel zu besetzen und sie gegen einen feindlichen Landungsversuch zu halten.

Nach einstündiger ruhiger Fahrt über die spiegelglatte See war der Verband am Ziel. Die Insel sah trostlos aus. Kein Baum war zu sehen, kein Haus. Lediglich etwas Schilf und einige niedrige Sträucher boten einen Schimmer von Leben und Vegetation.

Auf der ganzen Insel gab es keine Deckung.

Geben wir an dieser Stelle dem Kommandeur des II. Bataillons/Grenadierregiment 170, Major Kremnitz – dem wir diesen gesamten Bericht verdanken – das Wort: „Die Insel ist deckungslos. Beim Schanzen stoßen wir spätestens nach einem halben Meter auf Grund- bzw. Seewasser. Das kann ja niedlich werden!

Zunächst aber geschieht gar nichts. Das Versorgungsboot kommt wider Erwarten pünktlich. Nach vieler Mühe klappt sogar der Funkverkehr zum Festland. Einige Tage vergehen ganz ruhig; fast gemütlich. Am 4. Oktober 1943 beginnt die Artillerie mit dem Einschließen. Bei der 5. Kompanie/Grenadierregiment 170 steht sogar ein

Panzerabwehrkanonenzug, der allerdings Mühe hat, seine Geschütze auf der Insel einigermaßen zu tarnen. Am 4. Oktober abends heißt es, das Bataillon werde abgelöst. Die Pionierlandungsboote mit der Ablösung bleiben jedoch aus. Schließlich kommen sie am 5. Oktober um 04.00 Uhr an und gegen 18.00 Uhr, in der Abenddämmerung, beginnt die Verladung und um 20.30 Uhr steht das ganze Bataillon – ich muss gestehen tief aufatmend – an der Erzmole in Ak-Burnu.

Aber wieder ist es nichts mit der Ruhe. Auch der Versuch, endlich einmal auszuschlafen, misslingt. Am Morgen des 6. Oktobers wird bekannt, dass der Gegner noch in der Nacht nach unserem Abzug auf Kossa Tusla gelandet ist. Unsere Nachfolger stehen im Abwehrkampf. Sie müssen unterstützt werden!

Und so marschiert das Bataillon schon um 14.00 Uhr bei diesigem Wetter und in sehr gemischter Stimmung wieder zur Verladung. Diesmal geht es auf Sturmbooten, die in schneller Fahrt nach Kossa Tusla fahren, wo wir um 16.30 Uhr ankommen.

Wir erfahren unmittelbar nach der Landung, dass der Gegenangriff des I. Bataillons/Grenadierregiment 282 stockt. Es gibt eine unruhige Nacht. Am 7. Oktober verstärkt sich der Feind durch neue Landungen. Um 12.00 Uhr greift er an und 45 Minuten später folgt unser Gegenangriff, nachdem sich die eigene Artillerie von 04.15 Uhr bis 10.15 Uhr eingeschossen hat.

Aber auch unser Angriff gegen den inzwischen sich bedeutend verstärkten Feind bleibt liegen. Unteroffizier Frey von der 5. Kompanie/Grenadierregiment 170 fällt Leutnant Neher, Feldwebel Freudenberger von der 5. Kompanie/Grenadierregiment 170, Oberfeldwebel Teichmann von der 8. Kompanie/Grenadierregiment 170 und andere werden verwundet.

Zum Glück gelingt der Abtransport der Verwundeten über See.

Hauptmann Beutner, der Chef der 8. Kompanie/Grenadierregiment 170, trifft auf der Insel ein. Er soll die Verbindung zur 98. Infanteriedivision – der wir unterstellt sind – aufrechterhalten. Die Nacht zum 8. Oktober vergeht wider Erwarten ohne erneute Landung. Am Vormittag setzt starkes Artilleriefeuer aller Kaliber ein, das von deutscher Artillerie auf dem Festland, darunter auch von der hier im indirekten Verfahren schießenden 8,8-cm-Flakanone erwidert wird.

Es ist sonnig und warm. Man kann aber nicht viel mehr tun, als sich flachlegen und den Abend abwarten. Die Stimmung ist gedrückt.

Am Nachmittag, gegen 16.00 Uhr, geht der Bataillonskommandeur zu den vorn eingesetzten Kompanien, da kommt der erlösende Anruf des Ordonnanzoffiziers, Leutnant Mayer:

‚Zwölf Nussschalen (Pionierlandungsboote) in Sicht!'

Nach einigem hin und her, nach Hoffnungen und Enttäuschungen, zum Teil durch die oft schwierige Funkverbindung hervorgerufen, sollen die Pionierboote gegen Mitternacht anlegen. Und sie kommen trotz, oder vielmehr wegen der stockdunklen Nacht tatsächlich! Um 02.00 Uhr legen die Boote von der Insel ab. Am frühen Morgen des 9. Oktobers 1943 gegen 03.40 Uhr landen wir bei starkem Nebel wiederum in Ak-Burnu. Der Kommandierende General des V. Armeekorps, General Allmendinger, soll persönlich an der Mole gewesen sein. Gegen 06.00 Uhr trifft das Bataillon in Stary-Karantin ein. Hier wird erst einmal geschlafen. Um 14.30 Uhr wird ein Tagesbefehl Adolf Hitlers und des Armeeoberbefehlshabers, General der Pioniere Jaenecke, an die Kubanbrückenkopfkämpfer verlesen.

Dann folgt der letzte Akt der Räumung: wir müssen die uns liebgewordenen Tropenuniformen ausziehen und erhalten wieder das dem russischen Festland besser angepasste Feldgrau.

Eine besondere, zum Schluss recht abenteuerliche Episode dieses Kampfes ist vorüber. Der Krieg aber geht weiter."

So weit der Bericht über den Sondereinsatz des II. Bataillons/Grenadierregiment 170. Doch nun zurück zum Gros des Regiments.

Am 3. Oktober 1943, der Regimentskommandeur und sein engster Stab waren bereits am Ausladebahnhof des Regiments eingetroffen, da kam eine Nachricht durch, die das gesamte Regiment mit tiefer Trauer erfüllte.

Auf der eingleisigen Strecke waren durch russische Bombenangriffe die Signalanlagen ausgefallen und so kam es zum Zusammenstoß mit einem anderen entgegenkommenden Transportzug.

Der Wagen des Regimentsstabes, gleich hinter der Lok, wurde bei diesem Zusammenprall völlig zertrümmert. Bis auf einen Gefreiten wurden sämtliche Angehörige des restlichen Regimentsstabes getötet. Entsetzt und sprachlos vor Schmerz standen die Männer, die dem Unglück entgangen waren, vor den Toten. Unter den Gefallenen befanden sich auch Oberarzt Dr. Wördehoff, Oberleutnant Denz, Oberleutnant Bohnensack und Leutnant Bauer. Die Reitpferde des Regiments, im nächsten Wagen untergebracht, wurden sämtlich getötet.

Am 20. Oktober hatte Oberstleutnant Müller das gesamte Regiment wieder zur Verfügung, das sofort in den Kampf geworfen wurde.

Der russische Angriff an dieser Stelle hatte sich zum Ziel gesetzt, die deutschen Truppen südlich des Dnjepr einzukesseln und zu vernichten. Zwischen dem 21. und 23. Oktober wurden nacheinander Oberstleutnant Müller, Major Kremnitz, der mit dem II. Bataillon/Infanterieregiment 170 ebenfalls rechtzeitig eingetroffen war, Hauptmann Nessel und Hauptmann Vogt, der Chef der 14. Kompanie/Grenadierregiment 170, verwundet. Oberstleutnant Kalberlah übernahm für kurze Zeit während der erbitterten Rückzugskämpfe die Regimentsführung und wurde später von Major Jander abgelöst. Aus der Gegend südlich Melitopol zog sich das Regiment kämpfend bis zum 30. Oktober 1943 vor weit überlegenem Feind bis an und schließlich über den Dnjepr in die Gegend von Melowoje zurück. Bereits am 26. Oktober wurde Dnjepropetrowsk geräumt. Am 27. Oktober hatte das ganze Regiment noch eine Kampfstärke von 170 Mann. Erst auf dem Südufer des Dnjepr bei Melowoje gelang es, eine neue Verteidigungsstellung zu beziehen. Dem Regiment gegenüber, am Nordufer, lagen nur schwache sowjetische Kräfte. Der Fluss fror allmählich zu und das Grenadierregiment 170 erhielt eine kleine Atempause.

Die Hauptkampflinie wurde rasch ausgebaut. Eine Marineeingreifeinheit wurde zur Verstärkung herangezogen. Stoßtruppunternehmen stellten feindbesetzte Bunker am anderen Ufer fest.

Hier am Dnjepr, zwischen Beryslaw und Cherson, richtete sich auch der Regimentsstab ungefähr 500 Meter hinter der Hauptkampflinie ein. Die Bataillonsstäbe und Trosse kamen hinzu. Der neue Regimentskommandeur, Oberst Dorenbeck, traf – aus Frankreich kommend – beim Regiment ein.

Die Bataillone und Kompanien erhielten Nachersatz. Gleichzeitig wurden Waffen, Geräte, Ausrüstung und Bekleidung ergänzt. Hochwillkommen war vor allem die gelieferte Winterbekleidung wie Pelzmäntel, Filzstiefel, warme Unterkleidung und dergleichen mehr. Leutnant Schwald berichtet darüber:

„Vor allem war ich glücklich über einen Schaffellmantel, denn ich war bei der grimmigen Kälte viel im Freien und auf Achse. Der Mantel schützte mich vor den gröbsten Witterungsunbilden. Eben war ich damit wieder im Gelände, als ich auf den ‚Neuen' stieß. Als ich meine Meldung ‚gebaut' hatte, rief der neue Regimentskommandeur entgeistert:

‚Was, Sie sind Offizier meines Regiments? Ja, wie kommen Sie denn daher? Sie schauen ja aus wie ein Eskimo. Ich verbitte mir, dass meine Offiziere in einem solchen Aufzug herumlaufen. Nehmen Sie sich ein Beispiel an mir! Ich trage solche Kleidung nicht. Die derzeitige Kälte ist durchaus erträglich.'

Und die Moral von der Geschichte, ich bin gesund geblieben und der Regimentskommandeur musste mehrere Tage das Haus hüten. Wegen – Erkältung und erfrorener Ohren."

Um das eintönige Leben in dieser Stellung etwas aufzulockern, hatte sich ein Hauptmann des Regimentsstabes etwas Neues ausgedacht. Und das liest sich aus der Sicht des späteren Major Schwald folgendermaßen:

„Dieser Hauptmann schätzte die Kameradschaft und die Geselligkeit und wollte beides auch entsprechend pflegen. Seine Unterkunft lag so, dass sie vom Feind nicht eingesehen werden konnte. Nach Eintritt der Dunkelheit hängte er dann und wann an der Rückseite seiner Kate eine Lampe aus, um die rotes Papier gehüllt war. Dies war für Eingeweihte das Zeichen, dass neuer ‚Stoff' in Form von Alkoholika eingetroffen war und abends ein geselliges Beisammensein stattfinden würde. Manche frohe Stunde hat unser guter ‚Herbergsvater von der roten Ampel' uns solcherart bereitet. Man wird mir nicht glauben, wenn ich den Zivilberuf unseres damaligen Wohltäters verrate. Er war – Pfarrer! Und nun ist auch wohl jedem Leser klargeworden, wer unser Herbergsvater war." (Der liebenswerte und allseits verehrte Hauptmann Dürr!) Inzwischen hatte der russische Vorstoß im Süden der Ostfront auch die Zugänge bei Perekop auf die Krim gesperrt. Damit war die Krim zur Insel geworden und die 17. Armee von allen Landverbindungen abgeschnitten.

Das II. Bataillon/Grenadierregiment 170, das nach Auffrischung am 1. Dezember 1943 in Friedheim nördlich von Beryslaw am unteren Dnjepr eingesetzt war, musste seine Stellungen selbst brauchbar machen, denn hier waren so gut wie keine Vorbereitungen getroffen worden. Hauptmann Beutner, der am 11. Oktober 1943 die Bataillonsführung übernommen hatte, erhielt bei der Besichtigung dieser selbstgeschaffenen Stellungen vom Divisionskommandeur, Generalleutnant Böhme, ein besonderes Lob.

Nachdem diese „mistige" Arbeit beendet war, erhielt das I. Bataillon/Grenadierregiment 170 am 3. Dezember 1943 den Befehl, sich nach rechts, in die Höhe Smijewka – Dremailowka zu verschieben, um dort eine neue Stellung zu beziehen. Aus diesem Zeitraum des Winterkampfes am Dnjepr hat der damalige Feldwebel Wolfenstetter, von der 8. Kompanie/Grenadierregiment 170, einen Bericht erstellt, der die Lage beleuchtet und Aufschlüsse gibt. Er sei hier gebracht.

„Wir fürchteten das Schlimmste, als wir von dieser Verschiebung hörten. Aber mit der gewohnten Disziplin wurde am anderen Tage dieser Befehl ausgeführt.

Der neue Abschnitt war etwa drei Kilometer breit, von Wasserläufen durchzogen und bewaldet. Abermals begannen – da auch hier wie gefürchtet keine Stellungen vorhanden waren – die Schanzarbeiten unter Führung von Hauptmann Naske, der das Bataillon nunmehr übernommen hatte.

Außer Störfeuer, das hin und wieder geschossen wurde, verhielt sich der gegenüberliegende Gegner ruhig. Die Verpflegung war in dieser Zeit sehr gut. Marketenderwaren und Zulagen erfreuten das Landserherz und – seinen Magen. Das II. Bataillon/Grenadierregiment 170 feierte in diesem Abschnitt das schönste Weihnachtsfest des gesamten Russlandfeldzuges." So weit Feldwebel Wolfenstetter.

Bereits eingangs Januar 1944 wurden die ersten Teile des Grenadierregiments 170 im Motor- und Eisenbahntransport nach Nikolajew am Bug transportiert. Von dort wurden sie im Lufttransport über Odessa auf die Krim übergeführt. Dies war eine wahre Höllenfahrt. So, wie die Junkers Ju 52 in Nikolajew (Mykolajiw) beladen wurden, stiegen sie einzeln zum Flug nach Odessa auf. Erst hier sammelten sie sich zu Pulks von ungefähr zwanzig Maschinen. In jeder Junkers Ju 52 waren ungefähr 18 Mann mit ihrer gesamten Ausrüstung untergebracht. Eine Dreiviertelstunde war von Nikolajew aus jede Junkers Ju 52 in der Luft, ehe sie in Odessa landete. Von Odessa bis Karankut, circa 20 Kilometer südlich Djankoj, brauchten dann die geschlossen im Tiefflug über See schwirrenden Junkers Ju 52 zwei Stunden. Der schwere

Tross blieb auf dem Festland zurück und marschierte in den nächsten Tagen nach Rumänien, in die Gegend von Buzău. Bis zum 30. Januar waren sämtliche Teile der 73. Infanteriedivision – mit Ausnahme des II. Bataillons/Grenadierregiment 170 – auf der Krim und standen eingangs Februar an der Kertschfront im Einsatz.

Das II. Bataillon/Grenadierregiment 170 war die letzte Einheit des Regiments, die noch am Dnjepr kämpfte. Aber auch sie wurde am 1. Februar 1944 alarmiert, musste ihren Abschnitt an ein Füsilierbataillon übergeben und setzte sich in der Nacht zum 2. Februar nach Snigirewska in Marsch.

Lassen wir wieder Feldwebel Wolfenstetter berichten, wie er den „Big lift" auf die Krim mit seinem Bataillon erlebte:

„Bei strömendem Regen erreichten wir Snigirewska. Die kämpfende Truppe nebst den Funktionsunteroffizieren mit den wichtigsten Unterlagen und dem Gerät wurden hier auf der Kleinbahn verladen. Unter heftigen Regenschauern, bei nasskalter Witterung rollten die offenen Waggons, vollgepfropft mit Soldaten, nach Nikolajew. Unser Tross wurde dem Regimentstross unterstellt. Dieser blieb auf dem Festland. In Nikolajew warteten bereits die Junkers Ju 52 Transportmaschinen. Die Verladung ging rasch vonstatten, der Start ebenso, sodass der Flug – entgegen dem Flug der vorher übergeführten Regimentsteile – im geschlossenen Verband nach Karamkut gehen konnte. Unterwegs hatten wir keine Feindberührung.

Mit Hilfe von Lastwagen wurde dann die Truppe und das Gerät zum Sammelpunkt Djankoj gefahren. Die Krim hatte uns wieder.

Das II. Bataillon/Grenadierregiment 170 wurde nunmehr von Hauptmann Stadelbauer geführt.

Nach zwei Ruhetagen und Zuweisung von Pferden wurde das Bataillon geschlossen am 7. Februar 1944 in einen Transportzug verladen und nach Bagarowo gefahren. Dort Ausladung und Verladen des Geräts auf zugeteilten Panjewagen. Abmarsch bei schlechten Bodenverhältnissen nach Skasie-Fontan. Vereinzeltes Artilleriestörfeuer, bei dem wir einen Toten zu beklagen hatten."

Damit war das gesamte Grenadierregiment 170 im Verbande der 73. Infanteriedivision wieder auf der Krim.

Die Krim

Kampf bis zum bitteren Ende – Die 73. Infanteriedivision völlig aufgerieben – Das Sammeln der Reste

Die Krim wurde mit insgesamt 13 deutschen und rumänischen Divisionen von der 17. Armee unter Generaloberst Jaenecke gehalten.

Nachdem die 13. Panzerdivision zur 6. Armee verlegt worden war, stand auf der Krim keine einzige Panzerdivision mehr zur Verfügung. Lediglich zwei Sturmgeschützbrigaden waren vorhanden und diese waren es, die die feindlichen Panzerverbände im Verein mit der Panzerabwehrkanone und vor allem mit der 8,8-cm-Flakkanone aufhielten und vernichteten.

Es war die Sturmgeschützbrigade 191 unter Major Alfred Müller, einem der erfahrensten Sturmgeschützkommandeure. Diese Brigade war den Männern des Grenadierregiments 170 gut bekannt, hatte sie doch bereits die Absetzbewegungen von Noworossijsk bis Kertsch gesichert und feindliche Panzerverbände vernichtet. Für diese Leistung war Alfred Müller am 13. Dezember 1943 das Eichenlaub zum Ritterkreuz verliehen worden.

Die zweite war die Sturmgeschützbrigade 279 unter Hauptmann Hoppe. Hinzu kamen die Heeresflakabteilung 275, die Heeresflakabteilung 279 und die 9. Flakdivision unter General Pickert mit ihren gefürchteten 8,8-cm-Flakkanonen.

An der Straße von Kertsch war das V. Armeekorps unter General Allmendinger eingesetzt. Die 73. Infanteriedivision war eine der beiden deutschen Divisionen dieses Korps. Hinzu kamen die 6. rumänische Kavalleriedivision unter Eichenlaubträger Oberst Theodorini und die 3. rumänische Gebirgsdivision.

Das war der „Ostwall der Krim", während im Norden das XXXXIX. Gebirgskorps, General der Gebirgstruppe Konrad, die Enge von Perekop sperrte. Das I. rumänische Gebirgskorps sicherte die Region der Südküste und war zur Partisanenbekämpfung eingesetzt.

So stellte sich die Lage im Februar 1944 auf der Krim dar.

Unter Oberst Dorenbeck bildete das Grenadierregiment 170 bei Kertsch die Brigade Dorenbeck. Das Regiment war bei Kertsch und beiderseits Kertsch in Stellung gegangen. Die russischen Angriffe im Februar wurden abgewehrt. Von der Südmole von Kertsch bis nördlich des Königshügels hatten die Grenadiere des II. Bataillons/ Grenadierregiment 170 abermals unausgebaute Stellungen bezogen. Die Granatwerfer- und schwere Maschinengewehrgruppen waren auf die Schützenkompanien aufgeteilt worden. Wieder begannen die Schanzarbeiten. Diesmal für das ganze Regiment. Schnee wechselte mit Tauwetter und Frost ab. Die Wohnbunker füllten sich kniehoch mit Wasser. Kleinere Angriffe des Gegners wurden abgewiesen und schubweise konnten die Grenadiere zur „Frankenhöhle" nach Bulganak fahren, um dort einen Film zu sehen und zu baden. Sturm, dicke Wolken und Regen kamen auf. Die Gräben verschlammten immer mehr. Bei der Abwehr eines großen Feindangriffes wurde die Brigade Dorenbeck im Wehrmachtsbericht genannt.

Der kleine Tross wechselte öfter, dennoch gab es regelmäßige Verpflegung; und Munition war immer zur Verfügung.

Ende März kam der alte Bataillonskommandeur, Major Kremnitz, wieder zum II. Bataillon/Grenadierregiment 170 zurück und führte nunmehr, wie gewohnt, die Verteidigung des Bataillonsabschnittes.

Schon seit Mitte März wusste jeder Landser des Regiments, dass nun bald der Gegner auch hier, in der Parpatschenge, oder bei Perekop, angreifen würde, denn der deutsche Brückenkopf Nikopol war gefallen.

Die Front der im Norden auf dem Festland anschließenden Heeresgruppe A war bis auf den Dnjestr zurückgedrückt. Nächstes Ziel der Sowjets war Odessa, die Nachschubbasis der 17. Armee. Nun musste Stalin auch zum Schlag gegen die Krim ausholen.

Dieser Schlag begann am 7. April 1944. Das war jedoch nur ein Scheinangriff, denn am 8. April trat die 4. ukrainische Front unter Armeegeneral Tolbuchin mit zwei Armeen gegen die Stellungen des XXXXIX. Gebirgsarmeekorps an. 500 Panzer und 18 Infanteriedivisionen erstrebten den Durchbruch. Drei deutsche Infanteriedivisionen wollten ihn vereiteln. Der Tartarenwall, zweieinhalb Jahre vorher Kampffeld der 73. Infanteriedivision, wurde von den anstürmenden Divisionen überrollt. Das deutsche Gebirgskorps erhielt das Stichwort „Adler". Das bedeutet: Rückzug auf Sewastopol.

Damit hatte die Stunde für das V. Armeekorps geschlagen. Dieses Korps und damit auch die 73. Infanteriedivision erhielt den Befehl zum Rückzug in die Gneisenaulinie.

Das bedeutet einen Marsch von über 250 Kilometern. Ein gnadenloses Wettrennen begann. Verfolgt von der „Selbstständigen Küstenarmee" des Armeegenerals Jeremenko, mit zwölf Schützendivisionen, einer Panzerbrigade und einer ganzen Luftarmee, kämpften sich die 73. und 98. Infanteriedivision mit den beiden rumänischen Divisionen zurück.

Am Abend des 10. Aprils 1944 begann gegen 21.00 Uhr der Rückzug aus den Stellungen bei Kertsch. Die Brigade Dorenbeck war bis zuletzt am Feind. Dann sicherte sie mit unterstellten Sturmgeschützen den Rückzug der Division auf Marienthal. Dort angekommen, besetzte Oberst Dorenbeck mit seiner Kampfgruppe die erste Auffangstellung mit dem I. und II. Bataillon/Grenadierregiment 170. Unter Führung von Hauptmann Dürr sammelten hier sämtliche Trosse des Regiments und setzten sich in Richtung Parpatschenge – Simferopol in Marsch. Diese Gruppen wurden immer wieder durch feindliche Luftstreitkräfte mit Bomben angegriffen und erlitten schwere Verluste an Menschen und Tieren.

In einer kleinen Ortschaft musste Hauptmann Dürr den Befehl zum Vernichten sämtlichen Materials, zum Verbrennen des Papierkrams und auch zur Sprengung der Feldküchen geben. Mit den „entrümpelten“ Fahrzeugen konnten die überlebenden Angehörigen des Trosses, zumeist alte Soldaten, den Marsch nach Sewastopol fortsetzen.

Von russischen Panzern verfolgt, musste sich das II. Bataillon/Grenadierregiment 170 infolge offener Flanken auf die Parpatschenge zurückziehen. Als das Bataillon dort ankam, hatten die Sowjets Simferopol bereits genommen. Danach war der geplante Rückzugsweg abgeschnitten und russische Panzerrudel konnten jederzeit im Rücken des noch in der Parpatschenge kämpfenden V. Armeekorps auftauchen. Deshalb entschloss sich das Korps, nach Süden einzudrehen und nunmehr den Rückmarsch über die Küstenstraße und zwar über Sudak – Jalta nach Westen fortzusetzen.

In wilder Fahrt, fast ständig von feindlichen Panzerrudeln und Bombergeschwadern, von Tieffliegern und „Schlächtern“ angegriffen, kämpften sich die Einheiten zurück. Sewastopol war das Ziel. Wer es erreichte, der war – wenigstens vorläufig – in Sicherheit.

In Karagush, nördlich von Feodossija, trat die Kampfgruppe Dorenbeck am 13. April zum Marsch nach Schalja an. Hier waren auch die wenigen Leute des Grenadierregiments 213 zur Kampfgruppe gestoßen. Sie bildeten die Spitze des Zuges, der sich nicht über Stary Krim, sondern über einen nach Norden ausholenden Weg nach Westen bewegte.

Hauptmann Graber, Bataillonskommandeur im Grenadierregiment 213, übernahm die Führung der Spitzengruppe. Als diese in Schalja eintraf, erhielt sie Befehl, die Passstraße Stary Krim – Schalja gegen den nachdrängenden Feind zu sichern. Die rechtzeitige Sprengung einer Brücke verhinderte das rasche Nachstoßen feindlicher Panzer. Hauptmann Graber gelang es mit einem Sturmgeschütz, einer Panzerabwehrkanone auf Selbstfahrlafette und einer Handvoll Männer bis zum Mittag diese Straße zu halten, bevor der Befehl zum Absetzen kam.

Es ging am 14. April durch das partisanenverseuchte Jailagebirge. Schwere Bomber griffen an, Schlachtflugzeuge flitzten über die Kolonnen hin. Partisanen ermordeten einzeln durch das Gebirge zurückgehende kleine Gruppen. Die Frühjahrssonne brannte vom Himmel. Oberst Dorenbeck erreichte mit der zusammengeschmolzenen Kampfgruppe am Abend des 14. Aprils die inzwischen von Hauptmann Beutner notdürftig ausgebaute zweite Festungslinie, um diese als erste Hauptkampflinie zu beziehen. Wichtigster Punkt war die „Adlerhöhe“ im Jailagebirge, die folgendermaßen besetzt wurde:

Rechts: 6. Kompanie/Grenadierregiment 170; an das Grenadierregiment 213 angeschlossen.
Mitte: 7. Kompanie/Grenadierregiment 170.
Links: 5. Kompanie/Grenadierregiment 170 bis zur Hauptstraße Jalta – Sewastopol.

Während der ersten Tage der verstärkten Schanzarbeit führte Oberleutnant Gehring das II. Bataillon/Grenadierregiment 170. Die Rumänen lösten am Abend des 16. Aprils das Bataillon ab, das für zwei Tage in die dritte Linie zurückgehen und der Ruhe pflegen konnte.

Am 18. April abends besetzte es erneut die Höhe. Das gesamte Grenadierregiment 170 war vom 18. April 1944 an, in stark dezimierte Kampfgruppen gegliedert, im Südteil des Festungsgeländes von Sewastopol eingesetzt. Besonders auf der Sapunhöhe. Oberst Dorenbeck fiel hier durch einen Unfall aus. Er erhielt für seine Führung das Ritterkreuz.

In den Morgenstunden des 19. Aprils eröffneten die Sowjets ihre Angriffe auf die Stellungen des Grenadierregiments 170. Wiederum haben wir von Feldwebel Wolfenstetter einen Bericht über jenen Abschnitt des Kampfes, der die Gesamtdarstellung glücklich ergänzt:

„Mit Artilleriegranatwerferfeuer und Panzerunterstützung traten die Sowjets am 19. April 1944 gegen die ‚Adlerhöhe‘ an. Braungekleidete Rotarmisten stürmten in dichten Ketten vorwärts, erreichten den Feuerbereich der Maschinengewehre und – brachen zusammen. Immer wieder wurden die Angriffe vorgetragen. Auch am 20. und 21. April versuchten es die Sowjets ständig, die Höhe zu gewinnen.

Die Kampfkraft der Verteidiger schmolz mehr und mehr dahin. Die Reihen lichteten sich. Bomber und Schlachtflieger verwandelten die Höhe in eine Hölle aus Stahl und Flammen. So mancher alte Kamerad erlitt hier den Soldatentod, während die wenigen Überlebenden später für die Verteidigung der ‚Adlerhöhe‘ das Eiserne Kreuz I. Klasse erhielten.

Endlich traf Verstärkung ein. So konnte die ‚Adlerhöhe‘ bis zum 24. April gehalten werden und wurde an diesem Tage einem ablösenden Füsilierbataillon übergeben.

Nach einem Ruhetag bezog das II. Bataillon/Grenadierregiment 170 den Abschnitt des Grenadierregiments 213. Hier war dem Gegner ein Einbruch gelungen. Zur Bereinigung wurde die 5. Kompanie/Grenadierregiment 170 mit Teilen der 8. Kompanie/Grenadierregiment 170 angesetzt. Trotz schwerer Verluste gelang es, den Einbruch abzuriegeln und den eingedrungenen Gegner zu vernichten. Die Sowjets karrten nun alles an Verstärkungen heran, was sie hatten, um einen Durchbruch auf Sewastopol zu erzielen. Bis zum 5. Mai 1944 gelang es allen Teilen der Division ihre Stellungen zu halten. An diesem Tage aber, gegen 09.30 Uhr, eröffneten die Sowjets ihren Großangriff auf Sewastopol mit einem Trommelfeuer aus 400 schweren Geschützen und 400 Stalinorgeln. Und zwar an der Nordfront.

‚Das ist der Auftakt, bald geht es auch bei uns los!', orakelten die Männer des Grenadierregiments 170.

Major Hermann Scharnagel, Kommandeur des Pionierbataillons 73, beim Rückzugskampf aus dem Kubanbrückenkopf mit dem Ritterkreuz ausgezeichnet, der nach Ausfall von Oberst Dorenbeck die Regimentsführung übernommen hatte, stellte die Männer zur Abwehr des bevorstehenden Angriffes bereit. Nach dem Artilleriefeuerschlag und Einsatz von rund 100 Schlachtfliegern traten sowjetische Verbände zum Angriff auch im Osten und Süden der Sewastopolfront an.

Der Großangriff rollte auf der gesamten Front. Die Küstenarmee unter General Jeremenko hatte auf jeden Kilometer Angriffsfront 200 Geschütze aufgefahren.

Nun stürmten die Rotarmisten gegen die schwachen Regimenter der 73., der 111. und der 98. Infanteriedivision an. Auf den Sapunhöhen, bereits aus dem Krimkrieg von 1855 bekannt, kämpften die Männer des Grenadierregiments 170. Major Scharnagel war überall. Er tauchte bei der 7. Kompanie auf, die hart vom Feind bedrängt wurde und sich schließlich absetzen musste. Das gesamte II. Bataillon machte Stellungswechsel zur nächsten Auffanglinie. Dicht verfolgt von den Sowjets, immer wieder im Feuerhagel russischer Salvengeschütze, fanden bei diesen Absetzbewegungen auch der Bataillonsführer, Hauptmann Stadelbauer, und der Bataillonsadjutant, Oberleutnant Zech, sowie der Chef der 13. Kompanie/Grenadierregiment 170, Hauptmann Büchl, den Tod. Ein großer Teil der 5. Kompanie/Grenadierregiment 170 geriet gemeinsam mit ihrem Chef, Oberleutnant Stärker, in russische Gefangenschaft. Kurz vorher waren die Chefs der 6. und 7. Kompanie durch Tod und Verwundung ausgefallen. Die Gefallenen des Bataillons, die geborgen werden konnten, wurden beim Elektrizitätswerk mit militärischen Ehren beigesetzt.

Am 8. Mai wurde die Adlerhöhe aufgegeben, bei den Gefechten mit nachdrängenden russischen Soldaten fand Major Hermann Scharnagel den Tod. Er wurde noch zum Eichenlaub des Ritterkreuzes eingegeben, das ihm postum am 30. September 1944 verliehen wurde. Oberstleutnant Civkowitz übernahm die Führung des Regiments.

Der Kampf ging dem Ende entgegen. An diesem 8. Mai 1944 betrug die Gesamtstärke der 17. Armee noch 50.000 Mann. Es begannen die Überführungsfahrten von der Krim nach Konstanza. Ebenfalls am 8. Mai 1944 ließ Generaloberst Schörner ein Fernschreiben an das Führerhauptquartier absetzen, mit folgendem Inhalt:

‚Antrag auf Räumung, da weitere Verteidigung Sewastopols nicht mehr möglich.'
Um 23.00 Uhr dieses Tages gab Hitler endlich seine Zustimmung und am 9. Mai um

02.15 Uhr hielt General Allmendinger den Befehl zur Räumung der Festung in den Händen. Der Rückzug aus der Festung auf den letzten Riegel – die Chersonesstellung – wurde vollzogen. Schiffe fuhren dicht unter Land, darunter die „Totila“ und die „Teja“. Beide Schiffe, die in der Nacht und in den frühen Morgenstunden des 10. Mai 4.000 und 5.000 Soldaten an Bord nahmen, wurden von Fliegerbomben getroffen. Am Morgen um 08.15 Uhr sank die „Totila“. Die „Teja“ wurde gegen 15.00 Uhr vom gleichen Schicksal ereilt Von den 9.000 Soldaten, darunter auch Angehörige des Grenadierregiments 170, ertranken 8.000.

In der Nacht zum 12. Mai 1944 erhielt das II. Bataillon/Grenadierregiment 170 den Befehl zur Einschiffung. Während dieser Stunden ging auf das gesamte Grenadierregiment 170 ein pausenloses Trommelfeuer und Luftbombardement nieder. Eine geschlossene Führung war nicht mehr möglich. Gruppenweise gingen die Männer an Bord der Prahme und U-Jäger und fuhren Konstanza entgegen.

General Böhme, der Divisionskommandeur, blieb in seinem Gefechtsstand. Er wollte keinem Soldaten seiner Division einen Platz wegnehmen. Er schickte seine Männer zu den Landungsstellen. Als letzter ging Oberstleutnant Becker, Ia der Division, in den letzten Prahm.

Der Kampf auf der Krim war zu Ende. Es wurde ein Untergang, der beinahe die Ausmaße von Stalingrad erreichte.

57.500 Tote und 20.000 Vermisste hatte diese Halbinsel gekostet, die zum Schicksal auch der 73. Infanteriedivision und auch zum Untergang für das Grenadierregiment 170 geworden war. Stellvertretend für alle anderen Einheiten des Regiments sei hier die 7. Kompanie/Grenadierregiment 170 genannt, von welcher der Hauptfeldwebel und ein Gefreiter zurückkehrten.

Im Raume um Buzău in Rumänien wurden ab dem 13. Mai 1944 die restlichen Teile der Division gesammelt. Die Reste des II. Bataillons/Grenadierregiment 170 erreichten von Konstanza aus im Bahn- und Lkw-Transport über Smirna, ostwärts Bukarest, die Walachei, den Auffangraum der 73. Infanteriedivision, wo die Trosse inzwischen eingetroffen waren. Letztere hatten – weil sie nicht auf die Krim übergeführt worden waren – das Debakel überstanden. Hier erst hatten die Kämpfer der Krim Gelegenheit, einmal auszuschlafen und die fürchterlichen Bilder des Grauens und der Verzweiflung zu begraben. Vergessen würden sie sie nie.

Bis Ende Mai war die Division in Buzău versammelt. Das Grenadierregiment 213 wurde neu aufgestellt und erhielt die neue Bezeichnung Grenadierregiment 70.

Dann wurden die Einheiten im Bahntransport in den ungarischen Raum Erlau – Miscolc verlegt, wo die Divisionsneuaufstellung mit allen Teilen und den Neuzugängen beschleunigt durchgeführt wurde. Hier traf eingangs Juni 1944 auch der neue Divisionskommandeur, Generalleutnant Dr. Franek, ein, der vorher die 44. Infanteriedivision (Hoch- und Deutschmeister) geführt hatte. Die Neuaufstellung machte Fortschritte. Dennoch war es für diejenigen, die dem Debakel auf der Krim entkommen waren, das „wahre Paradies", wie einer der eisgrauen Stabsgefreiten glaubhaft versicherte. Es gab Urlaub und auch Wochenenderholung in den ungarischen Bädern Tapolcafürdő und Lillafüred, Theaterbesuche in Miscolc, Einladungen von Seiten der ungarischen Bevölkerung und Truppen, Platzkonzerte, Zigeunermusik in den ungarischen Weinkellern und den weltberühmten „Erlauer Stier"; ein Weinchen, das sämtliche Herzen höher schlagen ließ.

Diese Ruhezeit brachte auch wieder einige humoristische Einlagen, von denen eine hier abermals aus der Feder von Major Schwald eingeschoben werden soll:

„Im Juni 1944 wurden mein Freund Tenner und ich zum Divisionsstab versetzt. Wir bekamen vielschichtige Aufgaben, unter anderem auch die, unserem Divisionsarzt beim Kartenspiel Gesellschaft zu leisten. Das Spiel, zu dem neben Tenner und mir auch der Adjutant des Divisionsarztes, Oberarzt Dr. Ebert, befohlen wurde, verlief meistenteils reibungslos. Kritisch wurde es erst, wenn der Divisionsarzt im „Keller" saß, das heißt: wenn er verlor.

Er machte dann von seiner Körpergröße Gebrauch und nahm durch intensives Spähen manche Anleihe in des Nachbars Karten auf. Außerdem mussten die Mitspieler harte Kritik und viele Rügen einstecken.

Als Tenner wieder einmal wegen angeblich mangelhaften Spiels heftig beanstandet wurde, platzte ihm der Kragen und begegnete den Ausführungen des Divisionsarztes mit den Worten:

‚Herr Oberstabsarzt, ich habe auch nicht den Überblick wie Sie!'

Künftig sind dann Beanstandungen größeren Ausmaßes ausgeblieben." Allerdings blieb auch nicht mehr zu viel Zeit zu solchen bequemen Spielchen oder Exkursionen in die ungarischen Weinstuben, denn am 22. Juni 1944 – genau am Jahrestag von „Barbarossa" – traten vier sowjetische Fronten im Abschnitt der Heeresgruppe Mitte zum Generalangriff mit der Codebezeichnung „Bagration" an. Zweieinhalb Millionen russische Soldaten, 45.000 Geschütze, 4.500 Flugzeuge und über 6.000 Panzer und Sturmgeschütze traten an, und unter dieser Feuerwalze ging eine ganze deutsche Heeresgruppe zu Grunde. Die Rote Armee stürmte vorwärts und sie, die nur ungefähr 130 Kilometer nach Westen Boden gewinnen wollte, kam erst rund 600 Kilometer weiter westlich an der ostpreußischen Grenze zum Stehen. Sie hatte auf diesem Wege 28 deutsche Divisionen einfach in den Boden gewalzt – darunter auch die 296. Infanteriedivision mit dem Grenadierregiment 521 – und 350.000 deutsche Soldaten vernichtet. Eine Katastrophe, größer als Stalingrad und größer, als es jemals verkraftet werden konnte, hatte sich ereignet und forderte gebieterisch den Einsatz der noch nicht wieder voll aufgefüllten 73. Infanteriedivision. Die Division trat zu ihrem letzten Gang an.

Dem Ende entgegen

Der Einsatz im Raume Warschau – Kämpfe im großen Weichselbogen bei Modi – Thorn wird verteidigt – Der Ausbruch! Untergang der „Goya" – Das Ende und die Gefangenschaft

Die Rote Armee stand im Juli 1944 bereits vor Warschau, als die 73. Infanteriedivision als „Feuerwehr" im Bahntransport nach Warschau in Marsch gesetzt wurde. Am 20. bis 22. Juli trafen die Divisionseinheiten in Warschau ein. Von hier aus wurden die Regimenter ungefähr 40 Kilometer weiter nach Osten gefahren und auf der Linie Garwolin (Grenadierregiment 170) – Parysów (Grenadierregiment 70) – Latowicz (Grenadierregiment 186) eingesetzt. Die Division war eigentlich zum Einsatz in Kurland vorgesehen gewesen, aber die Ereignisse brachten sie nunmehr in den Bereich des Armeeoberkommandos 9 (General von Vormann). Bei der Ankunft in Warschau konnten die Männer des Grenadierregiments 170 die fluchtartigen Rückzüge der rückwärtigen Einheiten, der Zahlmeister und Wehrmachtshelferinnen, beobachten. Auf der nördlichen Weichselseite kam das Grenadierregiment 170 zum Einsatz, und zwar einige Kilometer von Rembertów entfernt. Das Regiment wurde hier dem IV. Waffen-SS-Panzerkorps unter SS-Obergruppenführer Gille unterstellt. Die beiden Divisionen des Korps – die Divisionen „Wiking" und „Totenkopf" – waren bereits in heftige Kämpfe mit dem III. sowjetischen Armeekorps der 2. Gardepanzerarmee verwickelt.

Da die 73. Infanteriedivision einen sehr breiten Geländestreifen zu besetzen hatte, waren Lücken unvermeidlich. Durch diese Lücken stürmten russische Panzerrudel mit aufgesessener Infanterie. Diese Rudel bedrohten mehrfach den Divisionsgefechtsstand. Dem O3 der Division gelang es immer wieder, russische Funksprüche zu entschlüsseln und somit die Feindbewegungen exakt vorauszusagen. Diese Funksprüche besagten, dass die roten Panzer den Auftrag hatten, die einzige Straße, die an die deutsche Front führte, zu besetzen und dem Nachschub den Weg abzuschneiden.

Hier kam es zu einem interessanten Intermezzo. Und zwar war eben ein Oberleutnant, Führer eines Panzerzuges aus Rembertów, zur Division gekommen. Als er sich mit den Leistungen seines Panzerzuges brüstete, musste ihm der Ic der Division mitteilen, dass dieser Panzerzug von russischen Panzern vernichtet worden sei. Er hatte diese Meldung über Russenfunk aufgefangen.

Um der Bedrohung durch russische Panzer auszuweichen, wurde der Divisionsgefechtsstand einige Kilometer weiter südlich verlegt. Aber durch die Funküberwachung wurde bekannt, dass die Russen sich nunmehr auf den neuen Gefechtsstand konzentrieren wollten. Der O3 wurde nunmehr beauftragt, den linken Nachbarn – das Panzerkorps „Großdeutschland" – zu bitten, einige Panzer zur Verfügung zu stellen, um mit ihnen dem russischen Panzerspuk ein Ende zu bereiten. Die Zuführung einer Panzerkompanie wurde auch zugesagt. Doch als der O3 sich gerade auf dem Weg zur Division befand, strömten ihm schon die Nachschubeinheiten der Division in wilder Flucht entgegen. Darunter befanden sich auch einige Angehörige des Divisionsstabes und der Offizier erfuhr, dass ungefähr fünfzehn Feindpanzer das Försterhaus, in dem der Divisionsgefechtsstand eingerichtet war, genommen hatten. In einem Kübelwagen hatte der Divisionskommandeur sich mit dem IIa und dem Ic noch durchschlagen wollen. Der Wagen blieb jedoch mitten im Wald in knietiefem Sand stecken. So wurden diese Offiziere und der Divisionskommandeur gefangen genommen, während sich der Ia der Division (Oberstleutnant Becker) und der O1 (Leutnant Schwald) durch einen kühnen – in die Divisionsgeschichte als Fenstersprung von Wiązowna eingegangen – Sprung aus dem Försterhaus vor der Übermacht des Feindes retten konnten.

Das Vernehmungsprotokoll des Oberleutnants Möller (Ic) wurde in einem Kuriersack der russischen Armee an das III. sowjetische Korps von der Waffen-SS erbeutet und so konnte festgestellt werden, dass Möller alles über die 73. Infanteriedivision ausgesagt hatte, was er von ihr wusste.

Als Nachfolger von Generalleutnant Dr. Franek wurde Oberst Kurt Haehling zur Division versetzt. Als neuer Divisionsgefechtsstand diente ein Schlösschen in der Nähe von Rembertów, das der O3 der Division entdeckte. Um dieses Schlösschen herum befanden sich ein Heeresmunitionslager und ein Heeresbekleidungslager. Die beiden Zahlmeister, die dort wie Fürsten residierten, erklärten, dass sie sich entschlossen hätten, das gesamte Munitionslager in die Luft zu sprengen und gleichzeitig damit auch das Bekleidungslager zu vernichten.

Leutnant Tenner erklärte ihnen hierauf, dass ab sofort die beiden Zahlmeister der Division unterstellt seien und verbot gleichzeitig die Vernichtungsaktion.

Der weitere Vorstoß der Sowjets wurde an dieser Stelle durch den Einsatz zahlreicher deutscher Geschütze wesentlich verzögert.

In dieser Phase des Kampfes gelang es Leutnant Tenner auch noch durch Abhören des russischen Funks herauszufinden, dass die russische 2. Gardearmee einen Kurier an das III. Sowjetkorps geschickt hatte. Dieser Kurier fragte beim Armeestab an, wo denn das Armeehauptquartier liege. Zuerst wollte der Armeefunker der Sowjets den Standort nicht angeben, dann aber entschloss er sich, markante Punkte zu benennen.

Daraufhin konnte der stellvertretende Ic der 73. Infanteriedivision den genauen Standort des russischen Armeestabes bestimmen und feststellen, dass sich dieser in einem Waldstück, sieben Kilometer entfernt, befand. Oberst Haehling, der von der Artillerie kam, befahl sofort einen Feuerschlag von 120 Geschützen aller Kaliber, wodurch der russische Armeestab vernichtet wurde, denn nach einer gewissen Pause tastete der Armeefunker folgenden Text an die russische Heeresgruppe:

„Der große Wirt ist tot! – Der kleine Wirt ist auch tot!“

Dadurch wurde der russische Vormarsch um 48 Stunden aufgehalten. Plötzlich brach im Rücken der kämpfenden Truppe am 1. August 1944 der Aufstand in Warschau los. Bis zum 3. August hatten die Aufständischen bereits Zweidrittel der Stadt in Besitz genommen. Sie hofften auf den massierten russischen Angriff zu ihrer Unterstützung und auf die Vereinigung mit der Roten Armee.

Aber erst als die Kraft der Aufständischen erlahmte, griffen die Sowjets mit starken Kräften an. Inzwischen war die 19. Panzerdivision unter Generalleutnant Källner auf dem Ausladebahnhof Rembertów eingetroffen und von der Rampe sofort ins Gefecht gerollt.

Die Sowjets wurden aufgehalten. Das Grenadierregiment 170 kämpfte mit dem Mute der Verzweiflung, als die Russen nun auch entlang der Weichsel angriffen. Die 73. Infanteriedivision stand diesem Großangriff völlig allein gegenüber. Eine ganze Armee rannte gegen ihre Stellungen an. Das Grenadierregiment 170 musste sich wie alle anderen Einheiten der Division auf Praga zurückziehen.

Daraufhin sprach Hitler seinen Bannfluch über die Division, die so schwere Verluste erlitten hatte. Es gab keine Beförderungen mehr, keine Auszeichnungen und keinen Urlaub. Oberst Haehling und sein Ia, Oberstleutnant Becker, kamen vor das Kriegsgericht. Generalmajor Franz Schlieper, Kommandeur der Grenadierbrigade 1132, übernahm die Divisionsführung. Er sollte nunmehr die 73. Infanteriedivision bis zum Kriegsschluss führen.

Es gelang Oberst Haehling und dem Ia, Oberstleutnant Becker, sich unter Berufung auf ihre Feindlagemeldungen, in welcher der russische Angriff mit genauem Zeitpunkt und den vorhandenen russischen Kräften auf den Tag genau gemeldet worden war, zu rehabilitieren.

Das Grenadierregiment 170 wurde nach Warschau verlegt.

Unter den russischen Truppen, die noch auf dem anderen Ufer der Weichsel standen, befanden sich auch zwei Divisionen, die aus ehemaligen polnischen Kriegsgefangenen bestanden. In der nächsten Nacht schwammen viele dieser polnischen Soldaten in russischen Uniformen ans andere Ufer und erklärten sich spontan bereit, auf Seiten der deutschen Truppen gegen die Russen weiterzukämpfen.

Tiefe sowjetische Einbrüche zwangen die 73. Infanteriedivision, sich in den großen Weichselbogen zurückzuziehen. Hier in den Stellungen zwischen Warschau und Modlin konnten sich schließlich die Einheiten des Grenadierregiments 170 im Oktober 1944, als die Front zur Ruhe gekommen war, wieder auffrischen.

Die Reorganisation der Division machte Fortschritte, auch wenn die „Goebbelsrekruten“ nicht immer kriegsverwendungsfähig waren. Oberstleutnant Hofmann

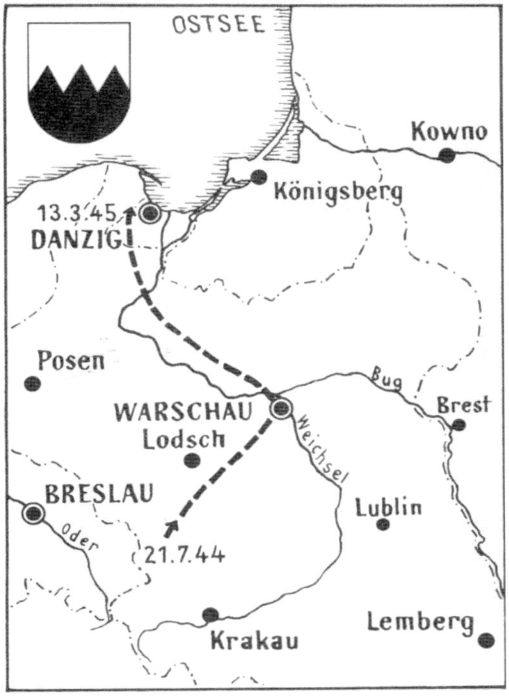

Die neu aufgestellte 73. Infanteriedivision wurde Ende Juli 1944 nach Warschau transportiert und dann ostwärts davon eingesetzt.

Warschau war nach dem Aufstand im Ghetto und dessen Niederschlagung nur noch eine Ruinenstadt.

Die Mauer zum Warschauer Ghetto, wo sich 1943 ein Aufstand erhob, der von den Deutschen blutig niedergeschlagen wurde.

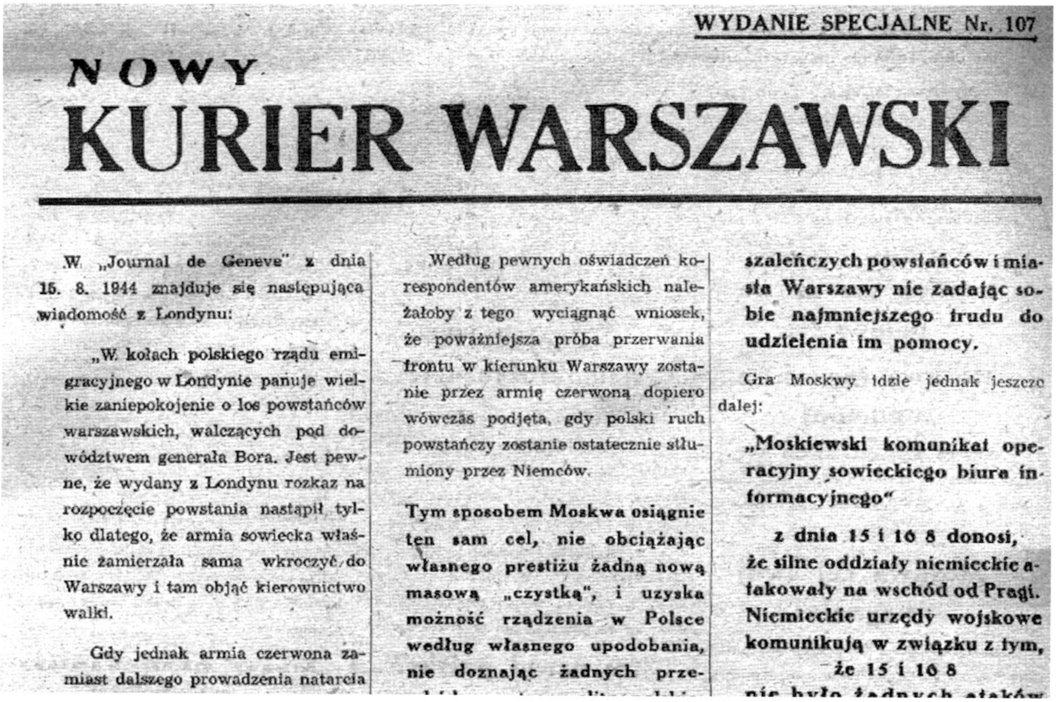

WYDANIE SPECJALNE Nr. 107

NOWY
KURIER WARSZAWSKI

W „Journal de Geneve" z dnia 15. 8. 1944 znajduje się następująca wiadomość z Londynu:

„W kołach polskiego rządu emigracyjnego w Londynie panuje wielkie zaniepokojenie o los powstańców warszawskich, walczących pod dowództwem generała Bora. Jest pewne, że wydany z Londynu rozkaz na rozpoczęcie powstania nastąpił tylko dlatego, że armia sowiecka właśnie zamierzała sama wkroczyć do Warszawy i tam objąć kierownictwo walki.

Gdy jednak armia czerwona zamiast dalszego prowadzenia natarcia

Według pewnych oświadczeń korespondentów amerykańskich należałoby z tego wyciągnąć wniosek, że poważniejsza próba przerwania frontu w kierunku Warszawy zostanie przez armię czerwoną dopiero wówczas podjęta, gdy polski ruch powstańczy zostanie ostatecznie stłumiony przez Niemców.

Tym sposobem Moskwa osiągnie ten sam cel, nie obciążając własnego prestiżu żadną nową masową „czystką", i uzyska możność rządzenia w Polsce według własnego upodobania, nie doznając żadnych prze-

szaleńczych powstańców i miasta Warszawy nie zadając sobie najmniejszego trudu do udzielenia im pomocy.

Gra Moskwy idzie jednak jeszcze dalej:

„Moskiewski komunikat operacyjny sowieckiego biura informacyjnego"

z dnia 15 i 16 8 donosi, że silne oddziały niemieckie atakowały na wschód od Pragi. Niemieckie urzędy wojskowe komunikują w związku z tym, że 15 i 16 8

Warschauer Untergrundzeitung vom August 1944. Viele Polen hofften auf eine Befreiung von der deutschen Besatzung durch die Russen, die vor der Stadt standen. Jedoch gab es auch viele Polen, die neue Unterdrückung durch das Sowjetregime fürchteten, was schließlich dann auch geschah.

Warschau war einer der europäischen Großstädte, die am meisten durch die Kriegsereignisse 1939–1945 zu leiden hatte.

übernahm hier die Führung des Grenadierregiments 170. Ende November war diese Auffrischung beendet und die gesamte Division wurde an der Weichsel, mit dem linken Flügel in Warschau und mit dem rechten Flügel etwa 20 Kilometer südlich Warschau, eingesetzt. Aus dieser Zeit besitzen wir eine Darstellung des Kameraden, Oberleutnant H. Brieger, der nun mit seinem treffenden Stimmungsbericht zu Wort kommt:

„Anfang Dezember 1944 war das II. Bataillon/Grenadierregiment 170 neu aufgestellt. Die sehr kurze Ausbildungszeit hinter der Weichselstellung wurde mit einer sechsunddreißigstündigen Übung abgeschlossen, die zur Zufriedenheit des Regimentskommandeurs, Oberstleutnant Hofmann, ausfiel. Aber 25 Prozent des Ersatzes musste nach dieser Übung ins Lazarett; keiner davon kam wieder, denn diese Männer waren solchen Anstrengungen nicht gewachsen.

Ab Ende Dezember wurde das II. Bataillon/Grenadierregiment 170 Divisionsreserve im ‚Nassen Dreieck' an der Weichsel, südlich Modlin, eingesetzt. Hier gelangte auch ein ‚Führerbefehl' zur Truppe, nach welchem keine Kompanie über den eigenen Gefechtsstand hinaus zurückgehen durfte, und dass niemand eine genau bezeichnete Linie ohne Befehl überschreiten durfte, sondern dass derjenige, der sie überschritt, erschossen würde.

Am 2. Weihnachtstag 1944 erfolgte die Ablösung des II. SS-Panzerkorps im ‚Nassen Dreieck' ostwärts von Modlin, zwischen Weichsel und Narew.

Das I. Bataillon/Grenadierregiment 170 wurde von Hauptmann Dürr übernommen. Dieser vorbildliche Offizier erklärte, unbeeindruckt durch die Befehle von oben, dass er seinen Kompanieführern freie Hand ließe, sich in Krisenzeiten selbst zu entscheiden, was für die Kompanie richtig wäre. Er führte das Bataillon mit Umsicht und Energie."

Der Beginn der russischen Großoffensive am 15. Januar 1945 um 05.00 Uhr, die mit einem ungeheuren Artillerieeinsatz begann, sah die 73. Infanteriedivision unter Generalmajor Schlieper in den neuen Stellungen. Die beiden Regimenter 70 und 186 erlitten schwere Verluste, während das Grenadierregiment 170, hinter der Weichsel liegend, kaum angegriffen wurde.

Im „nassen Dreieck" standen die Schwesterregimenter. Von den Überlegungen und den Gegebenheiten beim Grenadierregiment 170 gibt uns wieder Oberleutnant Brieger Aufschluss, wenn er schreibt:

„Am ersten Tag der russischen Großoffensive blieb meine 1. Kompanie in ihrem Quartier im Vorwerk Lomna, während wir das Feuer und Kampfgetöse über die Weichsel herüberschallen hörten. Die Feindeinbrüche wurden bis zum Abend des 15. Januars 1945 bereinigt.

Da im Abschnitt des II. Bataillons/Grenadierregiment 170 ein Übersetzen russischer Sturmtruppen über die Weichsel befürchtet wurde, erfolgte die Verschiebung des I. Bataillons/Grenadierregiment 170 noch am gleichen Tage zum Regimentsgefechtsstand hin, der am Rand des Kampinoswaldes lag.

Am frühen Morgen des 16. Januars brach jedoch die Front der beiden Schwesterregimenter vor Modlin unter dem Ansturm zwanzigfach überlegener Feindkräfte zusammen. Die Weichsel war zwischen dem II. Bataillon/Grenadierregiment 170 und Modlin ungesichert. Im Eilmarsch mussten die Kompanien die flachen Gräben an der Weichsel vor den bisherigen Quartieren erreichen und besetzen. Ich ließ einige Panjewagen freimachen und damit Maschinengewehrbedienungen mit ihren Waffen schnellstmöglich vorausfahren.

Am jenseitigen Ufer waren T-34-Panzer zu erkennen, die dort herumkurvten. Verwundete des Grenadierregiments 70 konnten sich vor dem Gegner auf einer Insel im Fluss verbergen.

Die 1. Kompanie/Grenadierregiment 170 ging dann in vorbildlicher Ordnung vor. Weitere Einheiten rückten nach. Wir sahen Kameraden vom jenseitigen Ufer aus dem Schilf winken. Einige Pioniergruppen brausten in Sturmbooten, andere paddelten mit Schlauchbooten hinüber, um die Kameraden unter Einsatz ihres Lebens zu bergen.

Am späten Nachmittag dieses 16. Januar meldete Leutnant Fuchs aus dem Abschnitt der 4. Kompanie/Grenadierregiment 170, dass nördlich seines Kompanieabschnitts dichte Schwärme Russen über die Weichsel setzten. Dieser Abschnitt sei unbesetzt. Außerdem sei allem Anschein nach die Weichsel dort zugefroren.

Hauptmann Dürr gab die Meldung an das Regiment weiter. Er bat um Artillerieunterstützung und Feuer auf dieses zugefrorene Weichselstück. Man glaubte ihm nicht.

Wenig später wurde die 1. Kompanie/Grenadierregiment 170 aus dem Bataillon herausgenommen. Sie sollte unter Führung von Feldwebel Gramling, meinem damaligen Kompanietruppführer, an der Weichsel entlang nach Czastkow zur dortigen 24-Tonnen-Brücke marschieren. Der Kompanieführer sollte mit dem Krad dorthin vorausfahren, eine Batterie Vierlingsflakanone an der Brücke zurückhalten, versprengte Füsiliere und Pioniere sammeln und die Sprengung der Brücke sichern. Darüber hinaus sollte er sich die an der Weichsel südlich der Brücke eingesetzten Trosse unterstellen, alles zu einer Kampfgruppe zusammenfassen und mit der eintreffenden 1. Kompanie/Grenadierregiment 170 als Rückgrat, diese Stelle des Weichselabschnitts unter allen Umständen halten.

Als ich an der Brücke ankam, wurde gerade ‚volle Deckung' gerufen. Rittmeister Dahmen hatte – nachdem das „Nasse Dreieck" geräumt worden war – bereits die Sprengung der Brücke befohlen. Die Vierlingsflakanone wollte soeben abfahren. Es fiel schwer, den Batteriechef zum Bleiben zu bewegen. Als ich ihn aber darauf hinwies, dass der nächste Strom in westlicher Richtung die Oder sei, bestand er nur noch darauf, selbst den Einsatz der Geschütze zu bestimmen. Das war selbstverständlich und wir einigten uns schnell. Nun ging ich – es war Nacht geworden – meiner Kompanie entgegen und fand bald einen Zahlmeister mit Trossangehörigen einer Artillerieeinheit. Sie sicherten das Ufer, hatten aber keinen Anschluss nach Süden. Es säßen dort Leute, sagten sie, die keine Antwort gäben. Ich ließ mir die Leute zeigen. Sie lagen – im Mondlicht gut zu erkennen – Kopf an Kopf in einem nach rückwärts führenden Verbindungsgraben.

Leutnant Fuchs, der Artillerieoffizier, hatte also doch richtig gesehen. Ein russisches Kommando und Maschinenpistolenfeuer genügten als Bestätigung.

Der Brückenkopf wurde nun an der Weichsel und in dem ein Kilometer entfernt liegenden Dorf abgeriegelt. Er füllte sich in der Nacht und am Vormittag des 17. Januars auf. Zur gleichen Stunde drangen sowjetische Truppen bereits in unserem Rücken in die Wälder ein.

Auch im Norden wurden wir umgangen. Von deutschen Zollbeamten aufmerksam gemacht, beobachteten wir das Vorgehen eines Feindbataillons über die Modliner Straße.

Mit einer Gruppe Panzerjäger traten wir nun geschlossen aus den Gärten heraus und – wurden von unserer Artillerie beschossen. Erst nachdem wir die Landstraße überschritten hatten, schoss auch eine russische Panzerabwehrkanone von rückwärts auf uns.

Es gelang, die russischen Sicherheitsketten im Walde zu durchbrechen und später den feindlichen Schlachtfliegern zu entkommen. Über eine Siedlung, wo uns polnische Bauern vor den Schlachtfliegern in ihren Häusern versteckten, erreichten wir Marjew. Wir waren jetzt noch zehn Mann und hatten rund fünfzeh Kilometer ununterbrochen im Laufschritt zurückgelegt. Aber wir hatten noch alles Gerät, hatten einige Fliegerangriffe heil überstanden und waren auch noch einer russischen Kompanie in die Flanke gelaufen.

Wir hatten uns nach der Sonne orientiert.

In Marjew lag der Tross einer Artillerieabteilung. Einem Hauptwachmeister gab ich Befehl, sofort die Geschütze aus der Feuerstellung zu holen. Nach einigem Hin und Her tat er dies auch. Auf der Hauptstraße erreichten wir wenig später die Reste unseres Regiments. Zwei Stunden vor unserem Absetzen von der Brücke war auch an das Regiment der Befehl zum Zurückgehen auf den Waldrand ergangen.

Die Straße war überfüllt. Alles marschierte nach Westen. In einem Haus sammelte das I. Bataillon/Grenadierregiment 170. Hier trafen wir Hauptmann Dürr mit Resten des Stabes. Sein Adjutant, Leutnant Brodik, war gefallen, ebenso Leutnant Schmidt, der Früherer der 4. Kompanie/Grenadierregiment 170. Von meiner 1. Kompanie waren Feldwebel Gramling und Feldwebel Reißenberger verwundet worden. Unser Bataillon wurde schließlich nach Hohenburg gefahren um dort, an der Bzuramündung, einen Brückenkopf zu bilden. Am Abend wurde ich vorübergehend zum Bataillon von Hauptmann Wunder als Kompanieführer abgestellt. Als Hauptmann Wunder Brückenkopfkommandant wurde, teilte er mich als Führer der Gegenstoßreserve ein. Aus dem Strom der Versprengten, die über die Bzura- und die Weichselbrücke gingen, musste ich mir die Gegenstoßreserve erst heraussuchen.

Am Morgen des nächsten Tages wurden beide Brücken gesprengt. Mit der Gegenstoßreserve bildete ich die Nachhut.

Inzwischen hatte das gesamte Regiment seine Absatzbewegungen entlang der Weichsel in Richtung Thorn fortgesetzt. Als wir nach einem Nachtmarsch Schröttersburg (Plock) erreichten, stießen wir endlich wieder auf Teile unseres Regiments, die hier über die Weichsel gesetzt waren. Oberstleutnant Hofmann begrüßte uns und fasste das Regiment wieder zusammen."

In anstrengenden Nachtmärschen marschierte das Grenadierregiment 170 im Verband der 73. Infanteriedivision entlang der Weichsel auf Thorn zurück. Tagsüber waren auf dem anderen Ufer die sowjetischen Kolonnen zu sehen. Als die Division am Morgen des 25. Januars 1945 Thorn erreichte, hatten die Verbände des Gegners bereits einen dünnen Einschließungsring um die Stadt aufgebaut. Das I. Bataillon/Grenadierregiment 170 erhielt Befehl, den Durchbruch des Regiments durch diesen Ring auf Thorn nach rückwärts zu sichern.

Hier hatte Oberleutnant Brieger noch ein Erlebnis, das er berichten soll:

„Als ich gerade ostwärts Drewenz einige Spähtrupps einwies, hörten wir plötzlich einen Kraftwagen, der durch den Wald auf uns zufuhr. Ich riss den Karabiner hoch und hatte auf einmal – Generalmajor Schlieper, meinen Divisionskommandeur, im Visier.

Der Kommandeur nahm ungerührt meine Meldung entgegen. Solche Zwischenfälle waren ihm wohlvertraut, denn auch im Brückenkopf Hohenburg war er in seinem VW-Kübel an der Spitze des Gegenangriffes gefahren.

Das I. Bataillon/Grenadierregiment 170, das nach wie vor Nachhut bei Drewenz – Neudorf bildete, erhielt keinen Befehl zum Absetzen, obgleich die Division sicherlich schon in Thorn eingerückt war. Erst am nächsten Tage gelang es, die Verbindung zum Regiment herzustellen und wir erfuhren, dass der Befehl zum Absetzen bereits seit drei Stunden abgeschickt worden war.

Das Bataillon kämpfte sich durch die inzwischen wieder geschlossene russische Front nach Thorn durch."

In Thorn, wo General der Pioniere Lüdecke Festungskommandant war, hatte man folgenden Befehl aus dem Führerhauptquartier erhalten:

„Thorn ist ebenso wie Posen zu verteidigen."

Es war jedoch nur für drei Tage Munition vorhanden. Neben der in Thorn eingerückten 73. Infanteriedivision war dort die 31. Volksgrenadierdivision vorhanden; ferner noch einige Festungstruppen. Während sich die Regimenter eingruben, oder die seit Herbst 1944 vorbereiteten Feldstellungen bezogen, rollten beiderseits der „Festung" sowjetische Kampftruppen ungehindert vorbei und schlossen die Stadt ein.

Es gelang, von der 2. Armee – der die 73. Infanteriedivision unterstand – den Befehl zum Ausbruch zu erreichen. Der Ausbruch sollte in Richtung Kulm – Schwetz geführt werden. Inzwischen lag hoher Schnee, der aber vorübergehend taute und somit dicken Matsch brachte. Ob im Raume Schwetz der Übergang über die nur teilweise zugefrorene Weichsel möglich war, wusste niemand. Der Ausbruch sollte am 30. Januar 1945 nach Einbruch der Dunkelheit beginnen.

Der Armeebefehl dafür gelangte aber erst so spät nach Thorn, dass der Angriff auf den Einschließungsring erst gegen Mitternacht erfolgen konnte.

Dieser Angriff sah noch einmal das Grenadierregiment 170 an der Spitze der Ausbruchsverbände. Oberstleutnant Hofmann führte das Regiment, das sofort auf starken Widerstand stieß. Spitzenverband war das II. Bataillon/Grenadierregiment 170 unter Führung von Major Bader. Major Bader wurde gleich nach Beginn des Kampfes verwundet. Die ganze Nacht hindurch dauerte der Kampf an. Jeder einzelne Grenadier kämpfte mit letztem Einsatz, denn jeder wollte durchkommen! Feindliches Werferfeuer prasselte auf das Fort nieder, in dem der Divisionsstab saß. Keine Nachricht kam nach dort durch.

Generalmajor Schlieper behielt die Nerven. Erst im Morgengrauen des 31. Januars setzte er noch das Grenadierregiment 70 links neben dem Grenadierregiment 170 an, bevor er zum Grenadierregiment 186 fuhr, das noch in Reserve stand und als Nachhut die bisherigen Abschnitte der Division hielt.

In diesen Minuten gelang es den beiden Spitzenregimentern, den feindlichen Umklammerungsring zu sprengen. Die leichte Flugzeugabwehrkanone hatte einen feindlichen Gefechtsstand getroffen und die Offiziere mitsamt dem Kommissar getötet. Der führerlos gewordene Feind wich.

Nun stürmten die beiden Regimenter nach Nordwesten. Westlich daran anschließend war es auch der 31. Volksgrenadierdivision gelungen den Einschließungsring zu sprengen und parallel zur 73. Infanteriedivision zu marschieren. Auf schneeverwehten Feldwegen, von feindlichen Schlachtfliegern beschossen, stürmte die 31. Volksgrenadierdivision entlang der Straße nach Fordon. Ungefähr vier Kilometer nördlich, parallel zur Straße, auf Cichoradz, das am Abend erreicht wurde, stieß die 73. Infanteriedivision zu.

Bei Einbruch der Dunkelheit traf Generalmajor Schlieper beim Grenadierregiment 170 in Cichoradz ein.

Während der Nacht war es verhältnismäßig ruhig.

Am 1. Februar 1945 wurde der Durchbruch fortgesetzt. Wieder marschierte das durch Festungseinheiten verstärkte Grenadierregiment 170 an der Spitze. Auf einem Feldweg ging es zunächst nach Norden. Die I. Abteilung/Artillerieregiment 173 wurde dem Regiment unterstellt. Diese Abteilung war befehlsmäßig mit russischen Beutegeschützen ausgerüstet. Als die Spitzen das Waldgebiet nördlich Cichoradz erreichten, stießen sie auf einen starken Feind.

Nach Cichoradz war inzwischen auch das Gros der 31. Volksgrenadierdivision abgedreht, weil der vorgeschriebene Marschweg über Skludzewo schneeverweht war. Zu allem Unglück marschierte auch das als Nachhut eingesetzte Grenadierregiment 186, das von Schloss Birglau aus auf Siemon vorgehen sollte, auf der gebahnten Straße nach Cichoradz. Damit war in diesem Raum alles verstopft.

Um mehr Breite zu gewinnen, setzte General Schlieper das Grenadierregiment 70 zum Angriff auf Siemon an. So wollte er die Zusammenballung bei Cichoradz auflockern.

Das Dorf Siemon war jedoch so stark feindbesetzt, dass bis zum Abend des 1. Februars die Wegnahme durch das Grenadierregiment 70 nicht glückte.

Vorübergehend riss sogar die Verbindung zum Grenadierregiment 170 ab, das nördlich davon in den Wäldern im Kampf stand.

Die 31. Volksgrenadierdivision kämpfte den ganzen Tag verbissen bei Dąbrówka – Chelmska.

Plötzlich traf ein Funkspruch des Grenadierregiments 170 bei der Division ein:

„Das Regiment hat Feindwiderstand im Walde nördlich Cichoradz gebrochen und befindet sich im Vorgehen auf Friedrichsbruch in der Weichselniederung!“

Damit war es dem Grenadierregiment 170 gelungen, weit vorzuprellen und eine Bresche zu schlagen. Diesen Erfolg nützte der Divisionskommandeur unverzüglich aus, indem er das Grenadierregiment 186, die verfügbare Artillerieabteilung mit dem Regimentsstab und die Teile des Divisionsnachschubführers, hinter dem Grenadierregiment 170 her, ansetzte. Das Grenadierregiment 70 blieb als Flankenschutz im Raum um Cichoradz zurück.

Wieder setzte sich General Schlieper an die Spitze, um im Morgengrauen des 2. Februars 1945 in Wilhelmsbruch auf den Regimentskommandeur, Oberstleutnant Hofmann, zu stoßen. Dieser meldete, dass er das Regiment fest in der Hand habe und in und um Wilhelmsbruch raste. General Schlieper befahl: „Ausruhen und Aufklären!“

Wenig später meldete das Grenadierregiment 186, dass es Friedrichsbruch erreicht habe. Beide Positionen gab General Schlieper über Funk an den Festungskommandanten, damit man sich daran orientieren könne. Eine Antwort auf diesen Funkspruch ging nicht ein.

An diesem 2. Februar 1945 erhielt die Division einen Funkspruch von der 2. Armee des Inhalts:

„Beeilt euch! Heute Schwetz noch in eigener Hand. Benutzt Wege im Weichselgrund, Richtung Kulm. Eisbrüche südwestlich Kulm vorhanden.“ Wenig später wurde bekannt, dass die Russen das Loch durch das die Division durchgebrochen war, wieder dichtgemacht hatten. Dennoch wartete General Schlieper den ganzen Tag, um der 31. Volksgrenadierdivision und den Teilen des Festungskommandanten ein Durchbrechen und Aufschließen zu ihnen zu ermöglichen und sie mitzunehmen. Schweren Herzens musste General Schlieper die Vernichtung der schweren Waffen und der Fahrzeuge befehlen. Lediglich die rund 100 bespannten Fahrzeuge mit den Verwundeten mussten auf jeden Fall mitgenommen werden. Dann ging der Divisionskommandeur zum Grenadierregiment 170, um sich vom Zustand der Spitzengruppen der Division zu überzeugen. Als er noch dort war, trafen Führer der ausgesandten Spähtrupps ein und Feldwebel Stander von der 1. Kompanie/Grenadierregiment 170 meldete dem General, dass der Feldweg, der zwischen den Dörfern hindurch nach Norden führte, feindfrei sei. Lediglich das Dorf Plutowo, ein Kilometer nordostwärts Wilhelmsbruch, sei schwach feindbesetzt.

Der vorbereitete Divisionsbefehl zur Vernichtung der schweren Waffen wurde sofort geändert. Nur die überflüssigen Fahrzeuge wurden gesprengt. General Schlieper wollte nunmehr alle schweren Waffen mitnehmen. Ein Funkspruch von der Armee befahl erneut das Vorgehen in Richtung Kulm – Schwetz.

Um 19.00 Uhr des 2. Februars trat das Grenadierregiment 170 an. Spitze war diesmal die 1. Kompanie. Die überflüssigen Fahrzeuge waren vernichtet, auch die Feldküchen. Als sich Trossmänner anderer Einheiten unter die 1. Kompanie mischten, brachte General Schlieper die Leute selbst zur Ruhe. Sie wurden als Kämpfer in die 1. Kompanie/Grenadierregiment 170 eingereiht.

Der Divisionskommandeur ließ die gesamte Marschkolonne an sich vorbeiziehen. Dann fuhr er an der Flanke entlang nach vorn zur Spitze. Bei der Nachhut befand sich der Ia mit dem Divisionsstab. Dieser setzte in der Nacht mehrfach Funksprüche ab und alle anderen Truppen, einschließlich des noch immer die Flanke freihaltenden Grenadierregiments 70, mit der Weisung, dem Zug zu folgen. Es ging zwischen den feindbesetzten Dörfern hindurch. An einer Wegekreuzung stand ein T-34-Panzer. Er wurde von einem Ofenrohrgeschütz der 3. Kompanie/Grenadierregiment 170 abgeschossen. Der Reiterzug des Grenadierregiments 170 stieß als erster gegen die Weichsel vor, nahm eine Panzerabwehrkanone und ging über die Eisbrücke auf das Westufer hinüber.

Eine in Fliederhof sitzende russische Armeevermittlung wurde vom Reiterzug ausgeräuchert. Dann aber wurde es kritisch. Doch in diesem Augenblick traf das gesamte I. Bataillon/Grenadierregiment 170 an der Eisbrücke ein. Hier stand das Wasser beinahe kniehoch auf dem Eis, doch die leichten Panjewagen kamen heil hinüber. Ein Fohlen begleitete die Kolonne. Im Hellwerden des 3. Februars passierten alle übrigen Einheiten die Weichsel und die Division meldete den vollzogenen Übergang. „Bravo 73. Infanteriedivision! Unaufhaltsam angreifen!“, funkte die 2. Armee zurück.

General Schlieper befahl den Vormarsch auf Schwetz. Kurz nach dem Antreten stießen die Männer des Grenadierregiments 170 auf eine russische Batterie. Sie wurde im Schlaf überrumpelt. Geben wir aus dieser Situation noch einmal Oberleutnant H. Brieger das Wort:

„Nach einem Kilometer Marsch wurden wir von Panzerabwehrkanonen beschossen, die in einem Hof am Weichseldamm lag und ihre Rohre um 180 Grad geschwenkt hatte. Hauptmann Dürr sagte nur:

‚Die Erste über den Damm und von der Seite ran!'

Als wir auf der anderen Dammseite waren, wurden wir von Feindartillerie aus Kulm und ebenso von einer Panzerabwehrkanone an der Fährstelle bei Schwetz beschossen. Aber es gelang, nach einem Feuerüberfall über den Damm hinweg die Feindpanzerabwehrkanone zu nehmen, die inzwischen auch von der 3. und 4. Kompanie/Grenadierregiment 170 frontal angegriffen wurde.

Die Russen ließen alles stehen, selbst ihren Lastkraftwagen. Ein Kamerad von der 14. Kompanie/Grenadierregiment 170 fuhr nun mit diesem Wagen und der angekuppelten Russenpanzerabwehrkanone in Richtung Schwetz. Feldwebel Stender kämmte die Häuserreihe neben der Straße durch und erhielt von uns Feuerschutz. Feldwebel Henschel sicherte jenseits des Weichseldammes.

Leider wurden unser Fahrer und der Geschützführer der Panzerabwehrkanone verwundet. In einem Gehöft eingeschlossene deutsche Soldaten wurden von uns befreit.

Als wir die russische Hauptkampflinie bei Schwetz erreichten, gab es für uns noch einmal erbitterte Kämpfe. Beim Angriff auf ein zäh verteidigtes Gehöft fiel Unteroffizier Schaub, der Verantwortliche für Waffen und Geräte bei unserer 1. Kompanie/ Grenadierregiment 170. Leutnant Fuchs wurde schwer verwundet. Unteroffizier Neuhaus erhielt einen Kopfstreifschuss. Erst als wir das Gehöft mit einer Panzerfaust beschossen, gaben die Sowjets auf. Direkt danach fuhren unsere Fahrzeuge auf dem Damm wieder an. Wir hatten den Einschließungsring um Schwetz durchstoßen und die 1. Kompanie/Grenadierregiment 170 sicherte die Durchbruchstelle, bis das letzte Fahrzeug durchgerollt war. Stundenlang noch schleppten sich Verwundete vorbei, fuhren Panjewagen mit Verwundeten beladen nach Schwetz. Die Regimenter hatten Gefechtsstärken von schätzungsweise 150 Mann."

Nun abschließend die Geschehnisse des 3. Februars 1945 aus der Sicht des Divisionskommandeurs, der dafür seinen Bericht in der „Wehrkunde" aus dem Jahre 1960, mit dem Titel „Nächtlicher Ausbruch und Durchbruch" zur Verfügung stellte.

„Gegen 12.00 Uhr des 3. Februars meldete das Grenadierregiment 170, dass es bereits Verbindung mit den eigenen Truppen habe. Am frühen Nachmittag traf der Divisionskommandeur den Kommandeur der bei Schwetz kämpfenden 542. Volksgrenadierdivision. Dieser sagte ihm, dass er den Befehl habe, die Teile der 73. Infanteriedivision, wie sie einträfen, in seine Division einzugliedern. Offenbar hatte die

Armee nicht damit gerechnet, dass größere geschlossene Verbände der Besatzung von Thorn den Durchbruch erzwingen würden. Der Divisionskommandeur erklärte, dass seine zwei verstärkten Regimenter kampffähig seien und dass er sie selbst führen könne und werde.

Er bat um Zuweisung von Unterkunftsräumen. Diese wurden der Division im Raume nördlich Schwetz zugewiesen.

Am Nachmittag des 3. Februars war es den Sowjets gelungen, nördlich Schwetz einen Brückenkopf über die Weichsel zu bilden und in den Sartowitzer Forst zwischen Kl. Zappeln und Schwenten einzudringen. Daher wurde der Divisionskommandeur am frühen Morgen des 4. Februars geweckt und ihm eröffnet, dass er am 4. Februar nachmittags aus Gegend Gellen mit allen verfügbaren Teilen seiner Division zum Gegenangriff antreten müsse. Es gelang nur unter größter Mühe, die erschöpfte Truppe zu wecken und sie auf die Beine zu bringen. Der Divisionskommandeur verzichtete darauf, die Teile der Luftwaffe und der Festungstruppen, die mit den Regimentern 170 und 186 durchgebrochen waren, einzusetzen.

Es gelang aber, die Regimenter 186 rechts und 170 links mit je zwei schwachen Bataillonen und das Artillerieregiment mit zwei Abteilungen zur befohlenen Zeit zum Angriff bereitzustellen.

Der Angriff warf den Feind aus dem Waldgelände heraus und der deutsche Verband überschritt mit den vordersten Teilen die Straße der Schwetzgruppe. Dieser Angriff war die entscheidende Voraussetzung dafür, dass Schwetz am 4. Februar und den folgenden Tagen noch gehalten werden konnte.

Am 4. und 5. Februar erreichten noch Teile der 31. Volksgrenadierdivision und der Festungstruppen von Thorn auf dem gleichen Weg wie die 73. Infanteriedivision Schwetz.

Am 4. Februar nachmittags meldete sich der Kommandeur des Grenadierregiments 70 beim Divisionskommandeur. Auch er hatte sich mit der Gruppe des Festungskommandanten durchgeschlagen. Bis zum nächsten Tage trafen 400 Mann des Regiments ein. Auch der Kommandeur des Pionierbataillons 173 und der Kommandeur der II. Abteilung/Artillerieregiment 173 meldeten sich mit den Resten ihrer Leute. Noch in den nächsten vierzehn Tagen kamen Männer der Divisionen auf den abenteuerlichsten Wegen zur Division zurück.

Die 73. Infanteriedivision hatte mit diesem opfervollen Einsatz noch einmal von sich reden gemacht. Jeder einzelne Mann der Division und des Grenadierregiments 170 hatte das Letzte an Opfermut und Einsatzwillen gegeben."

Wie der Kampf des 4. Februars sich aus der Sicht eines Kompaniechefs gestaltete, das schildert hier noch einmal Oberleutnant H. Brieger:

„Wir griffen im Walde bei Sartowitz an. Ganze Trupps russischer Infanterie wichen vor uns zurück ins dichte Unterholz. Feindpanzer machten kehrt und walzten davon. Oberleutnant Kögel, der Führer des II. Bataillons/Grenadierregiment 170, wartete das Eintreffen der zugesagten Flugzeugabwehrkanone ab, die – nicht kam. Feldwebel Stender aber rannte genau um 14.00 Uhr mit ‚Hurra!' auf die Russen los und stand – bevor die sich von ihrer Überraschung erholt hatten – in der feindlichen Granatwerferstellung.

Das nach uns antretende II. Bataillon/Grenadierregiment 170 brachte uns in eine unangenehme Situation, als vor ihm die Russen stur nach Norden auswichen und uns so in die rechte Flanke fielen. Im dichten Unterholz standen wiederholt Russen zwischen der 1. und der nachgezogenen 3. Kompanie/Grenadierregiment 170. Deshalb entsprach Hauptmann Dürr auch meiner Bitte nicht, die 3. Kompanie/Grenadierregiment 170 zum Schutz der linken Flanke links hinter der 1. Kompanie vorgehen zu lassen.

Am Abend lagen wir vor Sartowitz und der Oberförsterei Andreashof, die verbissen vom Gegner verteidigt wurde, fest.

Der Angriff wurde am 5. Februar fortgesetzt. Granatwerfer- und Panzerabwehrkanonenbeschuss forderten Opfer. Der Nahkampf, oftmals mit dem Spaten geführt, ebenfalls. Am Nachmittag dieses Tages erhielten wir Feuer aus Stalinorgeln.

Ein Volltreffer tötete Oberstleutnant Hofmann, der noch in der vergangenen Nacht bei der 1. Kompanie gewesen war.

Sein Tod wurde über Funk durchgegeben, gleichzeitig mit der Meldung, dass wir Andreashof genommen hatten. Ein tapferer Kommandeur unseres Regiments war für immer gegangen.

Noch am Abend des 5. Februars drangen wir in Sartowitz ein und besetzten hier die alte deutsche Hauptkampflinie wieder. Ein Stalinpanzer fiel uns dabei in die Hände.

Als wir jenseits der Ortschaft an der Straße zur Weichsel sicherten, lief uns ein Russe zu. Er schlug verzweifelt Feldwebel Stender ins Gesicht und versuchte auch uns zu schlagen. Er war völlig durchgedreht. Wir bändigten ihn und erfuhren in der Gastwirtschaft von ihm, dass er in diese Gaststube zu seinem Kompaniechef gewollt hätte.

Am Morgen des 6. Februars 1945 wurde ich mit Feldwebel Henschel zusammen durch einen Granatwerfereinschlag verwundet. Wir wurden zum Verbandsplatz gefahren. Ein Hiwi (Hilfswilliger) lenkte den Wagen seelenruhig um die russischen Holzkastenminen herum und der gefangene Russe leistete uns dabei Gesellschaft."

Das Ende zeichnete sich ab. Aber noch folgten aufreibende Rückzugskämpfe durch die Tucheler Heide und eingangs März wurde der Großraum Danzig erreicht. Hier erfolgte der Einsatz der gesamten Division in dem Verteidigungsring um Danzig und Zoppot – Gotenhafen. Neben dem Grenadierregiment 170 verteidigte an dieser Stelle die 4. Panzerdivision unter General Betzel. Die 73. Infanteriedivision und mit ihr die

Die Reste der 73. Infanteriedivision wurden im Januar 1945 zur Verteidigung von Thorn eingesetzt und dort eingeschlossen. Sie konnten jedoch unter hohen Verlusten in Richtung Danzig ausgebrechen.

Eine Kampfgruppe, gebildet aus den Resten der zerschlagenen 73. Infanteriedivision erreichte Ende März 1945 den Großraum von Danzig.

In Danzig stauten sich die Flüchtlingstrecks, die hofften auf einem Schiff in die Freiheit zu gelangen. Schließlich wurde der Divisionsstab der 73. Infanteriedivision am 16. April 1945 vermischt mit Flüchtlingen und anderen Einheiten auf der „Goya" eingeschifft.

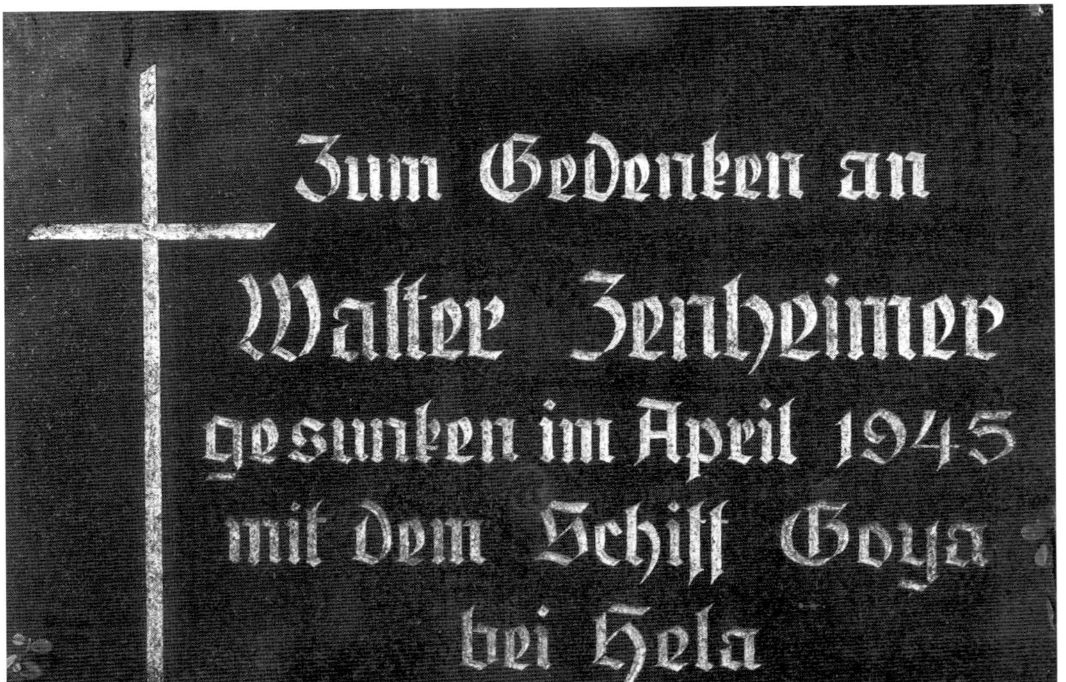

Die Goya wurde am 16. April 1945 von einem russischen U-Boot torpediert und versank innerhalb von nur wenigen Minuten mit circa 7.000 Personen vor Hela in der eiskalten Ostsee.

Regimenter 70, 170 und 186, gingen zugrunde, als sie sich mühten, die Rückführung der deutschen Flüchtlinge und der vielen, vielen Verwundeten zu decken.

Als die Sowjets zwischen Danzig und Gotenhafen durchbrachen, wurde die 73. Infanteriedivision auf Zoppot zurückgedrängt. Sie kämpfte dann mit dem rechten Flügel an der See bei Neufahrwasser und auf der Westernplatte, um schließlich in den Brückenkopf der 2. Armee, im Weichseldelta ostwärts Danzig, gedrängt zu werden.

Das Grenadierregiment 170 war auf Kompaniestärke zusammengeschmolzen. Ende März wurde die Division aufgelöst und auf die Teile anderer Divisionen aufgeteilt. Die einzelnen Teile wurden über Gotenhafen – Oxhöft nach Hela transportiert.

Hauptmann Dürr führte die Reste des II. Bataillons/Grenadierregiment 170 in den folgenden drei Wochen, und von Feldwebel Wolfenstetter von der 8. Kompanie/ Grenadierregiment 170 wissen wir, wie diese Tage verliefen:

„Wie üblich wurde durch Schanzarbeiten in dem sandigen mit Kiefern bewachsenen Boden versucht, das Beste aus der Situation und zum Schutz unserer Soldaten zu machen. Von hier aus gingen die vielen Transporte über die Ostsee in die Heimat.

Russische Flieger bombten alles, was sich zeigte.

So kam der Nachmittag des 23. Aprils 1945 heran.

Bereits am 16. April 1945 war der Großteil der 73. Infanteriedivision auf dem Dampfer „Goya“ eingeschifft worden. Wir hatten die Kameraden heftig beneidet. Als wir an diesem 23. April 1945 an sie dachten, ruhten die meisten von ihnen auf dem Grunde der Ostsee, denn die „Goya“ war mit rund 7.000 Mann Besatzung von einem russischen U-Boot torpediert worden und untergegangen. Nur insgesamt 200 Menschen konnten gerettet werden.

Am Abend dieses 23. April betraten wir Letzten vom Grenadierregiment 170 die Pionierfähre, die im Hafen angelegt hatte. Die Fahrt nach Pillau verlief gut. Doch als wir in den Hafen einliefen und anlegten, wurde das Becken plötzlich durch „Christbäume“ hell ausgeleuchtet. Russische Kampfflugzeuge griffen an. Bomber folgten und unmittelbar danach fuhr das letzte Schiff aus dem Hafen Pillau. Unsere verwundeten Kameraden kamen noch an Bord.

Wir aber hatten eine Auffangstellung zu besetzen.

Hier stieß in den Morgenstunden des 25. Aprils 1945 feindliche Infanterie nach schwerem Artilleriebeschuss und Luftbombardement auf breiter Front mit Panzerunterstützung auf Pillau vor. Ein Halten dieser schwach besetzten Stellung war aussichtslos geworden und als mehrere Maschinengewehrbedienungen ausgefallen waren, suchte alles Schutz in einem tiefen Bergwerksstollen und in den wenigen darüber liegenden Betonbunkern. Einige Beobachter, unter ihnen Kamerad Büdel, stellten sich vor den Eingang. Bei den ersten Handgranateneinschlägen steckten sie einen weißen Lappen heraus, der an einem Gewehrlauf hing. Ein Zug Rotarmisten stieg wenige Minuten darauf die Böschung hinunter. Wir waren gefangen genommen.“

Das war der letzte Einsatz von Teilen des Grenadierregiments 170. Das Regiment, die Division, gab es nicht mehr! Für viele folgte der Marsch in jahrelange Gefangenschaft.

Und wenn wir hier die Geschichte des Regiments beenden, das auf drei Kriegsschauplätzen gekämpft hat, können wir keine besseren Worte finden, als jene, die der ehemalige Feldwebel J. Wolfenstetter an den Schluss seines Berichts setzte:

„Jeder tat seine Pflicht, getreu dem Fahneneid, den er geleistet hatte. Jeder Überlebende nahm sich ein Beispiel an den Kameraden, die alles gaben für das Vaterland. Die getreu waren bis in den Tod und deren Gräber in Frankreich, auf dem Balkan, in Russland und im Osten Deutschlands liegen."

Die Kommandeure der 73. Infanteriedivision

Name und Dienstgrad	Zeitraum und Ritterkreuz
General der Artillerie Friedrich von Rabenau	26. August 1939 bis 28. September 1939
General der Infanterie Bruno Bieler	29. September 1939 bis 30. Oktober 1941 Ritterkreuz am 26.10.1941 als Kommandeur der 73. Infanteriedivision
General der Infanterie Rudolf von Bünau	1. November 1941 bis 6. September 1943 mit kurzer Unterbrechung im Mai/Juni 1943 Ritterkreuz am 15.08.1940 als Kommandeur des Infanterieregiments 133 Eichenlaub (766) am 05.03.1945 als Kommandierender General XI. Armeekorps
Oberst Erich Gruner (m.d.F.b.)	13. Mai 1943 bis 2. Juni 1943
Generalleutnant Hermann Böhme	7. September 1943 bis 19. November 1943 mit kurzer Unterbrechung 1. Januar 1944 bis 1. Juni 1944 mit kurzer Unterbrechung im Mai 1944
Oberst Hans Bruhn (m.d.F.b.)	zeitweise im September 1943
Oberst Alfred Reinhardt (m.d.F.b.)	20. November 1943 bis 30. November 1943
Generalmajor Johannes Nedtwig	1. Dezember 1943 bis 30. Dezember 1943
Generalleutnant Dr. Friedrich von Franek	26. Juni bis 29. Juli 1944 Ritterkreuz am 04.11.1941 als Kommandeur des Infanterieregiments 405
Oberst Kurt Haehling (m.d.F.b.)	30. Juli 1944 bis 6. September 1944 Ritterkreuz am 02.03.1945 als Kommander der 126. Infanteriedivision
Generalmajor Franz Schlieper	2. Juni 1944 bis 25. Juni 1944 7. September 1944 bis März 1945 Ritterkreuz am 21.09.1944 als Kommmandeur der Grenadierbrigade 1132

Regimentskommandeure des Infanterieregiments 170/ Grenadierregiments 170

Dienstgrad und Name	Zeitraum
Oberst Strasser	25. August 1939 bis 1. November 1939 †
Oberstleutnant Schleußinger	1. November 1939 bis 3. Oktober 1941 †
Oberst von Lepel	Oktober 1941 bis Oktober 1942 †
Oberst Herbert Müller	Oktober 1942 bis 22. Oktober 1943
Oberstleutnant Kalberlah	23. Oktober 1943 bis November 1943
Major Arthur Jander	November 1943 bis Dezember 1943
Oberst Dorenbeck	Dezember 1943 bis 5. Mai 1944
Major Scharnagel	6. Mai 1944 bis 8. Mai 1944 †
Oberstleutnant Cirkowitz	9. Mai 1944 bis Oktober 1944
Oberstleutnant Hofmann	Oktober 1944 bis 5. Februar 1945 †

Träger des Ritterkreuzes des Eisernen Kreuzes und höherer Stufen des Infanterieregiments 170

Name	RK	Verliehen	Einheit	Dienstgrad/Dienststellung
Eichenlaubträger				
Scharnagel, Hermann	RK	06.10.1943	Pionierbataillon 173	Hauptmann und Kommandeur
	EL	30.09.1944	Pionierbataillon 173	Major und Kommandeur (p.m.)
Ritterkreuzträger				
Bader, Josef	RK	23.081943	II. Bat./Grenadierregiment 95	Hauptmann und Kommandeur
Dorenbeck, Paul	RK	04.06.1944	Grenadierregiment 170	Oberst und Kommandeur
Ender, Hans	RK	05.04.1945	II. Bat./Grenadierregiment 545	Hauptmann und Kommandeur
Fries, Leonhard	RK	14.02.1945	5. Kp./Grenadierregiment 1084	Oberfeldwebel und Zugführer
Haehling, Kurt	RK	02.03.1945	126. Infanteriedivision	Generalmajor und Kommandeur
Hopf, Theodor	RK	21.09.1941	1. Kp./Infanterieregiment 170	Oberleutnant und Kompaniechef
Jander, Arthur	RK	15.06.1943	62. Infanteriedivision	Major und Führer einer Kampfgruppe

Erläuterungen zu der Liste:
Die Liste der Träger des Ritterkreuzes zum Eisernen Kreuz und höherer Stufen des Infanterieregiments 170 erhebt nicht den Anspruch auf Vollständigkeit. Bei der Auswahl der aufgenommenen Personen wurde darauf geachtet, dass die Personen zeitweise zum Infanterieregiment 170 gehört haben, unabhängig davon, bei welcher Einheit sie das Ritterkreuz erworben haben. Dabei wurde auf Unterlagen des Kameradenkreises ehemaliger Angehöriger der Infanterieregimenter 55, 170 und 521 zurückgegriffen.

Für Hinweise und Ergänzungsvorschläge der Leserschaft ist der Verlag dankbar und wird diese, in weiteren Auflagen dieses Werkes, berücksichtigen.

Kommandeure der 73. Infanteriedivision

*General der Artillerie
Friedrich von Rabenau
war Kommandeur der 73. Infanteriedivision
von August 1939 bis Ende September 1939.*

*General der Infanterie Bruno Bieler
war Kommandeur der 73. Infanteriedivision
von September 1939 bis Ende Oktober 1941.
Ritterkreuz am 26.10.1941.*

*Generalleutnant Rudolf von Bünau
war Kommandeur der 73. Infanteriedivision
von Anfang November 1941 bis Juni 1943.
Ritterkreuz am 15.08.1940, Eichenlaub am 05.03.1945.*

*Oberst Erich Gruner
war war im Mai/Juni 1943
für circa drei Wochen mit der Führung
der 73. Infanteriedivision beauftragt.*

Generalmajor Hermann Böhme war Kommandeur der 73. Infanteriedivision im September 1943 und Januar bis Mai 1944.

Oberst Alfred-Hermann Reinhardt war im November 1943 mit der Führung der 73. Infanteriedivision beauftragt. Ritterkreuz 04.12.1941, Eichenlaub 28.09.1943, Schwerter 24.12.1944.

Generalmajor Johannes Nedtwig war Kommandeur der 73. Infanteriedivision im Dezember 1943.

Generalleutnant Dr. Friedrich Franek war Kommandeur der 73. Infanteriedivision im Juni und Juli 1944. Ritterkreuz am 04.11.1941.

Kommandeure der 73. Infanteriedivision und des Infanterieregiments 170

Oberst Kurt Hähling war von Juli bis September 1944 mit der Führung der 73. Infanteriedivision beauftragt.

Generalmajor Franz Schlieper führte die 73. Infanteriedivision im Juni 1944 und September 1944 bis April 1945. Ritterkreuz am 21.09.1944.

Oberst Otto Strasser war Kommandeur des Infanterieregiments 170 von August bis November 1939.

Oberstleutnant Richard Schleußinger war Kommandeur des Infanterieregiments 170 von November 1939 bis Oktober 1941.

Oberst Hans von Lepel
war Kommandeur des Infanterieregiments 170
von Oktober 1941 bis September 1942.

Oberst Herbert Müller
war Kommandeur des Infanterieregiments 170
von Oktober 1942 bis Oktober 1943.

Oberstleutnant Gustav Kalberlah
war Kommandeur des Infanterieregiments 170
von Oktober 1943 bis November 1943.

Oberst Paul Dorenbeck war Kommandeur des
Infanterieregiments 170 von Dezember 1943 bis
Mai 1944. Ritterkreuz am 04.06.1944.

Kommandeure der Infanterieregimenter 170 und Schwesterregimenter

*Major Hermann Scharnagel
führte wenige Tage das Infanterieregiment 170
im Mai 1944. Ritterkreuz am 06.10.1943,
Eichenlaub postum am 30.09.1944.*

*Oberst Klüg
war Kommandeur des Infanterieregiments 186,
vom 01.09.1939 bis 25.04.1941.*

*Oberst Sümmermann war Kommandeur
des Infanterieregiments 213 von
März 1940 bis Ende Juli 1941.*

*Oberstleutnant Otto Hitzfeld war Kommandeur des
Infanterieregiments 213 vom 21.07.1941 bis 15.08.1942.
RK am 30.10.1941, EL am 17.01.1942.*

Weitere Angehörige des Infanterieregiments 170 und der 73. Infanteriedivision

Dr. Walter Beltinger war Regimentsarzt im Infanterieregiment 170.

Hauptmann Henning Deumeland war Kompaniechef der 6. Kompanie des Infanterieregiments 170. Eisernes Kreuz I. Klasse.

Unteroffizier Gotthilf Forstmeier war Angehöriger der 6. Kompanie des Grenadierregiments 170 (Foto: Kuban 1943).

Gotthilf Forstmeier, hier als Leutnant im Jahr 1944 bei der 6. Kompanie des Grenadierregiments 170.

Feldwebel Heinrich Freudenberger war Angehöriger der 5. Kompanie des Grenadierregiments 170. Die Aufnahme entstand 1943.

IM NAMEN DES FÜHRERS
UND OBERSTEN BEFEHLSHABERS
DER WEHRMACHT
VERLEIHE ICH
DEM
FELDWEBEL
HEINRICH FREUDENBERGER
KP.TR.FHR. 5./GR.RGT.170
DAS DEUTSCHE KREUZ
IN GOLD

HAUPTQUARTIER, DEN 15. DEZEMBER 1942

OBERKOMMANDO DES HEERES

GENERALFELDMARSCHALL

Urkunde für die Verleihung des Deutschen Kreuzes in Gold an Feldwebel Heinrich Freudenberger von der 5. Kompanie/Grenadierregiment 170.

Oberleutnant Theodor Hopf war Kompaniechef der 1. Kompanie des Grenadierregiments 170.

IM NAMEN
DES DEUTSCHEN VOLKES
VERLEIHE ICH
DEM OBERLEUTNANT
THEODOR HOPF
DAS RITTERKREUZ
DES EISERNEN KREUZES

FÜHRERHAUPTQUARTIER
DEN 21. SEPTEMBER 1941

DER FÜHRER
UND OBERSTE BEFEHLSHABER
DER WEHRMACHT

Urkunde für die Verleihung des Ritterkreuzes des Eisernen Kreuzes am 21.09.1941 an Oberleutnant Theodor Hopf.

Unteroffizier Karl Latin war Angehöriger des Infanterieregiments 170. Er trägt das Eiserne Kreuz I. Klasse.

Major Hermann Lieb war Bataillonskommandeur im Grenadierregiment 170. Auch er trägt das Eiserne Kreuz I. Klasse.

Major Walter Marbach war Kommandeur des II. Bataillons/Infanterieregiment 170 und später Kommandeur des Grenadierregiments 213.

Obergefreiter Otto Reusch, hier beim Ersatzbataillon 170 in Bad Mergentheim 1943. Er trägt das Kriegsverdienstkreuz II. Klasse.

Leutnant Siegfried Wiesel war Adjutant beim Grenadierregiment 170.

Stabsarzt Dr. Franz Fluch war Angehöriger der Sanitätskompanie 2/173. Er trägt das Eiserne Kreuz I. Klasse.

Leutnant Fritz Hoffritz von der 14. Kompanie des Infanterieregiments 286, erhielt das Ritterkreuz als Feldwebel am 04.09.1941.

Major Hermann Stiefvater war Kommandeur der Panzerabwehrabteilung 173. Ihm wurde am 18.05.1941 das Ritterkreuz verliehen.

Im Namen des Führers
und Obersten Befehlshabers
der Wehrmacht

verleihe ich

dem

Unteroffizier

Leonhard F r i e s

7./Jnfanterie-Regiment 170

das

Eiserne Kreuz 2. Klasse

Div.Gef Stand, den 11. Okt. 1941.

(Dienstsiegel)

Generalleutnant und Div.Kommandeur

(Dienstgrad und Dienststellung)

Verleihungsurkunde für das Eiserne Kreuz II. Klasse am 11.10.1941 für den Unteroffizier Leonhard Fries vom Infanterieregiment 170.

Im Namen des Führers
und Obersten Befehlshabers
der Wehrmacht

verleihe ich

dem

Unteroffizier

Leonhard F r i e s

7./I.R.170

das

Eiserne Kreuz 1. Klasse.

Div.Gef.Stand, den 2. August 1942

(Dienstsiegel)

v. Roman

Generalmajor u.Div.Kommandeur.

(Dienstgrad und Dienststellung)

Verleihungsurkunde für das Eiserne Kreuz I. Klasse am 02.08.1942 für den Unteroffizier Leonhard Fries vom Infanterieregiment 170.

Besitz-Zeugnis.

IM NAMEN DES FÜHRERS

wurde dem Feldwebel
(Dienstgrad)

Leonhard F r i e s
(Vor- und Familienname)

7. / Jnf. Rgt. 170
(Truppenteil)

der Krimschild verliehen.

A. H. Qu. 25 Jan. 1943
(Ort und Datum)

(Dienstsiegel)

v. Manstein
Generalfeldmarschall

Druckerei Gen.Kdo. XIII. A.K. Nürnberg

Besitzzeugnis für die Verleihung des Krimschildes vom 25.01.1943 für den Feldwebel Leonhard Fries vom Infanterieregiment 170.

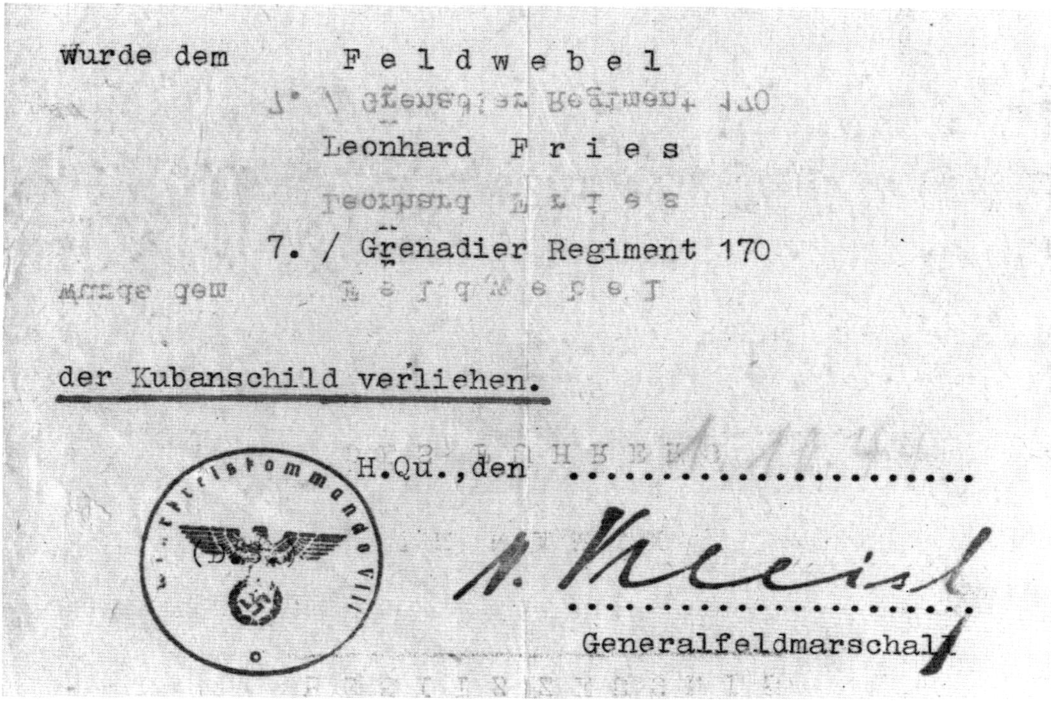

Wurde dem Feldwebel

Leonhard Fries

7. / Grenadier Regiment 170

der Kubanschild verliehen.

H.Qu., den ....

....

Generalfeldmarschall

Besitzzeugnis für den Kubanschild, verliehen an Feldwebel Leonhard Fries beim Grenadierregiment 170, ausgestellt am 01.10.1944 als er bereits als Oberfeldwebel beim Grenadierregiment 1084 der 544. Volksgrenadierdivision war.

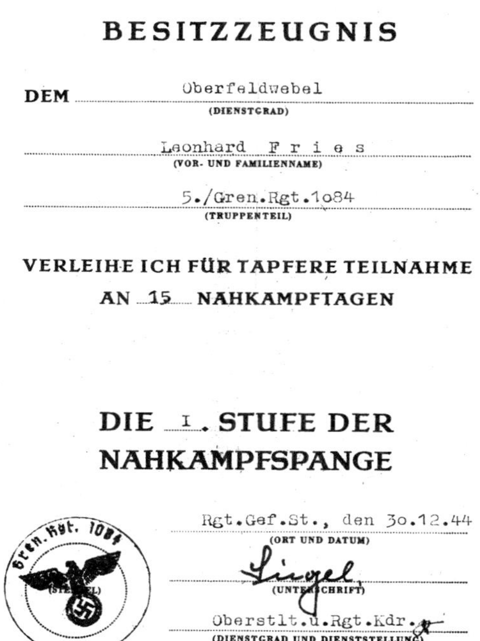

BESITZZEUGNIS

DEM Oberfeldwebel
(DIENSTGRAD)

Leonhard Fries
(VOR- UND FAMILIENNAME)

5./Gren.Rgt.1o84
(TRUPPENTEIL)

VERLEIHE ICH FÜR TAPFERE TEILNAHME
AN 15 NAHKAMPFTAGEN

DIE I. STUFE DER
NAHKAMPFSPANGE

Rgt.Gef.St., den 30.12.44
(ORT UND DATUM)

(UNTERSCHRIFT)

Oberstlt.u.Rgt.Kdr.
(DIENSTGRAD UND DIENSTSTELLUNG)

Urkunde für die Nahkampfspange in Bronze, ausgestellt am 30.12.1944 für Oberfeldwebel Leonhard Fries beim Grenadierregiment 1084 der 544. Volksgrenadierdivision.

Oberfeldwebel Leonhard Fries wurde beim Grenadierregiment 1084 der 544. Volksgrenadierdivision am 14.02.1945 das Ritterkreuz verliehen.

7. / Gren. Rgt. 170

B e s t ä t i g u n g

Dem Ofw. Leonhard F r i e s wird bestätigt, dass er an nachstehenden Nahkampftagen teilgenommen hat:

2. 8.41	18.10.41	7.10.43
4. 8.41	) 19.10.41)	8.10.43) lt. R.T.B.Nr. 3 v. 3.2.1944.
14.8.41	5.11.41	21.10.43
24.9.41		23.10.43
25.9.41		
26.9.41		
28.9.41		

Den 26. 11. 1944.

Lt. u. Kp.-Führer

Die 10 Nahkampftage im Jahre 1941 sind angerechnet da F. v. 22.7.41 – 1.8.1942 ununterbrochen im Osten im Einsatz war.
Oberstlt. u. Rgts.-Kdr.

B e s t ä t i g u n g.

Dem Ofw. Leonhard F r i e s wird bestätigt, daß er an nachstehenden Nahkampftagen teilgenommen hat:

11. 8.44.	lt.	Rgt.	Tag.	Befehl	Nr.	2/13
2o. 8.44.	"	"	"	"	"	6/4
21. 8.44.	"	"	"	"	"	6/4
22. 8.44.	"	"	"	"	"	6/4
23. 8.44.	"	"	"	"	"	6/4
1o.1o.44.	"	"	"	"	"	12/5

O.U., den 16.12.44.

Lt. u. Kp.-Führer.

Bestätigung für mitgemachte Nahkampftage des Oberfeldwebels Leonhard Fries beim Grenadierregiment 170 bis Oktober 1943 und beim Grenadierregiment 1084 der 544. Volksgrenadierdivision bis Oktober 1944.

Berichte und Nachrufe aus dem Nachrichtenblatt der Kameradschaft

Nachrichtenblatt der Kameradschaft ehemaliger Angehöriger der Infanterieregimenter 55, 170 und 521 und der aus ihnen hervorgegangenen Verbände

Die Nacht in Fisch

Als achtzehnjähriger Würzburger wurde ich 1939, nach Ableistung der Arbeitsdienstpflicht, zur Infanterie nach Coburg eingezogen. Am 9. März 1940 war die Grundausbildung beendet und wir „Jungen“ kamen zur Maschinengewehrkompanie und wurden Granatwerferschützen. Am 9. April 1940, noch immer ohne Wochenendurlaub, kam ich mit 24 weiteren Rekruten als erster Ersatz zum aktiven Infanterieregiment 170 nach Sotzweiler bei St. Wendel. Mit dabei: Max Wehner aus Bad Mergentheim. Die Kompanie war in Privatquartieren untergebracht, aber für uns junge Rekruten wäre das ein Risiko gewesen, weshalb wir geschlossen in das Sälchen der Gastwirtschaft „Alte Bauernstube“ einquartiert wurden. Das Sälchen lag getrennt vom Lokal im ersten Stock des Hauses. Das Betreten der Gastwirtschaft und jeglicher Alkoholgenuss waren uns strengstens verboten, und dieses Verbot wurde von trinkfesten Unteroffizieren laufend überwacht. Nun waren wir „Fronttruppe“, erhielten zur täglichen Besoldung von 50 Pfennig eine Frontzulage und die portofreie Feldpost.

In der Nacht zum 9. Mai 1940 kam Alarm. Bei völliger Dunkelheit, es war ja Luftschutzverdunkelung, machte sich die Kompanie marschbereit. Abschied von den Quartierleuten, stummes Winken, Abmarsch.

Wir marschierten durch die Nacht und den folgenden Tag über Bergweiler, Nunkirchen, Losheim, Mettlach, Freudenburg, Trassem und erreichten bei einbrechender Dunkelheit den Ort Fisch bei Saarburg. Entfernungsmäßig waren das allerhand Kilometer, aber die Sorge um die Pferde hatte unbedingten Vorrang.

Man möge es mir nicht als Sünde ankreiden wenn ich seinerzeit unter Fisch nur die uns bestens bekannten „Meefischli“ verstand, und das sind kleine Weißfische aus dem Main, die gebacken mindestens so gut schmecken wie heute die Moselfische.

Also mit Fisch konnten wir nichts anfangen. Es war völlige Dunkelheit in dem kleinen Dorf, Pferde wurden ausgespannt, gefüttert und getränkt. Einer stieß gegen den anderen, unter uns geschäftig hin- und herlaufende Ortseinwohner, deren Dialekt wir nur schwer verstanden. Wir waren alle schrecklich müde. Sichtlich erleichtert stellten wir fest, dass Quartiere zugewiesen werden und wir erhofften eine ruhige Nacht. Nun hatte es mit der Quartierzuweisung seine Schwierigkeiten, denn die Masse der Einwohner war bereits evakuiert und mühselig wurden die deponierten Hausschlüssel gesucht. Wir Jungen waren darüber hinaus so unerfahren um uns Gedanken darüber zu machen, warum denn wohl Pferde bei den Fahrzeugen verblieben. Man legte ihnen einen Woilach über und die Pferdeführer wickelten sich in Decken und legten sich zu ihren Tieren. Und was die Mannschaft anbetrifft, so konnte eine größere Scheune eine halbe Kompanie aufnehmen. Wir, die Granatwerfer, waren der letzte Zug der 8. Kompanie und diese wiederum die letzte des Bataillons. Uns wurde das letzte oder vorletzte Wohnhaus als Quartier zugewiesen. Ich belegte mit meiner Gruppe das Wohnzimmer. Natürlich reichte die Bestuhlung nicht aus und wir setzten uns auf den Fußboden. Der Zugführer kam mit einem Offizier und beide machten uns klar, dass wir uns anständig zu benehmen hätten und es darf abgeschnallt werden. Das war eine mächtige Erleichterung, denn am Koppel hingen Patronentaschen, Brotbeutel, Feldflasche, Seitengewehr und Spaten, dazu die Gasmaske mit Plane und der Stahlhelm. Aber die Stiefel, die Knobelbecher und die Fußlappen blieben an den Füßen. Es ist uns auch nicht weiter aufgefallen, weshalb warmes Abendessen „zu fassen" war, wir hatten doch bereits ein warmes Mittagessen im Leib. Es kam eine der zurückgebliebenen Frauen aus dem Dorf und spülte die Kochgeschirre. Dann saßen wir wieder auf dem Fußboden und nach und nach schliefen wir ein.

Irgendwann, es war noch dunkel, wurden wir zum Kompanieappell geweckt. Nur kurz war der Schlaf, aber tief und traumlos. Die Zugführer zählten ihre Männer und dann sprach der Hauptmann. Er gab bekannt, dass wir jetzt zur luxemburgischen Grenze marschieren, der Durchmarsch durch Luxemburg muss ohne Kriegserklärung und unter Umständen mit Waffengewalt erzwungen werden, alsdann beziehen wir Stellung vor der Maginotlinie. Er befahl äußerste Disziplin, völlige Ruhe, keine lauten Kommandos, kein Licht, Rauchen verboten, Pferde tragen Lederschuhe, mit scharfer Munition laden und sichern, Helm auf!

Es blieb keine Zeit zum Abschied. Ständig neue Weisungen, neue Aufträge, es musste an so vieles gedacht werden und den Pferdeführern war beim Einspannen zu helfen. Aber mit dem neuen Gefühl im Unterleib (jedenfalls bei mir) musste jeder selbst fertig werden. Dann rückten wir mit dem Gefechtstross ab. In Serpentinen tappten wir einen Weinbergsweg hinunter. Es kam „Halt", Fahrzeuge bleiben bergseits stehen, schwere Waffen von den Fahrzeugen, in Schützenkette marsch. Dann wieder „Halt" und „volle Deckung". Während ich hinter einem Schotterhaufen mit der fünfzehn Kilogramm schweren Granatwerferbodenplatte im Rücken lag, hörte ich Stiefelgetrampel auf der im Nebel liegenden Flussbrücke (es war die Mosel), Rufe, Schreie, dann wieder Ruhe.

Neue Befehle, in Schützenkette den Rest des Weinbergs hinunter und im Laufschritt über die Brücke nach Wormeldingen. Am luxemburgischen Brückenkopf lag ein großer Betonklotz mitten auf der Straße. Für uns Infanteristen war das kein Hindernis. Rechts stand ein Zollhaus. Deutsche Offiziere und Männer in fremden Uniformen sprachen miteinander. Das mussten luxemburgische Zöllner sein. Sicherungstrupps schwärmten aus.

Neue Befehle, in Gefechtsordnung die Straße rechts hoch. Ich hatte nach links zu beobachten. Es stand Haus an Haus und vereinzelt wurde in den Zimmern das Licht eingeschaltet. Luxemburg kannte noch nicht die Verdunkelung. Dann Licht in einem Fenster unmittelbar am Brückenkopf, der Vorhang wird zur Seite geschoben,

Fenster auf, ein nackter weiblicher Oberkörper beugt sich heraus und der Busen liegt so schön auf der Fensterbank. Der Anblick dauerte nur Sekunden, dann der Schrei: „Die Preißen kummen!" Das Fenster wurde zugeknallt und weg war die Dame und ihr Busen. Obwohl strengste Disziplin befohlen war, war ein befreiendes Lachen nicht zu überhören.

Mittlerweile war der Tag angebrochen und wir marschierten ohne Feindberührung Richtung Stadt Luxemburg. Bei Sandweiler holte uns unser Gefechtstross ein und wir durften die schweren Waffen endlich wieder verladen. Wir hatten sie runde zwanzig Kilometer geschleppt.

Die Kompanie musste aber in und durch die Stadt Luxemburg marschieren. Offensichtlich hatten unsere Offiziere deshalb mit uns Granatwerferschützen Bedenken und uns Jungen wurde der kürzere Weg mit dem Gefechtstross an der Stadt vorbei angeboten. Das war verlockend, aber wenn wir schon durch eine Hauptstadt marschieren müssen, dann wollten wir doch dabei sein. Was hätten wir alsdann zu Hause erzählen sollen?

Also wurde der Sanitäter gerufen, wir zogen die Stiefel aus und die Blasen wurden aufgestochen. Jetzt noch Jod darauf, dann ein Pflaster, wir waren wieder marschbereit. Und dann in Marschordnung unglaublich stolz durch die fremde Stadt marschiert. Nein, Blumen gab es nicht, man sah nur stumm auf uns und die Damen standen hinter den Gardinen.

Wir marschierten über Bettemburg nach Düdelingen vor die Maginotlinie. Die französische Artillerie begrüßte uns mit Granatfeuer und ich habe in Erinnerung, dass wir zwei Leichtverletzte einbüßten.

Die Erinnerung an Fisch ließ mir keine Ruhe, bis ich mich endlich mit meiner Frau zu einem Besuch aufraffte. Von Trier fuhren wir nach Sotzweiler und ich fand „meine" Wirtschaft und das Sälchen so, als hätte ich es gestern erst verlassen. Nur das Stroh fehlte und die Illusion wäre perfekt gewesen. Dann fuhren wir die Marschstrecke ab bis Fisch und innerlich, versteht sich, klopfte ich mir wegen dieser Marschleistung auf die Schulter.

Wilhelm Pregler

In der Werkstattkompanie

Wie es der Zufall so wollte, hatte mich das Geschehen nach dem Frankreichfeldzug für vier Monate zur Werkstattkompanie der 73. Infanteriedivision verschlagen. Es wurde ein Maler zum Spritzen und Beschriften gesucht. Meine 13. Kompanie/Infanterieregiment 170 versetzte mich zur Feldpostnummer 28184 nach Mülhausen im Elsass. Was wird das für ein Haufen sein, so fragte ich mich. Als „Halbsoldat" hatte ich nur wenig Ahnung von den Gliederungen der verschiedenen Nachschubeinheiten. (Im Unterricht war dies nur kurz gestreift worden.) Ich musste mich beim Stab des Nachschubs melden, der mich dann zur zukünftigen Heimat, der Werkstattkompanie, in Marsch setzte. Sie war in einer Renaultwerkstätte in einem Vorort von Mülhausen untergebracht. Es stellte sich heraus, dass die Werkstattkompanie nur drei Kilometer von der Unterkunft der 13. Kompanie entfernt war, aber mit dem Gepäck musste bis zum Stab marschiert werden und anschließend zurück zur neuen Kompanie. In der Hitze wäre es für ein Übergewicht ein vorzügliches Training gewesen, nur war schon damals kein Übergewicht vorhanden gewesen. Es fängt gut an, dachte ich nach dieser odysseischen Reise. Nach Ankunft bei der „Neuen" gab es ein Privatquartier. Der Quartiergeber, wie sich später herausstellte, hatte im ersten Weltkrieg bei den Deutschen mitmachen müssen und besaß gar keine gute Meinung von den Preußen.

Die Werkstattkompanie war eine für die damaligen Verhältnisse technisch gute, vollmotorisierte Einheit, ausgerüstet mit Werkzeugmaschinen, Drehbänken, autogenen und elektrischen Schweißgeräten, Holzbearbeitungsmaschinen sowie Spritzgeräten mit allen dazugehörigen Materialien. Die militärische Führung oblag einem Offizier, die technische Führung einem Hauptwerkmeister (Schuller, wahrscheinlich aus Nürnberg stammend), später einem Baurat, assistiert vom Altwerkmeister Faber aus Coburg (bereits damals schon an die 60 Jahre alt gewesen). Die Aufgliederung der Kompanie war wie in anderen Kompanien, in Zügen, denen ein Werkmeister vorstand. Diese Züge, selbstständige Arbeitseinheiten, konnten abgesetzt hinter der Truppe zu ihren Arbeitseinsätzen kommen. Es gab erfahrene, gut qualifizierte Handwerker bei der Einheit, wie Motorenschlosser, Autoschlosser, Klempner, Schmiede, Wagner und wie üblich auch Schuster und Schneider. Die Einheit hatte sämtliche Fahrzeuge der Division, motorisiert oder bespannt, auch Waffen zu reparieren und eventuell zu spritzen.

Ich erinnere mich, dass eine deutsche Schauspielerin, die für die Truppenbetreuung eingesetzt war, ihr Privatauto zur Reparatur brachte, das sehr gründlich überholt wurde. Die Windschutzscheibe besaß einen Aufklebezettel: Wird von der Wehrmacht instandgesetzt. Unsere Radfahrschwadron brachte einen englischen Beute-Pkw zum Spritzen. Bei der Besprechung mit dem Rittmeister bat ich ihn, von seiner Schwadron die Farbe des Wagens etwas anschleifen zu lassen, da bei mir zu viel Arbeit vorlag. Als nach einigen Tagen der Wagen ankam, war mein Erstaunen groß, der gesamte Lack war total abgeschliffen und der Pkw glänzte metallisch blank. Bei meiner Befragung hörte ich, dass ungefähr 20 Kameraden mit Schmirgelleinen den alten Lack entfernt hatten. Die 2. Sanitätskompanie lag irgendwo zwischen Mülhausen und Colmar, auch hier wurde der ganze Wagenpark gespritzt.

Ebenfalls führte die Arbeit zu den Beutesammellagern bei Colmar und Straßburg. Für die Feldbestellung in Deutschland wurden die kleinen französischen 2-Mann-Tanks fahrbereit gemacht und laufend beschriftet. Herr Major von Donani von unserem Divisionsstab leitete die Aktion. Dabei gab es schon früh um 05.00 Uhr einen gehörigen Anpfiff vom Herrn Major. Als ich abgeholt wurde, ahnte ich nicht, dass der Herr Major mit von der Partie war, ich grüßte in der Dunkelheit mit einem ganz unmilitärischen „Guten Morgen". Das folgende Donnerwetter verschlug mir zunächst die Sprache, aber es ging vorüber. Bei einem guten Mittagessen, das er in einem Straßburger Hotel spendierte, war alles wieder in Ordnung. Inzwischen hatte mich auch der Fahrer getröstet, dass der Herr Major so etwas nicht tragisch nimmt.

Später, 1941 beim Vormarsch in Russland, lernte ich auch seinen Sohn, Leutnant von Donani, kennen, der Vorgeschobener Beobachter bei unserer Artillerie war, bis er zu einem Lehrgang nach Deutschland abkommandiert wurde. Er konnte der Episode die heitere Seite nicht absprechen. Es nahte die Kriegsweihnacht 1940. Die Kompanie feierte in einem Saal, wozu die Bühne ganz unweihnachtlich mit dem Reichsadler in rot gemalt wurde. Die Ansprachen hielten ein Theologiestudent, der als Sanitäter fungierte und ein junger Parteiredner, der seine Frontbewährung in der Werkstattkompanie absolvieren musste. Mit den anderen Kriegsweihnachten verglichen, waren es noch unbeschwerliche Tage gewesen.

Ich beantragte meine Rückversetzung zur 13. Kompanie/Infanterieregiment 170, die Ende Januar 1941 erfolgte und kam noch zur Mittelgebirgsausbildung zurecht. Hier endete mein Ausflug in die Technik.

Die Werkstattkompanie habe ich auf dem Balkan, einmal in Krasnodar und einen Zug im Einsatz in Novorossisk getroffen. Hier beklagten sich die Kameraden, dass die reparierten Lkw von den Kabardinkabatterien beschossen wurden, sodass sie nur nachts aus der Deckung fahren konnten.

Viele Kameraden der Werkstattkompanie waren aus dem Würzburger Raum, ich glaube auch aus Heidingsfeld. Wie mag das Schicksal der Werkstattkompanie gewesen sein? Ich wäre dankbar, und es würde mich interessieren, von meinen alten Kameraden zu hören. Herzliche Grüße an Euch, meine alten Kameraden.

August Fischer
13. Kompanie/Infanterieregiment 170

Marscherleichterung

Auch zu diesem Stichwort wäre einiges zu sagen. Es handelt sich um ein Befehlswort, das nur ein Offizier geben konnte. So durfte alsdann der Karabiner erleichtert auf der Schulter oder umgehängt getragen werden. Das „auf Jägerart“ tragen kam erst viel später, tief in Russland.

In Frankreich kam zu dem Befehl „Marscherleichterung“ meist noch „Kragen auf“. Damit kein Irrtum entsteht, wir, das Heer, trugen Waffenröcke mit 6 Knöpfen dazu, ganz oben zwei Haken mit Ösen zum Verschließen des Kragens. Im Kragen angeknöpft saß die Kragenbinde und deren Sauberhalten wurde laufend kontrolliert, um ein Wundscheuern des Halses zu vermeiden. Wir waren also keine „Schlipssoldaten“ wie die Herren der Luftwaffe, die Mannen des Reichsmarschalls. Während des Frankreichfeldzugs kam also, so nach etwa zwei Stunden Marschzeit der Befehl „Kragen auf“. Es war keinem Soldaten anzuraten ohne Erlaubnis zu öffnen. Der geöffnete Kragen war schon eine Erleichterung.

Während des Balkanfeldzugs, wo es noch wärmer war, konnte zu dem „Kragen auf“ noch „oberster Knopf auf“ kommen. Dazwischen lagen allerdings wieder einige Marschkilometer. Dieser Befehl lag nahe an einem Exhibitionismus, war aber eine echte Wohltat. Mehr durfte allerdings nicht geöffnet werden.

Unsere Tagesleistungen lagen zwischen 40 und 55 Kilometern. Das lässt sich marschieren, einmal, zweimal. Aber wenn das tagelang so geht, dann wird es unangenehm. Um wenigstens der Tageshitze auszuweichen, lagen die Abmärsche nächtens zwischen 02.00 und 03.00 Uhr. Zu diesen Stunden war es wieder reichlich kühl. Jetzt war von Marscherleichterung keine Rede und gerne hätten wir auch noch den Kragen hochgeklappt. Aber als die Marschiererei zu Ende war und wir am Kastoriasee Pause hatten, gab es Gelächter. Durch das tagelange marschieren Richtung Süden, bzw. Südwesten, waren wir alle im Gesicht linksseitig gerötet oder gebräunt. Das muss man gesehen haben.

Ein Kompaniechef wollte und musste jeden Tag seine Kompanie sehen, folglich stand er nach etwa einer halben Marschstunde am Straßenrand und begrüßte einen Zug nach dem anderen mit einem kräftigen „Guten Morgen, X-ter Zug“. Dann noch ein paar freundliche Worte oder Bemerkungen über das Essen oder „Heute machen wir nur 50 Kilometer!“. Dann war der Zug vorbei.

Genauso verhielt sich der Bataillonskommandeur. Nur kam der etwas später, hatte aber immer aufheiternde Worte. Nun muss ich etwas gestehen. Jedes Mal rief er, nachdem er den Zug begrüßt hatte: „Guten Morgen, Pregler“.

Ich: „Guten Morgen, Herr Major!“

„Hast Du Post von daheim?“ oder „Wie geht es Deiner Mutter?“ und manchmal aber auch: „Einen Gruß von meiner Frau". Längst wusste die ganze Kompanie, dass wir Nachbarn waren und dass der Major mich von klein auf kannte. Da war jeder Verdacht einer „Radfahrerei" umsonst.

Da war aber trotzdem mal etwas. Es war am zweiten Marschtag in Rumänien und es steht am Straßenrand Hauptmann Kremnitz, unser Kompaniechef während des Frankreichfeldzugs. Er hatte noch vor seiner Versetzung meine Beförderung zum Unteroffizier beantragt, aber zum Beförderungstermin war er bereits nicht mehr unser Chef. Dabei muss man jetzt wissen, dass ein Beförderter sich nach der Beförderung bei allen Ranghöheren der Kompanie vorstellen musste. Das hatte ich ja auch getan, aber Hauptmann Kremnitz war versetzt, gehörte nicht mehr zum Bataillon, geschweige zur Kompanie. Wir marschieren also fröhlich an unserem beliebten, wenn auch früherem Chef vorbei und er ruft: „Guten Morgen, 4. Zug!".

Wir: „Guten Morgen, Herr Hauptmann". Er anschließend, reichlich laut und für alle hörbar: „Herr Pregler, haben Sie mir nichts zu sagen?" Da hatte ich meinen Pfeffer! Gott war das peinlich! Aber was sollte ich machen? Gegen alle Regeln der Dienstordnung lief ich aus der marschierenden Kolonne hin zu ihm, machte mein „Männchen" und die Meldung. Im Anschluss an seine Gratulation sagte er: „War aber auch höchste Zeit".

Ich hab es gesehen – der neue Kompaniechef grinste.

Wilhelm Pregler

Wieder in Joannina nach 62 Jahren

Eine Dienstreise als Militärattaché der Deutschen Botschaft in Athen führt mich über Florina nach Kastoria und weiter nach Joannina. So fahr ich mit dem Dienstwagen dieselbe Straße, auf der 1941 die 1. Radfahrkompanie/Infanterieregiment 170 und andere Teile des Regiments 170 marschierten. Von Kastoria an führt die Straße durch eine grüne Niederung, die von felsigen Hängen eingesäumt wird und durch die sich der Fluss Aliakmonas zum Ägäischen Meer windet. Hinter dem Aliakmonas stößt man auf die Straße, die von Saloniki kommt und über Kosani sich dann nach Süden über Grevena nach Trikala wendet. Kurz vor Kalabaka biegt mein Fahrer, mit dem griechischen Namen Theodosios, nach Westen ab. Zügig schnurrt der Mercedes die heute breit und gut ausgebaute Passstraße hinauf, die über das 1.700 Meter hohe Dorf Metsovo zur etwa 120 Kilometer entfernten Hauptstadt des Epirus, nach Joannina, führt.

Nun werden immer mehr Erinnerungen an den April 1941 wach, als ich die 1. Radfahrkompanie/Infanterieregiment 170 im Rahmen der Vorausabteilung Stiefvater nach Joannina zu führen hatte. Im Anblick der hohen und seit damals unveränderten Berge des Pindosgebirges denke ich an die vielen Kameraden, die damals zur „ersten“ gehörten und im Kriege ihr Leben lassen mussten oder inzwischen verstorben sind. Für sie alle nenne ich Feldwebel und Reserveoffiziersanwärter Fritz Münch aus Würzburg, der ein halbes Jahr später auf der Krim fiel, und Gefreiten Lutz III aus Fahr am Main, der vor drei Jahren verstarb. Mögen viele Kameraden diesen kleinen Bericht lesen und sich mit mir an die Tage vor 32 Jahren erinnern.

Ich will der Erinnerung etwas nachhelfen. Die Straße von Kosani nach Trikala war von Panzern der 2. Panzerdivision verstopft, die wegen vieler Brückensprengungen nicht weiterkamen. Da erhalte ich den Befehl, mit der Kompanie an den feststeckenden deutschen Panzern vorbeizufahren, nördlich Kalabaka nach Westen abzudrehen und so schnell wie möglich nach Joannina vorzustoßen, wo der Divisionskommandeur beim Oberbefehlshaber der Epirusarmee sei, die kapituliert habe. Es ist der 21. oder 22. April 1941. Auch der Kompaniechef steigt auf ein Fahrrad um, denn mit dem Wagen kommt hier niemand voran. Endlich haben wir mit unseren Fahrrädern die Abzweigung nach Joannina erreicht. Nun ist die Straße frei, und schon kommt uns eine Chevrolet Limousine mit einem griechischen Offizier und dahinter ein Lastkraftwagen entgegen. Beide Fahrzeuge wechseln schnell die Besitzer, denn wir brauchen einen Lastkraftwagen für die Soldaten, die eine Reifenpanne haben. Ich bin froh, wieder in einem Personenkraftwagen zu sitzen, auch wenn ich selbst fahren muss. Feldwebel Münch neben mir ist ebenfalls sichtlich erleichtert. Hinter uns schieben die drei Züge ihre Fahrräder mühsam die neu geschotterte Straße zum Pass hinauf.

Der wievielte Pass mag es sein, den die Soldaten der 1. Kompanie seit Rumänien mit dem Fahrrad überwinden? – Heute, am 24. Mai 1973, ist die Straße breit und asphaltiert. Nach etwa einer Stunde lade ich meinen Fahrer und meinen Mitarbeiter vom Militärattachéstab zu einem Eis in einem kleinen Dorf in 1.700 Metern Höhe kurz vor dem Ort Metsovo ein. Und dann erzähle ich ihnen nicht ohne Stolz von den Soldaten der 1. Kompanie, die nach heftigen Kämpfen im südlichen Jugoslawien über Florina, Kastoria nach Joannina vorgestoßen sind, beinahe genau vor 32 Jahren.

Beim Erzählen sind meine Gedanken wieder ganz im April 1941. Ich sehe im Geist die lange Reihe der Soldaten ihr Fahrrad unermüdlich bergauf schieben. Damals aber als Kompaniechef dachte ich immer nur an Joannina, wo der Divisionskommandeur die Kompanie erwartete. Ich fahre mit dem Personenkraftwagen voraus, um noch vor der Dunkelheit wenigstens Verbindung mit General Bieler aufzunehmen. Wir sehen die herrliche Gebirgswelt kaum, denn wir achten auf die Straße und griechische Soldaten. Als wir um eine Kurve biegen, sehen wir in 50 Metern Entfernung eine berittene Kolonne griechischer Soldaten uns entgegenkommen. Uns stockt der Atem. Was tun? Kehrt machen würde auf der Passstraße länger dauern und die Griechen vielleicht zum Schießen reizen. Also einfach weiterfahren! Aber, haben alle Truppen im Epirus kapituliert, wissen alle griechischen Soldaten von dieser Kapitulation? Es sind bange Sekunden, als wir ihnen immer näher kommen, und es ist etwa eine Schwadron, gegen die wir beide machtlos wären. Etwas unsicher nehme ich die Hand an die Mütze, als ich den vorbeireitenden Offizier passiere. Er grüßt zurück, anscheinend auch unsicher, wie sich der erste deutsche Soldat, den er sieht, verhalten wird. Also alles gut gegangen, wie so oft bei unserer Vorausabteilung, an deren Spitze die 1. Kompanie seit dem 6. April vorstößt. Uns bleibt jedoch keine Zeit zum Aufatmen, denn mit kleinen Unterbrechungen begegnet uns eine Kavalleriedivision. Aber unsere Aufregung lässt nach, denn niemand hebt die Hand zum Widerstand. Stumm grüßend fahren wir an den griechischen Soldaten vorbei, die seit dem 28. Oktober 1940 tapfer gegen eine italienische Übermacht gekämpft hatten. Obwohl die Italiener überfallartig angegriffen hatten, waren sie von den tapferen griechischen Verteidigern schon kurz hinter der griechisch-albanischen Grenze aufgefangen und sogar zurückgeschlagen worden. Und nun marschieren wir als Gegner, aber wohl nicht als Feinde, aneinander vorbei. Deutsche und Griechen verbindet trotz der politischen Ereignisse eine Achtung besonderer Art, und das spüre ich auch heute noch oft in diesem schönen Land.

So bin ich wieder in der Gegenwart. Wir sitzen längst wieder im Auto, das jetzt die Straße nach Joannina hinabrollt. Der grünblaue See und die Häuser von Joannina leuchten uns entgegen. In der nach dem Krieg noch viel größer gewordenen Stadt angekommen, suche ich das Gebäude, wo ich als erster deutscher Kommandant von Ende April bis Ende Mai 1941 saß. Der schöne, alte Bau ist neu gestrichen.

Heute ist in dem Gebäude die städtische Bibliothek, damals war es die Nationalbank. Gegenüber stellen wir das Stabsgebäude der 8. Division fest, deren Kommandeur ich morgen besuchen will. Ich kenne den Generalmajor von 1971/1972, als er beim Oberkommando des Heeres in Athen war. Immer war er sehr zurückhaltend und ernst, vielleicht auch, weil er nicht englisch spricht. Daher sage ich meinem Mitarbeiter, der griechisch spricht und mich morgen begleiten wird, dass ich meine Tätigkeit als Kommandant von Joannina nicht erwähnen will, damit er nicht irgendwie verletzt sein könnte. An sich hatte ich immer freimütig von meiner ersten Begegnung mit Griechenland gesprochen, wenn ich von Offizieren gefragt wurde, ob ich schon mal in Griechenland gewesen sei. Und wenn ich dann nicht nur bemerkt hatte, wie tief mich schon damals das Land beeindruckt hatte, über dessen alte Kultur und Geschichte ich so viel in der Schule in Altgriechisch gelesen hatte, sondern auch auf die Tapferkeit und Disziplin der griechischen Soldaten von 1941 eingegangen war, hatte ich stets nur anerkennende Worte über den deutschen Soldaten gehört.

Am nächsten Tag sitzen wir beim griechischen Generalmajor in dessen Stabsgebäude beim obligatorischen „türkischen Kaffee". Wenn ich beim Gespräch an seinem Kopf vorbeischaue, sehe ich durch das Fenster den schönen Bau gegenüber, in dem ich 1941 „regierte". Er spricht über die Geschichte der 8. Division, dass er 1940 als Leutnant bereits zur 8. Division in Joannina gehört und an der Albanienfront nördlich von Joannina gekämpft habe. Und dann erzählt er, dass er im April 1941 in der Nähe der Stadt die ersten deutschen Soldaten erlebt habe, die ihn nicht nur anständig, sondern sehr freundlich behandelt und sofort nach Hause entlassen hätten. „Die Deutschen haben im April 1941", so fährt er fort, „sogar eine Kompanie nach Joannina verlegt, damit sie notfalls die Italiener an der Demarkationslinie nördlich Joannina aufhält!" Da nimmt er mit Erstaunen ein Lächeln bei mir wahr, denn nun glaube ich, ihm von der 1. Kompanie erzählen zu können, ohne diesen immer sehr ernsten Menschen zu verletzen. „Herr General", sagte ich zu ihm, „das war die 1. Kompanie/Infanterieregiment 170 der 73. deutschen Infanteriedivision, ich war damals der Kompaniechef und saß als 22-jähriger Oberleutnant für fünf Wochen als Kommandant von Joannina in dem hübschen Bau dort gegenüber". Jetzt lachen wir beide, offen und herzlich, wie zwei Soldaten, die einst ohne ihren Willen Gegner waren und heute Kameraden in einem Bündnis sind, das vom Willen der beteiligten Völker getragen wird.

Die anschließende Einweisung in die Aufgaben der Division, mein Besuch bei einem Infanteriebataillon an der albanischen Grenze und ein Vortrag im Kampfgelände von 1940 sind sehr interessant. Abends sitze ich mit dem General, seinem Vertreter und meinem Mitarbeiter in einem griechischen Restaurant auf einer Höhe mit Blick auf das erleuchtete Joannina. Bei den deftigen griechischen Speisen und dem geharzten Retsina-Wein sprechen wir nicht mehr vom Krieg und auch nicht mehr von seiner

8. Division. Bei mir ist der Schüler eines humanistischen Gymnasiums durchgebrochen, der nach dem Krieg beim Studium an der Universität Würzburg mit Passion Vorlesungen über die griechischen Naturphilosophen gehört hat. Wir diskutieren über Sokrates, Aristoteles, Platons Staatslehre und den hier geborenen Begriff von der Freiheit des Menschen. Als wir uns trennen, drücken wir uns fest die Hand. Ich glaube, wir sind uns viel näher gekommen.

Im Hotel sitze ich noch lange auf dem Balkon und schaue auf die Lichter von Joannina und den jetzt dunklen See. Und wieder sind meine Gedanken bei den damaligen Soldaten der 1. Kompanie. Ich empfinde tiefe Dankbarkeit gegenüber den toten und den lebenden Kameraden wegen ihrer Haltung damals 1941. So oft habe ich hier in Griechenland erlebt, dass man mit Anerkennung und Achtung vom deutschen Soldaten des Zweiten Weltkriegs spricht. Es ist irgendwie tröstlich, dass ritterliches Verhalten gegenüber dem damaligen Gegner und Nächstenliebe zur Zivilbevölkerung die Menschen einander näher gebracht hat, obwohl im Zweiten Weltkrieg durch geistige Verwirrungen das Menschenantlitz oft zerstört wurde. Vielleicht empfinden einige meiner Kriegskameraden ähnlich, wenn sie diese Zeilen lesen. Deshalb habe ich meine Gedanken 32 Jahre nach unseren gemeinsamen Erlebnissen im Raum Joannina niedergeschrieben. Aber ich will damit auch ganz einfach alle Kameraden sehr herzlich aus Griechenland grüßen in der Hoffnung auf ein baldiges und gesundes Wiedersehen in der Heimat.

Theodor Hopf
Oberst im Generalstab
(aus Nachrichtenblatt April 1974/1)

Der denkwürdigste Tag meines Priesterlebens

Es war Montag, der 11. August 1941. Wir lagen in Schevischenko. In der ganzen Gegend sind die Kirchen in Vergnügungsstätten umgewandelt. Mein Quartier befand sich in einem landwirtschaftlichen Forschungsinstitut. Gegen Mittag wurde Abmarschbefehl bekannt. Mitten in die Vorbereitungen hinein fiel ein großer Platzregen, gewitter- und wolkenbruchartig. Trotzdem fahren wir ab. Zusammen mit dem Gericht. Marschziel war Rasnopoli; 47 Kilometer entfernt. Die Wege bodenlos. Umleitung wegen zerstörter Brücke. Brennende Häuser. Fliegerangriff. Mein Wagen bleibt im aufgeweichten Boden stecken. Artilleriepferde ziehen uns wieder heraus. Weiter. Endlich ist die Vormarschstraße gekennzeichnet. Es geht bergan. Entgegenkommende Gefangene schieben uns bis zur Höhe hinauf. Dann versuchen wir allein weiter zu „schwimmen". Bald müssen wir von Neuem Gefangene zu Hilfe rufen. Es geht auf ebenem Wege nicht mehr voran. Jetzt wendet die „Straße" sich nach rechts. Da hält Rittmeister von Thüngen Telefonwache. Von ihm lassen wir uns die Wege weiter erklären. Bald bleibt mein Wagen, bald der vom Gericht, stecken. Die Dämmerung bricht an. Wohin Du noch siehst, kein Baum, kein Strauch. Alles weiter, fast grenzenloser Raum. Scheinbar unendlich nach allen Seiten. Viel schneller als daheim gewohnt kommt die Nacht.

Zur Linken gehen in einiger Entfernung Leuchtkugeln hoch. Das ist vorderste Linie. Die Hoffnung, unser Tagesziel zu erreichen, haben wir aufgegeben. Nur das nächste Dorf suchen wir. Kameraden befragten wir. Sie deuten unsicher in die Gegend. Schließlich liegen in einer Talmulde Häuser vor uns. Durch Schmutz und Morast arbeiten wir uns noch Meter für Meter über eine kleine Brücke hinüber. Aber der Wagen kommt nicht von der Stelle. In einer ganz nahe liegenden Lehmhütte sucht unser Kriegsgerichtsrat Quartier. Er klopft an eine Tür. „Wer ist drauß?" heißt die Rückfrage von einer Frauenstimme. „Ihr könnt rei kumma" ,hören wir in echtem Pfälzer Dialekt, dann öffnet sich die Türe, wir machen erste Bekanntschaft mit den Volksdeutschen in der Gegend von Odessa. Deutsche Laute! Welche Freude! Doch auch welche Luft! Mief, aber wenigstens trockener Boden. Die Leute bieten Milch an, die wir dankbar annehmen und bezahlen. Dann halten wir Nachtmahl und bereiten Lagerstätten vor. So zwischen hinein betrachtete ich mir die durch den Schein einer Kerze spärlich beleuchteten Bilder an der Wand. Ein Schutzengelbild hängt da: ein Schmetterling fangender Knabe, der durch seinen Schutzengel von dem Abgrund zurückgehalten wird. Das Bild ist keine besondere Kunst und doch mutet es mich heimatlich an, denn in Deutschland habe ich dasselbe Bild viele Male an den Wänden hängen sehen. Und dann hängt ein Muttergottesbild: die Schmerzensreiche. Zwischen den beiden Bildern ein Kreuz. Um den Kreuzesbalken geschlungen entdecke ich den ganz verrosteten restlichen Teil eines Rosenkranzes. Also müssen die Leute, so schließe ich, katholisch sein. – In der Zimmerecke hinten steht ein hohes Strohsackbett. Sicher über achtzig Jahre war die Oma alt, die darinnen ruhte und uns von oben herab verwundert betrachtet hat. Zu ihr gehe ich hin: „Oma, ich bin katholischer Geistlicher." Sie schaut mich verständnislos an; sie hat nicht begriffen. „Oma, ich bin katholischer Priester." Nun schien es mir, als ob ihr eine Ahnung aufgehen wollte. Da fragt sie hastig zurück: „Bist Du ein Poter (Pater)?" Das bejahe ich. Noch nie habe ich eine solche freudige Gesichtsverklärung bei einem Menschen gesehen. Es ist, als ob sie das Glück gar nicht fassen könnte. „Machst Du auch in der Kirche so", fragt sie mich und hebt beide Hände und Arme hoch, wie es der Geistliche bei der heiligen Wandlung tut. Natürlich bejahe ich. Aber ganz zufrieden und sicher ist sie noch nicht. „Betest Du auch zur lieben Muttergottes?" Selbstverständlich bejahe ich auch das. Es ist unbeschreiblich, welche Freude, Überraschung und Verwunderung und welches Glück diese Mitteilung für die Oma und ihre Leute bedeutete. Ich verspreche für den nächsten Morgen eine heilige Messe. Sofort wird der Wunsch laut, doch auch die Kinder zu taufen und Weihwasser zu weihen. Noch am gleichen Abend, trotz Nacht, Sumpf und Morast, erfährt die Nachbarschaft vom geplanten Frühgottesdienst. Die über achtzigjährige Großmutter findet immer wieder neue Worte der Freude und des Dankes. Als wir längst zu schlafen versuchten, kommt Hauptmann Heiße. Wir teilen mit ihm und seinem Burschen unser Quartier.

Morgens, schon in aller Frühe, ist die Großmutter auf den Beinen. Sie muss es noch vielen Bekannten sagen. Bald laufen Kinder da und dorthin. Schließlich sind wohl über zwei Dutzend Männer und Frauen mit kleinen Kindern im Festtagsstaat versammelt. Aber noch immer kommen mehr. Vor der Lehmhütte mit einem Strohdach bauen wir unseren kleinen Altar auf. Dann ziehe ich die heiligen Gewänder an. Mit weit aufgerissenen Augen sehen die Leute zu. Eine kurze Ansprache halte ich. Kündige Generalabsolution an und lade zur heiligen Kommunion ein. Dann beginne ich die heilige Messe. Während des Staffelgebets zieht jemand an meiner Albe: „Beten Sie auch für unsere Angehörigen. Vor zwanzig Jahren haben sie unseren, Poter' geholt und dann sind immer wieder unsere Kranken gestorben mit den Worten auf den Lippen: ‚Holt mir doch den Poter'." Rings um mich Beten, Weinen und Schluchzen. Nach meiner heiligen Kommunion erteile ich allgemeine Lossprechung und bereite dann auf die heilige Kommunion vor. Ob die Kleinen auch gehen dürfen, fragen sie mich. „Nur, wer unterrichtet ist und weiß, was die heilige Kommunion ist, darf gehen." So beantworte ich die gestellte Frage. Und wie ich dann die heilige Kommunion austeile, bleiben Kinder, Burschen und Mädchen bis zu etwa 20 Jahren der heiligen Kommunion fern. Alle übrigen gehen zum Tisch des Herrn mit einer ganz großen Innigkeit und Andacht; auch Soldaten, die zufällig des Weges daher und zur heiligen Messe hinzugekommen waren. Nach der heiligen Messe weihe ich herbeigebrachtes

Wasser und taufe Kinder. Die anwesenden Soldaten drängen sich herzu, suchen sich die Buben heraus, bei denen sie Taufpate werden wollen. – Aus einer in der Nähe haltenden Soldatengruppe kommt noch der eine oder andere Soldat eilig herbei, um auch Taufpate zu werden. Alle Teilnehmer am Gottesdienst erhalten ein Bildchen mit dem Datum des Tages. Zufällig habe ich noch etliche Dutzend Rosenkränze. Ein größeres Geschenk hätte ich wohl diesen Leuten kaum machen können. Eine Frau meint: „Ja, ich will meinen Rosenkranz aber auch noch geweiht haben." Daraufhin erkläre ich, dass die Rosenkränze durch den Hochwürdigsten Herrn Erzbischof von Freiburg geweiht seien. Schade, dass ich nicht mehr Rosenkränze bei mir hatte. Auch was ich an Lesestoff in meinem Koffer hatte, musste ich restlos verteilen.

In der Zwischenzeit waren noch einige Frauen nachgekommen. Ihnen muss ich Generalabsolution und die heilig Kommunion nachträglich spenden und wie ich damit fertig bin, stehen wieder soundso viele neu herbeigebrachte Kinder zum Taufen da. Also taufe ich wieder. Soldaten sind nochmals Taufpaten. Die Kinder erhalten ihren bisherigen Namen und den des Taufpaten und dann greifen die Kameraden in ihre Geldbeutel: „Da, das ist mein Patengeschenk." Die Volksdeutschen wussten nicht, wie ihnen geschah.

Man will nun in die weitere Umgebung gehen und noch mehr Kinder zum Taufen bringen. Aber ich kann nicht länger verweilen. Ob ich nicht sagen könne, wann der nächste Geistliche käme, ob die Roten nun auch wirklich nicht mehr zurückkämen, alle möglichen Fragen muss ich noch beantworten. Dann erzählen sie immer wieder spontan, was sie bisher um ihrer Religion und ihres Glaubenswillen haben leiden und erdulden müssen.

Heilige Kommunionen habe ich an diesem Morgen etwa fünfzig ausgeteilt. Etwa dreißig Kinder habe ich getauft. Unser damaliges Quartier war bei einer Familie Schäfer in Neu-Kandel; so verzeichnete es mein Tagebuch.

Mit allerlei guten Wünschen und Zurufen fuhren wir schließlich ab. Zunächst zum Tagesziel von gestern. Dann ging es weiter nach Kommissarowka. Mein Bursche hat von diesem Gottesdienst eine Farbaufnahme gemacht. Sie ist mir heute ganz wertvolle Erinnerung an den vielleicht denkwürdigsten Gottesdienst während meines vierzigjährigen Priesterlebens.

Während des Gottesdienstes saß der Kriegsrichter neben mir auf zerfallenem Gemäuer und beobachtete. Er war mir lieber Kamerad und Freund, war Berliner. Für Religion hatte er nahezu kein Organ. Lange Zeit war es still im dahinfahrenden Auto. Dann sagte er: „Dass die Religion den Menschen so tief ergreifen, so tief innerlich beglücken kann, das habe ich nicht gewusst."

Anton Ulrich
Ehemaliger Divsionspfarrer 73. Infanteriedivision

Perekop

Am 12. September 1941 stießen wir durch die Nogaische Steppe in Richtung Perekop vor. Unsere Vorausabteilungen waren verstärkt durch Kradschützen und Panzerspähwagen der Leibstandarte SS Adolf Hitler. Erst bei Preobraschenka bricht die Hölle los. Eingegrabene Infanterie, ein Panzerzug und große Minenfelder zwangen unsere Kompanien auf einen schmalen Sicherheitsstreifen, wo sie jämmerlich zusammengeschossen wurden.

Wir lagen im Bereitstellungsraum bei Perekop. Für den Abend des 23. Septembers 1941 war ein Feldgottesdienst angesagt, der hinter einer Kolchosescheune, knapp vor unseren Stellungen stattfinden sollte. Eingeladen hatte Hauptmann Kern, Chef der 5. Kompanie, im Zivilberuf evangelischer Geistlicher. Der Versammlungsort war in seinen letzten 200 Metern nur kriechend zu erreichen. Es waren viele gekommen, mehr als erwartet. Und dann sprach Hauptmann Kern, ebenfalls auf dem Bauch liegend, zu uns. Er sagte uns klar und unmissverständlich, dass am Ende dieser Schlacht jeder Zweite von uns tot oder verwundet sein wird. Er sprach vom Schicksal, vom Soldatentod, von Pflichterfüllung, Kameradschaft und von Gottvertrauen, davon, dass es völlig egal sei, welchen Glauben der einzelne hat, ob er „blau", „schwarz" oder „farblos" ist. Selbst wenn einer glauben würde, er hätte überhaupt keinen Glauben, es gäbe keinen Gott dort oben, so wird auch sein Schicksal morgen alleine in Gottes Hand liegen.

„Ich bin Kraft meines Amtes in der Lage euch allen, die ihr hier vor mir liegt, und all denen, die Wache halten müssen, die Sünden zu vergeben. Sprecht mit mir, aber nicht zu laut, Gott hört euch trotzdem, das Vaterunser". Obwohl auch er vom Feind einzusehen war, stand er auf und sprach unerschütterlich seinen Segen, vergab uns unsere Sünden, den „Blauen", den „Schwarzen" und den „Farblosen".

Am 24. September 1941 begann die Schlacht. Ein Trommelfeuer beachtlicher Stärke schlägt auf die feindlichen Stellungen, Stukas kommen heulend, einer hinter dem anderen, suchen den Panzerzug bei Perekop und tiefere Ziele.

Unseren 6 Divisionen standen 8 russische Feld- und 4 Kavalleriedivisionen gegenüber.

Um 05.30 Uhr wird das Artilleriefeuer vorverlegt und wir treten an. Wie erwartet schlägt der Feind genauso hart zurück. Nur Schritt für Schritt kommen wir vorwärts, wobei wir froh waren, nicht wieder zurücklaufen zu müssen. Drahthindernisse und wieder Drahthindernisse, dichte Minenfelder mit Holzkastenminen sowie eingebaute und fernbediente Flammenwerfer, eingegrabene Panzer, Seeminen mit elektrischer Zündung. Feldstellung um Feldstellung in dieser tiefgestaffelten Verteidigungsfront und so meisterhaft getarnt, dass sie erst unmittelbar davor und oftmals zu spät erkannt werden. Die mit uns vorfahrenden Vierlingsgeschütze haben nur kurze Lebensdauer. Panzer waren keine da und nur ein Sturmgeschütz brachte abends die Essensträger nach vorn. Deckung war nur in Granattrichtern oder in den im Nahkampf eroberten Grabenstellungen zu finden. Leider hatten die Stukas keinen einzigen Bunker unseres Abschnitts außer Gefecht setzen können und zu allem Übel kamen russische Schlachtflieger, die uns regelrecht „verarschten“. Unsere Verluste wären größer gewesen, wäre der Boden nicht so weich, so sandig gewesen.

Sepp Wolfenstätter bekam einen Lungenschuss, Karlheinz Schade verlor seinen rechten Arm, Naser erwischte es am Bein und Rötlein wurde der Rücken aufgerissen.

Wir hatten ein Maschinengewehrnest ausgemacht und wollten mit einem Granatwerfer dieses ausheben. Dazu finden wir einen mächtigen Granattrichter. Vier Mann hinein und den Werfer aufgebaut. Da kommt postwendend eine Artilleriesalve nach der anderen. Und dann ein Nächsttreffer, dessen Trichterrand sich mit unserem schneidet. Wir waren völlig zugeschüttet und nur brüllend hörten wir uns. Jetzt erst erkenne ich, dass die bereits schrägstehende Sonne genau in das Werferrohr hinein leuchtete und blinkend uns verriet. Ein Artilleriebeobachter musste das gesehen haben und wollte uns umbringen. Ich stieß das Rohr um und nach bangen Minuten sind wir der Meinung, dass der Russe uns vergessen hat.

In der Dämmerung hörten wir Sepp um Hilfe rufen, demnach hatten die Sanitäter ihn nicht gefunden. Mit einer Zeltplane springen wir von Trichter zu Trichter zurück, finden ihn und schleppen ihn zurück zum Sammelplatz. Es war eine harte Arbeit, aber viel mehr tat uns Sepp leid, doch konnten wir ihn nicht besser transportieren. Er hat es überstanden und als alles vorbei war, hat er sich mit einem Hochzeitsfoto bedankt.

Die nächtlichen Stoßtrupps der Russen blieben im Maschinengewehrfeuer liegen. Anderntags ging der Krieg gnadenlos weiter. Vorspringend finden wir Schutz in einer niedergekämpften Feldstellung, die wir tags zuvor mit Granatwerfer beschossen hatten. In den runden Schützenlöchern fanden wir Zündköpfe unserer Granaten, in einem Loch waren nur noch Schuhe, in einem zweiten Loch nur noch die Fetzen eines Brotbeutels. Die beiden Mütter werden nie erfahren, wo ihre Söhne geblieben sind.

Am dritten Kampftag war Hauptmann Kern mit seiner Kompanie auf dem Tatarengraben. Sie waren die Ersten. Aber der Bunker feuerte immer noch. Wir lagen hinter einem dieser völlig unterirdisch liegenden Bunker, während Pioniere mit Flammenwerfer den Bunker ausräuchern wollen. Plötzlich wird die Bunkertüre aufgestoßen, ein russischer Soldat springt heraus, feuert mit seiner Maschinenpistole bis deren Magazin leer ist, dann wirft er sich mit einer Handgranate zu Boden, ein dumpfer Knall und der Soldat wird hochgeschleudert. Dann ist es aus. Das Ende eines tapferen Soldaten.

Wilhelm Pregler

Weihnachten 1941

Wir waren auf die Halbinsel Krim und mit schweren Verlusten bis nach Kertsch gekommen. Hinter uns rauchende Trümmer und Gräber und nochmals Gräber. Nur Sewastopol, die stärkste Seefestung Russlands, war zwar eingeschlossen, aber noch nicht eingenommen. Dort lag die 72. Division aus Trier. So wurden wir mal wieder in Marsch gesetzt und am 30. November 1941 marschierten wir von Kertsch aus den alten Weg zurück über Dschankoj, dann auf dem Bahndamm in Richtung Melitopol. Schlamm, Dreck, Dreck, Schlamm und jeder Tag wurde kälter. Kilometer um Kilometer. So kam der Winter 1941–1942. Leise kam er, die Rollbahn wurde erst weiß, dann hart und immer härter. Die Bevölkerung hatte längst Türen und Fenster ringsum mit Stallmist abgedichtet und formte den Rest zu handlichen Briketts. Wir marschierten ziemlich sorglos, denn vor uns war die motorisierte Brigade Leibstandarte SS Adolf Hitler bis Rostow gestoßen. Wir marschierten über Melitopol nach Mariapol, heute heißt die Stadt Shdanow und je weiter wir nach Osten vordrangen, umso kälter wurde es, der Ostwind war nadelscharf und konnte tagelang orkanartig toben. Es wurde entsetzlich kalt. Die Kopfschützer reichten nicht aus, wir klappten die Seitenteile der Feldmütze nach unten. Über den Wintermantel hingen wir zusätzlich die Zeltplane und es dauerte nicht lange, dann waren die ohnehin dünnen Fingerhandschuhe verschlissen. Mehr hatten wir nicht gegen den Winter. Unter den Waffenrock klemmten wir schichtweise Zeitungspapier.

So kamen wir kurz vor Weihnachten in das Siedlungsgebiet der Schwarzmeer-Deutschen und wir bezogen Quartier in Marienfeld, wo man uns stolz trotz der Kälte mit Brot und Salz empfing. Viele Frauen und Kinder, aber nur ein Mann, ein einziger alter Mann. Er wusste zu sagen, dass alle Männer, soweit sie nicht schon eingezogen waren, in der Nacht vor dem Eintreffen der Panzerspitze der Leibstandarte SS Adolf Hitler abtransportiert wurden. Auch sämtliches Vieh wurde mitgenommen und Frauen und Kinder sollten auch noch geholt werden.

Doch dann kam es zur Kesselschlacht bei Stalino und die Sowjets suchten ihre eigene Haut zu retten. Ich kam mit zwei weiteren Unteroffizieren in das Haus der Familie Kamerad. Frau Kamerad war etwa Mitte dreißig, ihre Mutter so um die sechzig herum und die beiden Jungen acht und zehn Jahre alt.

Als bekannt wurde, dass wir über die Feiertage hier bleiben würden, atmete die Kompanie auf und die Frauen machten sich ans Werk. Wir mussten alles Waschbare zum Waschen abgeben. Dann wurden wir selbst geschruppt und die Haare geschnitten. Strohsäcke mussten frisch gefüllt werden, und weil die Frauen damit rechneten, dass wir verlaust sind, mussten wir nochmals in eine Bütte mit Spezialwässerchen steigen. Dann bekamen wir Familienanschluss. Die Kompanie erhielt Marketenderwaren und wir kauften alles, was die Familie Kamerad gebrauchen könnte. Sie hatte ja gar nichts mehr und trotzdem wurde gebruzelt und gebacken. Ich erinnere mich, dass Zucker völlig fehlte und zum Süßen nahm man sterilisierten Melonensaft. Den Weihnachtsabend feierten wir gemeinsam im Gemeindehaus. Die Kompanie hatte für jede Familie ein Paket mit Lebensmitteln zurechtmachen lassen und soweit ich es überblicken konnte, hatte jeder Soldat irgendetwas für seine Quartierleute, und wenn es nur gesparte Zigaretten waren.

Die Feldpost wurde am Weihnachtsabend ausgegeben. Ich hatte vier Päckchen und konnte so jedem der Familie Kamerad eines geben. Den Christstollen meiner Mutter, und sie konnte vortrefflich backen, bekam Frau Kamerad. Ja, und als Überraschung wurde bekannt gegeben, dass der inzwischen zum Leutnant beförderte Pastor Kögel am 1. Feiertag eine Weihnachtsandacht halten werde. Die Reaktion der Frauen war einer Panik ähnlich. Alle Kinder und alle jüngeren Frauen wollten getauft werden. Nein sagen konnte Leutnant Kögel jetzt nicht mehr, er erbat sich aber zwei Tage zur Vorbereitung der Täuflinge, die noch nie einen Religionsunterricht hatten. Sie wussten lediglich, dass Religion Opium für das Volk sei. So wurde ich Taufpate über den achtjährigen Hermann Wilhelm Kamerad aus Marienfeld.

Ich hatte noch in den Fünfzigerjahren brieflichen Kontakt mit Oma Kamerad, die nach Polen ausgesiedelt war. Meine Mutter schickte seinerzeit kartonweise Bekleidung nach Polen, denn jetzt hatten sie rein gar nichts mehr. Nach der Besetzung Polens durch die Russen haben diese die Deutschen wieder aufgeladen und hinter den Ural transportiert. Doch auch von dort erhielt ich mehrmals Post, aber dann kam keine Antwort mehr.

Unser Regiment marschierte nach den Feiertagen ab nach Osten, während der Russe wieder dort auf der Krim landete, wo wir seinerzeit abzogen.

Wilhelm Pregler

Flintenweiber oder Soldatinnen?

Wer diese Betitelung erdacht hat und wie alt sie ist, weiß ich nicht. Es kann aber nicht gut vor Erfindung des Schießpulvers und der Flinte gewesen sein. Man musste sich eben vor dieser Zeit anderer Bezeichnungen bedient haben. Aber darum geht es mir nicht, sondern um eine harte Realität.

Ich habe in „unserem" Krieg keine deutsche Frau mit einer Schusswaffe erlebt. Wohl weiß ich von DRK-Schwestern, von Blitzmädchen, von Luftwaffenhelferinnen usw., aber niemals um reguläre deutsche Soldatinnen. Die waren uns fremd und nicht glaubwürdig. Das Waffenhandwerk war für unsere Generation ein Privileg, aber auch eine Verpflichtung der Männer.

Und dann geschah uns Folgendes: Wir hatten die Krim und die Ukraine hinter uns, kamen vom Mius und waren im Angriff auf Noworossijsk mit seinen rund 100.000 Einwohnern.

Die Brücke über den Kuban bei Krasnodar sprengten die zurückweichenden Russen rigoros in die Luft, um uns den Vormarsch zu erschweren. Der Krieg war grausam geworden, denn hunderte Flüchtlinge, Frauen und Kinder mit Fahrzeugen aller Art waren auf der Brücke.

Ein Spähtrupp der Kompanie war jedoch nicht zurückgekommen. Wir rückten weiter vor. Da lag ein toter russischer Soldat am Waldrand. Es war für mich peinlich festzustellen, dass das kein Mann, sondern eine Frau war. Ein Irrtum war ausgeschlossen. Sprach unsere Propaganda nicht schon lange von Flintenweibern? Das fehlte uns noch! Und sie hatten bewiesen, dass sie ausgezeichnete Schützen und harte Kämpfer sein konnten.

Dann fanden wir unseren Spähtrupp, sie lagen tot an einer Böschung und einem von ihnen war der Penis abgeschnitten.

Das hätten sie nicht tun sollen. Auch wussten wir nicht, ob das vor oder nach seinem Tod geschah. Wie mit einem „Lausrechen" wurde die nächste Umgebung durchkämmt und dann hatten wir etwa 30 uniformierte und bewaffnete Frauen gefangen. Sie wurden zusammengetrieben und durften sich auf den Boden setzen.

Sie trugen reguläre Uniformen, aber keine wollte mit der Verstümmelung etwas zu tun haben. Wir standen vor einer uns völlig neuen Situation.

Wir waren in unserer Verwirrung so bodenlos leichtsinnig, dass wir auf Grund der uns anerzogenen Scham die Frauen nicht nach versteckten Waffen durchsuchten. Bevor alsdann die Feldgendarmerie zur Übernahme eintraf, ließ der Hauptmann durch einen Hilfsfreiwilligen, ein freiwillig bei uns mitkämpfender russischer Soldat, die Frauen in Marschkolonne antreten. War da der Hass auf den Hilfsfreiwilligen, der für sie ein Überläufer ein Verräter war, war es der Ausdruck ihrer Ohnmacht, jedenfalls stand eine stark gebaute Russin auf, öffnete ihren Waffenrock, schob die Unterwäsche beiseite und zeigte in aller Nacktheit ihre schweren Brüste, wobei sie dem Hilfsfreiwilligen einen Wortschwall von Gehässigkeiten ins Gesicht schleuderte. Dazu fingen weitere Frauen ebenfalls lautstark zu schimpfen an.

Das Maß war voll. Auf Anordnung des Hauptmanns schoss ein Soldat mit seinem Maschinengewehr mehrere Schüsse über die Frauengruppe in die Luft. Es passierte nichts, sollte auch nicht, die Frauen sollten nur wissen, dass sie Gefangene waren und dass wir das Sagen hatten. Sie mussten nunmehr stehend und mit hinter dem Kopf verschränkten Armen schweigend warten. Einen zweiten Busen bekamen wir allerdings nicht zu sehen. Die Feldgendarmerie traf ein und die Frauen wurden in Lastkraftwagen verladen.

Flintenweiber oder Soldatinnen – wir mussten diese Situation erst einmal verdauen. Welche Überraschungen kamen noch auf uns zu? Hatte vielleicht Breschnew die Hand im Spiel?

Wilhelm Pregler

Erinnerungen

Vor einigen Monaten feierte ich mit meiner Frau das etwas seltene Fest der Diamantenen Hochzeit. Da wurden Erinnerungen wach.

An Silvester 1940 war ich auf Urlaub zu Hause, und ich hatte mich mit meiner heutigen Frau verlobt. Ich war Unteroffizier und mit meinem Gehalt, konnte ich es wagen, eine Familie zu gründen. Der Krieg, so hofften wir, würde bald zu Ende gehen.

Als ich nach meinem Urlaub zurück zur Truppe kam und wir Gebirgsausbildung machten, wurde mir klar, dass mit dem Frieden doch noch nicht so schnell zu rechnen ist. Aber als wir dann auf den Balkan verlegt wurden und uns gen Süden in Marsch gesetzt haben und uns gesagt wurde, dass wir dem Engländer zuvorkommen müssten, eine neue Front aufzubauen, und dies auch dann schnell gelang, waren wir wieder guten Mutes, dass der Friede bald nahen wird.

Deutschland versucht sich nur eine günstigere Ausgangslage für Friedensverhandlungen zu schaffen. Kein Mensch bei uns dachte an einen Krieg mit Russland.

Trotzdem, nach einigen Wochen mussten wir über die russische Grenze marschieren. Für uns Infanteristen heißt das kämpfen, marschieren, eingraben und wieder kämpfen. Auch Abschied nehmen von toten und verwundeten Kameraden. Ersatz aus der Heimat kam und ging wieder.

Auch mich erwischte es einige Male, aber nicht so schlimm, dass ich für längere Zeit im Lazarett bleiben hätte müssen. Auch den russischen Winter haben wir überstanden.

Dann ging es in Richtung Kaukasus und die Sehnsucht nach der Heimat wurde immer stärker. Wir erfuhren, dass die ersten Urlauberzüge in die Heimat rollen. Bei einer sich passenden Gelegenheit fragte ich unseren Spieß, wie das denn sei mit einem Heimaturlaub. „Oje" sagte der, „zuerst kommen da die Verheirateten mit Kindern, dann die ohne Kind und wenn die alle daheim waren, ist hoffentlich der Krieg aus und wir gehen alle in die Heimat." Traurig wendete ich mich ab, um in meinen Schützengraben zurückzugehen, da rief mir der Spieß nach: „Soldätle wend heiraten dädst, gäbs eher eine Chance."

Da gab es für mich kein Überlegen. Ich erkundigte mich was ich tun müsste, um Heiratsurlaub zu bekommen. In dieser Nacht schrieb ich, im Kerzenschein, einen langen Brief nach Hause und lange bevor es hell wurde, war der Brief zum Kompaniegefechtsstand gebracht worden. Nun hieß es warten und warten.

Wir erreichten kämpfend die Hafenstadt Noworosijsk, aber ganz einzunehmen gelang uns nicht. An der Fabrik gelang es dem Russen unseren Vormarsch zu stoppen. Wir wissen heute, dass der Kampf um Stalingrad begann und wir nur noch eine Außenseiterrolle spielten. Wir wurden hin und her geschoben, da ein Angriff und dort ein Angriff, aber es ging einfach nicht voran. Zuletzt haben wir uns in einer Waldstellung eingegraben.

Am Abend kam ein Pferdegespann und brachte das warme Essen und für den nächsten Tag eine Brotration mit Wurst oder Käse und eine Feldflasche Tee.

Eines Abends, Anfang November, musste ich zum Kompaniegefechtsstand und mir wurde gesagt, dass ich Heiratsurlaub erhalte. Froh gestimmt, verabschiedete ich mich von den Kameraden und eine vierzehntägige Heimreise begann.

Am Montag, dem 16. November 1942, kam ich zu Hause an. Fast 23 Monate waren vergangen, seit ich die Heimat verlassen hatte. Am Donnerstag, dem 19. November 1942, war dann die Hochzeit. Nach fünfzehntägiger Ehe musste ich wieder an die Front zurückkehren.

Mit einer schweren Kopfverwundung wurde ich in der Nacht des 9. Mai 1944 im Hafen von Sewastopol auf ein Schiff gebracht, das im Morgengrauen des 10. Mai von Fliegern versenkt wurde. Dabei erlitt ich im Gesicht starke Verbrennungen. Trotzdem zählte ich zu den Wenigen die gerettet wurden und erreichte am 11. Mai das rumänische Festland.

Erst im März 1945 kam ich nochmals zu einem Kurzeinsatz in Deutschland, wo ich in amerikanische Gefangenschaft kam. Im April 1946 kehrte ich in die Heimat zurück.

Karl Lattin
4. Kompanie/Infanterieregiment 170

Häuserkampf in Noworossijsk

Mainfränkische Grenadiere bewähren sich

Der X-Tag ist da, der Angriffstag. Trübe erhebt er sich über der zerschossenen, zerwühlten Erde von Noworossijsk. Vom Zwielicht an geht jeder Blick besorgt zum Himmel: wird es „Fliegerwetter" werden? Wolken ziehen, zu Decken verdickt, vom Meer landeinwärts. Können da die Sturzkampfflugzeuge kommen? Das ist die Frage am ganzen Frontabschnitt. Überall stehen seit der Nacht die Truppen in ihren Bereitstellungen, im Hügelgelände südwestlich der Stadt, wie auch hier bei uns, in den südlichen Randgebieten von Noworossijsk. Die Verbände der benachbarten Division sind als erste an der Reihe. Von der Stadt aus soll erst angetreten werden, wenn der Stoß zum rechten Flügel her bis zu seinem ersten Stoßziel gekommen sein wird. Heute? Morgen?

Wenn nur schon „Fliegerwetter" wäre.

05.00 Uhr morgens: Alles bleibt ruhig. Kein Motorengeräusch, kein Gefechtslärm rechts.

05.30 Uhr: Noch immer nichts. 06.00 Uhr. Wir warten weiter. Da, endlich, um

06.30 Uhr: vom Nordosten her das Gedröhn von Flugzeugmotoren. Das ist nicht nur eine Maschine, das sind auch nicht die täglichen Aufklärer, nein, das ist das Gebrumm schwerer Maschinen und vieler Maschinen. Das sind sie! Die Sturzkampfflugzeuge sind da. Von Nordost nach Südwest geht der Kurs.

Nach Südwesten wenden wir den Blick. Dort haben die Sowjets stark befestigte Hügelstellungen. Dort kurven die Sturzkampfflugzeuge ein, die erste und die zweite Welle. Heulend geht es hernieder, und gleich darauf donnern die Einschläge los. Bis in die Stadt herein lassen die Detonationen die Türen beben, die letzten Fensterscheiben zittern. Rums, Rums, Rums …

Die Sturzkampfflugzeugwellen ebben nicht ab. In steter Wiederkehr folgen sich das Gedröhn der Motoren, das Aufheulen der Sirenen, das Krachen der Detonationen. Immer aufs Neue geht es in die Hügelstellung, auf die Feldbefestigungen dahinter. Andere Ketten stoßen zu gleicher Zeit auf andere Ziele herab, auf die Batteriestellungen der Sowjets am Nordost- und Ostufer der Zemesskajabucht. Die Truppe in Noworossijsk-Süd hat diese Batterien seit langem hassen gelernt. Sie haben direkten Beschuss nach Noworossijsk-Süd herüber, das für die Geschütze in den Bergrillen am Ostufer wie auf einem Präsentierteller liegt. Von der zweiten Zementfabrik in Nord ab bis über das Kap Penaj hinaus und noch weit tiefer nach Süden haben die Sowjets ihre zahlreiche Artillerie eingebaut, ihre Salvengeschütze aufgestellt. Diese Batterien könnten alle erschwerend eingreifen, wenn der deutsche Angriff beginnt.

Es ist darum das Ziel, die feindlichen Batterien am Nordost- und Ostufer der Bucht niederzukämpfen oder mindestens doch bei Tage niederzuhalten. Bombe um Bombe werfen die Sturzkampfflugzeuge dort ab. Jede Rille zwischen den vielen Bergkämmen, die zum Meeresufer heruntersteigen, wird bombardiert. Die deutsche Artillerie wirkt von Süden her mit, ihre Einschläge liegen hinter der vielgeschlängelten Uferstraße in den Rillenhalden. Durch das flimmernde Gegenlicht hindurch sehen wir seit der siebenten Morgenstunde auch drüben die Pilze der Einschläge.

Stunde um Stunde verstreicht, fortgesetzt kommen die Sturzkampfflugzeuge. Hier in Süd warten wir mit steigender Spannung darauf, ob das erste Stoßziel beim Nachbarn zur Rechten so früh am Tage erreicht sein wird, dass auch wir heute noch antreten können. In den primitiven Bereitstellungsbunkern will und will die Zeit so scheint es, nicht vergehen. An unserem Abschnitt bleibt alles ruhig, kein Feuerschlag auf die feindlichen Hauptkampflinien, kein Bombardement. Warten und Warten. Ein paar nehmen noch eine Mütze voll Schlaf, andere lesen in den abgegriffenen Romanheften, die vorn ununterbrochen von Hand zu Hand gehen. Warten und Warten. Es wird 12.00 Uhr, 13.00 Uhr, 13.30 Uhr. Wenige Minuten später geht in dem Gefechtsstand des 1. Bataillons eines mainfränkischen Grenadierregiments das Telefon. Der Regimentskommandeur, Oberstleutnant M., spricht mit dem Bataillonsführer, Oberleutnant G. Ein kurzes Gespräch in der Tarnsprache. Die schweren Werfer, die vor unserem Angriff einsetzen sollen, sind noch nicht da. Also heute nicht mehr, also morgen ... Was wird der Feind während der Nacht machen? Schwer bombardieren? Nun, auch die Nacht hat ein Ende. Der Feind war zwar fortgesetzt da, aber stets nur mit einigen Ratas. Wie kläglich-spärlich nimmt sich sein Motorengeräusch aus, nachdem uns der Tag das Donnern und Heulen der Sturzkampfflugzeuge gewohnt gemacht hat. Indes genügte es zur Ruhestörung, und ruhig war die Nacht für die mainfränkischen Grenadiere ohnehin nicht. Die Nacht vor dem Sturm hat ihre eigenen Gesetze.

Der Morgen des zweiten Angriffstags. Heute sind wir dran, in der südlichen Vorstadt Stanitschka. Nun wird auf den Befehl zum Antreten gewartet. Wieder ist die Bewölkung da, doch längst nicht so verdickt wie am gestrigen Morgen. So weiß man, dass die Sturzkampfflugzeuge heute früher kommen werden. Die Sturzkampfflugzeuge, die Werfer und dann, wie immer, wie wieder und wieder, die Infanterie. Das letzte, das härteste Stück wird stets für die Grenadierregimenter bleiben, wird immer der Infanterie zufallen. Das Berennen von Bunkern und Häusern, das Anlaufen gegen Maschinengewehrnester, der Nahkampf, der Männer fordert und Männer nimmt. Die Kompanie bildet den rechten Angriffsflügel. Sie wird, wenn sie vorgeht, die rechte Flanke offen haben. Bei diesem Gedanken empfindet keiner der kampferprobten Mainfranken – fast zwei Jahre kämpfen sie nun schon ohne Unterlass gegen die Sowjets – Behagen. Denn die offene Flanke bedeutet, dass halbrechts vorn sowjetische Feuerstellungen liegen und das Angriffsgelände eingesehen werden kann, Flankierungsfeuer auch von rechts. Doch jetzt denkt niemand der Grenadiere daran, denn in diesem Augenblick wird in dem Gewölk das Brummen der Sturzkampfflugzeuge hörbar.

05.30 Uhr: Leutnant L., der Führer der 2. Kompanie schießt selbst die Leuchtpatronen ab, damit die Flieger ja die eigenen Linien nicht verkennen. Der Kampfraum ist eng, und die Hauptkampflinien verlaufen so eng beieinander, dass größte Achtsamkeit notwendig ist. Auch bei den Kompanien zur Linken, das 2. Bataillon des mainfränkischen Regiments schließt an das erste an, gehen die Leuchtkugeln hoch, und auf dem Boden vor den Kampfständen brennen Rauchzeichen ab.

05.35 Uhr: Und nun beginnt das Inferno. Aus den Wolken kommen die Sturzkampfflugzeuge, um gleich wieder in die Wolken hinaufzugehen. Nur wenige Sekunden sind sie frei sichtbar, aber das genügt zur Einsicht in die Bodenziele und genügt uns, um zu sehen, wie die Bomben ausgeklinkt werden. Eine große und drei kleinere. Und viermal rumst es nach jedem Ausklinken, viermal erbebt die Erde bis zu uns her, drückt uns der Luftdruck fast an die Hausmauer, an der wir beobachteten. Vier Schläge jedes Mal, und vier Fontänen steigen auf, trüb, grau und bräunlich. Bald verschmelzen sie zu ganz hohen Wolken, die Stanitschka der Sicht entziehen. Die Häuserzeilen scheinen verschwunden zu sein. Nur unmittelbar nach dem Einschlag sah man Gebälk und Gestein durch die Luft wirbeln. Jetzt steht eine Schwadenwand vor dem sowjetischen Viertel, ein dunstig schmutziger Vorhang. Eine Kette und wieder eine und noch eine. Die Bomben prasseln hernieder, dann setzt eine Pause ein.

06.14 Uhr: Ein ganz unheimlicher Ton klingt plötzlich auf, wie sirenenhaftes Sirren, aber so, als begännen Sirenen zu singen, die auf Kurzrhythmen eingestellt sind. Tonanschwellen und Tongefälle in knapp sekundenhaften Abständen. Die schweren Werfer! Und nun kommen sie herangesungen, gar nicht hoch und ganz klar zu erkennen. Unförmig und keulenhaft wirken die Wurfkörper. Doch sie haben noch etwas Unheimliches an sich. Wie apokalyptische Vögel schwirren sie dahin. Es war ein starker Schlag. Und was nun in Sekunden folgt, übertrifft bei weitem die Detonationen der Sturzkampfflugzeugbomben. Noch heftiger erzittert die Erde, noch stärker packt der Luftdruck, noch wilder ist das Krachen der Einschläge und da Einschlag neben Einschlag sitzt, sieht man keine Fontäne mehr, sondern es hebt sich sofort eine dicke, dichte Wolkenwand, die schier bis zu den Wolken am Himmel zu reichen scheint. Sie ist fahler, dunkler als die Schwadenwand nach den Sturzkampfflugzeugbomben, ist dunkelbraun mit schwarz durchsetzt. Ganz schnell ist das alles abgerollt, nur Minuten, ach, fast nur Dutzende von Sekunden hat es gedauert. Dann ist Stille. Aber nicht lang.

06.20 Uhr: Zum ersten Male regt sich der Feind, gibt Zeichen einer schwachen Gegenwirkung. Einige Granatwerfer schocken herüber, und drüben im Norden, am

Ostufer der Bucht, rührt sich die Artillerie. Doch es währt nicht lange, denn bald setzen wieder Sturzkampfflugzeuge an, diesmal mehr gegen die sowjetischen Feldstellungen in der rechten Flanke.

06.25 Uhr: Abermals das Sirenengeheul von den Werferstellungen her. Es war der letzte Schlag vor dem Angriff. Die Stunde der infanteristischen Bewährung ist gekommen.

„Angreifen"

06.37 Uhr: Das Bataillon ruft vor zur Kompanie: „Angreifen!" Der Befehl geht durch den Gefechtsstand, geht weiter zu den Zügen. In wenigen Sprüngen hat der Bataillonsführer herübergesetzt. Einige Worte des Ansporns und der Ermutigung. Rechts und links der Häuser der Ausgangsstellung entfalten sich die Züge der 2. Kompanie. Ganz rechts, an der offenen Flanke, der 3. Zug, den Unteroffizier Qu. führt. In der Mitte und links die Züge der Feldwebel Pa. und Kl. Hier ist nicht der Anfang schwer, denn die ersten 20 bis 30 Meter haben Schutz durch Vorgärten und Häuser. Dann aber müssen wir in eine Mulde hinein, deren einer Hang und deren Mitte vom Feind eingesehen werden. Das leichte Geriesel eines dünnen Bachs zieht sich durch die Mulde. Spanische Reiter sind quer hindurch bis hinauf zu einem Hause links am Gegenhang aufgebaut. Nachts haben Pioniere Gassen durch die Verdrahtung gemacht. Zu ihnen werden von je einem Pionier die Züge geführt. In diesem Augenblick der eingesehenen Entfaltung beginnt die feindliche Gegenwehr. Maschinengewehre streichen herüber und Granatwerfer schocken in die Mulde. In der Mitte der Senke das erste Opfer: Knapp 50 Meter vor seinem Gefechtsstand entfernt fällt der Kompanieführer der 2. Kompanie, Leutnant L., durch Granatsplitter. Auf den Tag sind es drei Wochen her, dass er mit dem Eisernen Kreuz I. Klasse ausgezeichnet worden war. Vor dem Feind ist wenig Zeit, sich umzusehen. Weiter geht es, in schnellen, kurzen Sprüngen und dann wieder bäuchlings, robbend, um jede Geländefalte auszunutzen. Qu's Zug schwenkt nach Passieren der Verdrahtung rechts ein, ins freie Feld hinüber und dann nach einer Linksschwenkung wieder vorwärts. Wir springen aus der Mulde hinauf nach links hinter Häuserruinen. Zwei schüttere Ruinen sind es, Lehmwerke. Die eine Mauer vielleicht vier Meter breit, dann eine Lücke von anderthalb Metern und wieder ein Mauerrest, noch nicht mannshoch und keine zwei Meter breit. In der Lücke springt eine Gruppe mit einem leichten Maschinengewehr weiter vor, da aber sperrt ein sowjetisches Nest mit einem schweren Maschinengewehr den Weg. Schon hat es herübergebelfert, die Gruppe hat zwei Verwundete. Und jetzt ist der Feind wachsam. Jede Bewegung neben die beiden schütteren Ruinen hinaus wird beschossen. In das nächste Haus hinter uns, am Hang der Mulde, ist der Kompaniegefechtsstand vorverlegt worden. Es sind nur acht Meter von uns bis zu dem Haus, dann kann der Sprung in die Deckung des Muldenhangs erfolgen. Aber nach rechts ist auch dort noch Vorsicht geboten. Und ganz gleich, an welcher Seite einer zu uns oder zum Kompaniegefechtsstand hinunterspringt, sofort tackt es von zwei Seiten. Es wird deutlich: Mindestens das eine Maschinengewehrnest muss ausgeschaltet werden. Doch es ist für die Handgranaten zu weit, Gewehrhandgranaten schaffen es nicht, und da freies Gelände davor ist, kommt man weder robbend noch springend heran. Schwerere Waffen müssen her.

07.45 Uhr: Ein neuer Schlag der schweren Werfer. Aber wir sind zu dicht an der sowjetischen Linie, als dass die vordersten feindlichen Bunker von den Werfern oder der Artillerie beschossen werden könnten. Die feindlichen Maschinengewehre sprechen weiter, wir werden aufgehalten, wir müssen warten. Der eine Verwundete konnte selbst zurück, der andere liegt hier bei uns in der Deckung der Mauer. Noch kann er nicht zurückgeholt werden.

Die Züge rechts und links werden ebenfalls aufgehalten. Bei jeder Bewegung ist der Maschinengewehrbeschuss da, und eben jetzt haben wir direkt am Haus auch einen Einschlag. Nebelgranate. In Sekundenschnelle ist eine dicke milchige Wolke um uns, wir können die Hand nicht vor den Augen sehen, es beizt in Augen und Rachen. Widerliche Sekunden (aber Sekunden können lang sein!), bis die Umwölkung dünner wird und wir nicht nur uns, sondern auch das Gelände wieder erkennen können. Der Feind hat die Situation nicht genützt.

10.15 Uhr: In den Gärten hinter der Mulde, die wir durchsprungen haben, fährt ein Sturmgeschütz auf. Sein Langrohr nimmt feindliche Stellungen unter Feuer. Das Sturmgeschütz brauchen wir, dass es uns das Haus mit dem Maschinengewehrnest zusammenschösse. Es wird schon noch vorfahren …

Um 10.40 Uhr heulen wieder die Werfer hinüber. Um 12.10 Uhr fliegen Bomber einen neuen Angriff. Und dann, dann hören wir – noch ist es im Ruinengewirr nicht zu sehen – ein Sturmgeschütz vorbrechen. Da, zur Linken ist es. Drei-, viermal dröhnt der Abschuss herüber, und große Löcher klaffen in dem Maschinengewehrnesthaus. Das ist der Augenblick: die Gruppe St., die halblinks vor uns lag, springt herüber. Es geht alles gut. Das Maschinengewehrnest ist ausgefallen. Dort haben wir Luft. Nun kann der Verwundete zurück, nun kann es weiter vorwärts gehen. Jetzt ist der nächste feindliche Stützpunkt nahe genug heran, dass ein Flammenwerfer ihn zu erreichen vermag. Der junge Pionier hat vorher, als wir hinter der armseligen Ruine lagen, geschlafen wie ein Murmeltier. Fest und tief, den Kopf auf den verschränkten Armen, die auf Rohr und Schlauch des Werfers lagen. Jetzt ist er ganz dabei, und kaum haben ein paar Grenadiere Handgranaten vor den Stützpunkt geworfen, damit der Junge ohne beschossen zu werden vorspringen kann, da ist er auch schon aus der Deckung heraus, und die Flamme zischt vor, fasst das Gebälk. Ein Teil der Stützpunktmannschaft fällt aus, der Rest springt in die Deckung der nächsten Häuser zurück. Wieder ein Stützpunkt weniger, aber noch bleibt die Einwirkung von beiden Flanken. So ist es Mittag geworden. Um 13.30 Uhr fährt hinter der Mulde nochmals ein Langrohrgeschütz auf. Vom Kompaniegefechtsstand aus leitet der Bataillonsführer, Oberleutnant Gr., selbst das Feuer des Geschützes. Es sollen vor allem die feindlichen Stützpunkte in der rechten Flanke beschossen werden. Die „drei Häuser". Dann eine Pakstellung in einer Ruine. Weiter ein zerschossenes Haus, in dem eine Schießscharte zu erkennen ist. Schuss um Schuss gehen hinüber. Inzwischen haben die Sowjets auf das Sturmgeschütz aufgemerkt. Ihre Granatwerfer schocken in die Mulde hinein, zwischen Sturmgeschütz und Kompaniegefechtsstand. Es ist besser, dass das Sturmgeschütz die Stellung wechselt, sonst wird die Feindeinwirkung zu stark hierhergezogen. Die frisch ausgeworfenen Löcher der Grenadiere sind zu nahe und noch zu flach. Bis in den späten Nachmittag hinein werden sie vertieft und verbessert.

Der Abend sinkt herein, die Nacht. Und morgen ist auch noch ein Tag und übermorgen …

Luftkampf über dem Hafen von Noworossijsk

Wir lagen in Noworossijsk am Schwarzen Meer, zwar nicht mehr in der von uns eingenommenen Sektfabrik, wohl wissend, dass nochmalige 24 Stunden kein gutes Ende brächten, und wurden weiter in das Hafengebiet vorgezogen. Die russische Küstenartillerie in Tuapse schoss so präzise und genau, dass wir zu dem Verdacht kamen, das Feuer müsste von einem Beobachter in der Stadt geleitet werden. Und so kam schon nach wenigen Tagen ein Kommando der Feldgendarmerie und holte ganz vorne im Hafen aus einem Sickerschacht (oder was es auch immer war) einen Artilleriebeobachter mit Funk heraus. Ich sah ihn noch mit auf dem Kopf verschränkten Armen in die Gefangenschaft gehen.

Zu dieser Zeit hatten unsere Gebirgsjäger die bereits auf dem Elbrus gehisste deutsche Kriegsflagge wieder eingeholt. Die Küstenartillerie aus Tuapse schoss nur noch zögernd und unsicher, wie es mir schien. Dafür besuchten uns täglich russische Jagdflugzeuge. Bomber habe ich nicht in Erinnerung. Aber wenn deutsche Truppenbewegungen zu leichtsinnig erfolgten, kam solch ein kleiner Jagdflieger und zeigte uns, dass er auch noch was zu sagen habe. Er wurde uns echt lästig, bis wir eines Tages ein zweites Flugzeug hörten, doch das war kein Russe, sondern eine „Messerschmitt". Von oben aus den Wolken kam sie und stürzte sich sofort auf die Konkurrenz. Es begann eine Hetzjagd, einer jagte den anderen, immer engere Kurven, rauf und runter, dazwischen Feuerstöße, und waren sie knapp über dem Meeresspiegel, zogen sie wieder steil nach oben. Mal schien es mir, als hätte der deutsche Jäger Schwierigkeiten mit den engen Kurven, da er schneller flog als der Russe. Oft musste er diesen rabiat angehen, damit der Abstand nicht zu groß wurde. Dann wieder erfolglose Feuerstöße und das Heulen der Motoren. Wir standen bei unseren Werfern und bangten um beide, einer musste ja verlieren. Nach meiner Meinung war die Rettung mittels Fallschirm aussichtslos, da die Flughöhe entschieden zu gering war. Vermutlich wurde auch die Munition knapp. Wie lange der Kampf schon dauerte, hatten wir gedanklich nicht mehr im Griff. Beide hätten ein Überleben verdient. Da geschah es. Zuerst feuerte der Russe eine gute Salve gegen die „Messerschmitt", aber alles ging daneben und sofort erwiderte der Deutsche mit zwei Feuerstößen. Die russische Maschine wollte nach oben ausweichen, überschlug sich und stürzte kopfüber in das Hafenbecken. Wir glaubten alle das tiefe Luftholen der Landser, aber auch der zusehenden Stadtbevölkerung, zu hören. Noch eine hochspritzende Wasserfontäne und die See war wieder ruhig. Der deutsche Pilot überflog die Absturzstelle, wackelte mit den Tragflächen und flog Richtung Westen. Der Tod gehört nun mal zum Krieg.

Wilhelm Pregler

Unsere Pferde

Was nur noch die Alten wissen, muss hier mal gesagt sein. Eine Maschinengewehrkompanie, wie wir, die 8. Kompanie des Infanterieregiments 170, war bespannt. Die Kompanie hatte so etwa 120 Pferde, wir aber marschierten zu Fuß. Ich selbst war Granatwerferführer und jeder Granatwerfer wurde von einem Zugpferd mit einachsigem Karren gezogen. Dazu kamen drei Munitionswagen mit je zwei Zugpferden. Der Zugführer, sein Vertreter und die drei Gruppenführer hatten je ein Reitpferd.

Mein erster und letzter Ritt war seinerzeit nach dem Balkanfeldzug in Belgrad. Diese Pferde marschierten mit uns durch Polen, Luxemburg, Belgien, Frankreich, Rumänien, Bulgarien, Jugoslawien, Griechenland, Ukraine bis in den Kaukasus und wieder zurück. Die Kilometerzahl möge jeder selbst ausrechnen.

Im Raum Dsankoi, nach dem ersten Rückmarsch von der Krim, kam für meine unmittelbare Umgebung noch ein herber Schlag. Unsere Pferde, die Tag für Tag nur für uns da waren, die treuergeben ihre Lasten zogen, die Unmenschliches um nicht zu sagen Ungeheures ertragen mussten, waren am Ende ihrer Kraft. Längst gab es keine Reitpferde mehr und russische Beutepferde wurden eingesammelt und eingespannt.

Mein Munitionswagenfahrer hieß mit Vornamen Wilhelm. Er und seine eigenen zwei Ackerpferde, schweres belgisches Kaltblut, wurden gemustert und dienstverpflichtet, wobei man das Zugeständnis gab, dass Wilhelm bei seinen Pferden, die er einst selbst großzog, bleiben durfte. Längst war die Mehrzahl unserer aktiven Pferde tot und jetzt bei Dsankoi kam Wilhelm mit seinen eigenen Pferden nicht mehr weiter. Das Sattelpferd, Hans, war schon wiederholt zusammengebrochen. Jetzt lag er im Schlamm der Rollbahn und war einfach nicht mehr auf die Beine zu bringen. Stallmeister und Veterinär wurden gerufen, doch beide sahen keine Hoffnung mehr. Hans war „ausgelaugt“ und die Anweisung zum Töten war gegeben. Das Pferd war zwischenzeitlich aus dem Geschirr geschnitten und reagierte weder auf Zucker noch auf die Flüsterungen seines selbst vor dem Zusammenbrechen stehenden Herrn.

Der Fahrer Wilhelm war ein Bild des Jammers, wie er so am Kopf seines Pferdes im Schlamm kniete und die Tränen ihm während des Betens über sein altes Gesicht rollten. Das Handpferd Liese wusste genau um die Situation und ständig war ein pferdeliebender Landser bei ihr um sie zu beruhigen. Sie wurde ausgespannt und zu Hans geführt, den sie zärtlich an Kopf und Hals beschnupperte. Doch wenn sie mit ihren Nüstern dem Schlamm zu nahe kam, konnte sie empört schnauben.

Die Kompanie musste weiter. Selbst Futter- und Schirrmeister heulten wie junge Hunde und sie waren die Rauesten der Kompanie. Wilhelm bat mich um meine Pistole – mit seinem Karabiner wollte er es nicht tun. Jeder von uns klopfte mehr oder weniger zärtlich den Hals des Pferdes, dann marschierte die Kompanie weiter.

Später meldete sich Wilhelm zurück, aber es war nichts mit ihm anzufangen. Neben Liese war ein fremdes Pferd eingespannt. Vier Wochen später lag Liese tot im Stall. Im Kaukasus, in der Atakaskajaschlucht wurde der Tross von Partisanen überfallen und Wilhelm erschlagen.

Ich erinnere mich eines Regimentsbefehles der vor der angetretenen Kompanie nach dem Kommando „Helm auf" verlesen wurde. Sinngemäß wurde Folgendes angeordnet:

Höchste Anerkennung und größtes Lob allen Pferden für ihre Hingabe und Leistung. Bei allen Marschpausen müssen zuerst die Pferde getränkt und gefüttert werden. Vorher darf keine Verpflegung für die Mannschaft ausgegeben werden. Tunlichst ist nicht mehr vom Fressen und Saufen der Pferde zu sprechen, sondern vom Füttern und Tränken. Es wurden die Namen der verstorbenen Pferde verlesen.

Man mag über eine solche Anordnung lächeln, aber sie ist ein Maßstab für das Verhältnis zwischen Pferd und Mensch in der damaligen Zeit.

Wilhelm Pregler

Gedenkstätte der Artillerie in Idar-Oberstein

Artillerieregiment 173
August 1939 aufgestellt in Regensburg und Königshofen
im Mai 1944 vernichtet in Sewastopol
In Ostungarn wieder aufgestellt
Bis April 1945: Danzig – Polen – Frankreich – Balkan – Südrussland – Krim – Mius – Kaukasus – Kuban – Krim – Warschau – Westpreußen

Die Artillerieschule der Bundeswehr in Idar-Oberstein errichtet eine Ehrenstätte der Deutschen Artillerie, wo allen Artillerieeinheiten Gedenktafeln zur ständigen Erinnerung gewidmet werden sollen. Diese Tafeln werden in erster Linie von den Traditionseinheiten der Artillerie gestiftet und dann jährlich anlässlich eines „Tags der Artillerie" dem Kommandeur der Schule übergeben. Da ein Traditionsverband des Artillerieregiments 173 nicht besteht, hatten die Infanterieregimenter 213 und 170 sich bereit erklärt, diese Tafel zu stiften. Obwohl uns nur wenige Anschriften bekannt sind und noch weniger von diesen bekannten geantwortet haben, hat doch ein kleiner Kreis der Artilleristen mehr als den erforderlichen Betrag aufgebracht und Kamerad Gäbisch, dem Vorsitzenden unseres Schwesterregiments 213, zur Verfügung gestellt. Kamerad Gäbisch, Infanterieregiment 213, hat sich sehr für die Realisierung eingesetzt, wofür ihm herzlich gedankt sei, besonders auch für die Überlassung des Klischees der Gedenktafel. Besonders gedankt sei auch Frau Peslmüller, der Witwe des 1. Kommandeurs der Artillerieschule Idar-Oberstein, der als Kommandeur des II. Abteilung/Artillerieregiment 173 vielen Regimentskameraden bekannt ist, mit dem ich mich von schweren Einsätzen her auf der Krim sehr verbunden fühle.

Die Übergabe der Gedenktafel findet am 9. Oktober in Idar-Oberstein statt. Das Infanterieregiment 213 fährt mit einem Omnibus zur Einweihung. Brigadegeneral Theo Hopf wird voraussichtlich das Infanterieregiment 170 und die ganze 73. Division bei der Einweihung vertreten. Kameraden, die an der Einweihung teilnehmen wollen, können bei uns Näheres erfahren.

Wir freuen uns, dass unserem Artillerieregiment, das immer in Angriff und Verteidigung uns unterstützt hat und in Sewastopol mit unseren Infanterieregimentern untergegangen ist, hier eine würdige Gedenkstätte findet.

Dr. Fluch

Erinnerungen an Major Marbach

Mein Bruder Siegfried wurde 1916 geboren und es war sehr schwer zur damaligen Zeit nach Abschluss auf der Maschinenbauschule in Würzburg eine Arbeit zu finden. Entweder wurde zu wenig bezahlt oder er stand nach kurzer Zeit wieder auf der Straße. Eine soziale Unterstützung wie heute war damals nicht drin. So wurde Siegfried Berufssoldat.

Er diente bei der 1. Kompanie des Infanterieregiments 55 in Würzburg. Sein Kompaniechef war Hauptmann Marbach, ein Offizier kaiserlicher Prägung vom Scheitel bis zur Sohle, einschließlich seines Monokels, das seinerzeit standesgemäß war. Aus dem ersten Krieg hatte er das Eiserne Kreuz I. Klasse. Er wohnte mit Frau und Sohn in unserer unmittelbaren Nachbarschaft. Wir hatten keine tieferen Beziehungen, man grüßte sich höflich, man sagte sich gegenseitig Nettigkeiten. Das wars. Als ich noch zur Schule ging und den gleichen Weg zur Stadtmitte hatte wie er, war ich mächtig stolz, wenn er mich zu sich rief und ich neben ihm gehen durfte, dem strammen Hauptmann in Uniform, Monokel, Säbel und Handschuhen.

Da war noch etwas. Auch zu meiner Zeit kam jährlich der Nikolaus, nur hatte er nicht, wie hier im Trierer Land den Belzebub bei sich, sondern den weniger bösartigen Knecht Ruprecht. Einen, nicht zwei Knechte. Ich sage das bewusst. Auf dem Rücken trug er einen Sack aus dem noch furchterregend ein Paar ausgestopfte Jungenstrümpfe baumelten. Knecht Ruprecht machte also die Grobarbeiten mit einer Reiserrute, während der heilige Mann dann den Retter mimte und Gnade vor Recht ergehen ließ. Vorher, vor der Haustüre wurde getuschelt und wenn am Ende des Besuches Ruprecht den Sack aufmachte holte der Heilige aus dem Sack für die „lieben Kinderlein“ fertig verpackte Geschenke heraus. Zu meiner Zeit waren das allerdings nur Lebkuchen, Äpfel und Nüsse.

Zur Sache. Mein Bruder Siegfried war Soldat und Familie Marbach hatte einen Buben der etwa drei bis vier Jahre jünger als ich war. Zu ihm sollte der Nikolaus kommen. Das heißt, Hauptmann Marbach wählte drei Soldaten aus, gab diesen diverse Anweisungen zum Besuch einiger Offizierskinder. Durch Siegfried und als in der Nachbarschaft wohnend, wusste er um mich und meine anderen Geschwister. Jetzt kommt die Niederträchtigkeit. Meine damals siebenjährige Schwester Gertrud von uns „Bätzer“ genannt, die damals ortsübliche Bezeichnung für Junglämmer, wäre „nikolausreif“ gewesen. Jedenfalls dachte ich so. Aber nein, ich sollte „vorgeholt“ werden. Wir stehen also arglos am Küchenfenster – es könnte ja vielleicht ein Nikolaus vorbeigehen. Schließlich wohnten noch mehr „nikolausreife“ Jugendliche links und rechts. Plötzlich Pferdegetrampel. Und da kommen tatsächlich drei berittene Nikoläuse. Das darf doch nicht wahr sein. Wir drücken das Gesicht gegen die

Fensterscheiben um ja nichts zu verpassen. Sie halten vor unserem Haus, sitzen ab, einer hält die Pferde und gemeinsam orientieren sie sich an der Hausnummer. Dann klingelt es bei uns und plötzlich steht unser Bruder Siegfried bei den Nikoläusen auf der Straße und übernimmt das Halten der Pferde. Die drei Nikoläuse poltern jetzt auf unserer Holztreppe nach oben. Mutter hatte die Tür schon geöffnet und dann ging es los. Wenn ich seinerzeit nur noch an den Nikolaus geglaubt hätte, wäre das alles zu ertragen gewesen. Aber für mich war das doch „kalter Kaffee". Was haben die mich aber fertig gemacht! Zwei Ruprechte nach dem Motto: Auf ihn mit Gebrüll! Nein, Angst hatte ich eigentlich nicht, aber wenn man so alleingelassen dasteht, sich über all das bereits erhaben fühlt und noch höflich Rede und Antwort geben muss und ein riesiger, pickfeiner Nikolaus mit Stiefeln und Sporen nickt nur mit dem Kopf! Das war nicht so einfach.

Meine Schwester Gertraud war längst zur Mutter geflüchtet und in deren Obhut. Was hatte ich mich geärgert! Fehlte nur noch (was Sitte und Brauch war), dass ich hätte beten oder wenigstens ein Gedicht aufsagen müssen. So wurde ich nur fürchterlich zusammengestaucht. Meine kleine Schwester machte einen Knicks und durfte den Nikolausstab anfassen. Dann bekam ich eine große Tüte mit der Weisung, alles sauber und gerecht mit den Geschwistern zu teilen. Wir durften uns verabschieden und dann poltern die drei die Treppe wieder hinunter, wobei der eine Knecht doch noch nach mir schlagen musste. Ich höre noch die Haustüre zufallen und dann kommt mein Bruder Siegfried niederträchtig grinsend nach oben. Bei sechs Jahren Altersunterschied konnte ich mir keine passende Bemerkung erlauben und mein Versuch die Tüte zu retten wurde im Keime erstickt. So habe ich nie erfahren, ob diese reitenden Nikoläuse schon bei Familie Marbach waren oder jetzt erst hinritten.

Nach Jahren wurde auch ich Soldat und nach der Rekrutenausbildung meldete ich mich am 9. April 1940 bei der 8. Kompanie des Infanterieregiments 170 in Sotzweiler. Wenige Tage später mussten wir Jungen (Max Wehner war auch dabei) zum Bataillonsgefechtsstand und uns vorstellen. Uniform, Koppel, Stiefel alles tiptop in Ordnung. Jedenfalls hatte Leutnant Sperr keine Beanstandung. In Linie waren wir angetreten und säuberlich nach der Größe ausgerichtet. Dann ging die Haustüre auf und – das darf doch nicht wahr sein – da kommt heraus Hauptmann Marbach, jetzt als Major. Es wurde ihm gemeldet und anschließend hielt der Major eine kurze Ansprache, dann ging er von Mann zu Mann. Jeder musste Namen, Alter, Wohnort und Beruf nennen. Der Major stellte einige Fragen, Händedruck, der Nächste.

Dann stand er vor mir. In strammster Haltung machte ich meine Meldung. Pause. Er hatte mich längst erkannt, sah mich an und sprach nichts. Gott, war das peinlich. Plötzlich fragte er: „Wie geht es der Mutter?" „Danke, gut, Herr Major". Pause. Dann: „Deinen Bruder Siegfried habe ich zu einem guten Soldaten gemacht. Dein Bruder Helmut ging mir durch die Lappen. Jetzt habe ich dich, du gehst mir nicht durch die

Lappen, aus dir mache ich auch einen guten Soldaten! Verstanden?!“ „Jawohl, Herr Major.“ Der Nächste.

Und dann war ich auf seiner Beerdigung in Noworossijsk am Schwarzen Meer. Er war schon längst nicht mehr unser Bataillonskommandeur, er führte das Infanterieregiment 186 und fiel bei der Kontrolle eines seiner Vorposten im Kaukasus. Ich habe noch die Ehrensalve mitgeschossen, und der Trompeter blies ihm über das offene Grab die Weise vom „Guten Kameraden“.

Wilhelm Pregler

Oberleutnant Kögel

Den damaligen Unteroffizier Karl Kögel lernte ich 1940 bei der 8. Kompanie/Infanterieregiment 170 in Sotzweiler kennen. Die Kompanie hatte damals, wie üblich, ihre drei schweren Maschinengewehrzüge. Mit uns Jungen aus den Garnisonen Coburg und Bad Mergentheim wurde ein vierter Zug aufgestellt, der Granatwerferzug.

In Sotzweiler mussten wir seinerzeit eine Schauübung vorführen und die Herren Offiziere und Ausbilder standen um uns herum und kontrollierten jeden Handgriff gemäß der Heeresdienstvorschrift. Unteroffizier Kögel musste dann als Gruppenführer die ersten zwei Werfertrupps übernehmen und er studierte mit großer Sorgfalt die Dienstvorschrift.

Zugführer wurde Feldwebel Rudi Teichmann, rein äußerlich das Gegenteil des eher schmächtig erscheinenden Unteroffiziers Kögel. Leger legte Teichmann seine schwere Hand auf das Waffenrohr, so, als wolle er den Werfer samt Bodenplatte in den Boden drücken. Teichmann, das Abbild eines Modellsoldaten, athletisch, soldatisch geprägt, humorvoll, witzig und kameradschaftlich bis zur Hingabe.

Es war den Unteroffizieren bekannt, dass Kögel Geistlicher, also ein „Pfaffe“, war und entsprechend wurde er gerne gehänselt. Außerdem war dieses Hänseln seinerzeit modern und zeitgemäß. Einmal hörte ich Teichmann sagen: „Mensch, Kögel, hau ihnen doch in die Fresse“. Kögel antwortete seiner geistlichen Haltung entsprechend. „Was juckt es den Mond, wenn ihn der Hund anbellt“. Teichmann sagt nur: „Der hat aber Nerven“. Das war typisch für Kögel wie für Teichmann. Nichts konnte Kögel aus der Bahn werfen, seine Handlungsweisen, sein Tun und Lassen waren von soldatischem Pflichtbewusstsein geprägt als wäre er ein geborener Preuße.

Die Politik war für ihn kein Thema, aber Gehorsam eine Selbstverständlichkeit. Ich erinnere mich an Weihnachten 1940. Die Masse der Ehemänner bekamen Weihnachtsurlaub, wir, die Junggesellen aber nicht. Und wer kam uns in unserem Quartier in Felleringen/Elsass besuchen – Unteroffizier Kögel. Er alleine. Es war ihm einfach ein Bedürfnis sich um den letzten seiner Männer zu bemühen.

Nach dem Balkanfeldzug marschierten wir als Wachregiment zum „Befehlshaber Balkan“ nach Belgrad. Die Unteroffiziere der Kompanie wurden zu einem Museumsbesuch eingeladen. Alles klar – und wir warteten im Foyer auf den Abruf. Es kam auch alsdann eine sorgfältig bekleidete Dame, begrüßte uns und bat um etwas Geduld, da eine Gruppe vor uns noch nicht fertig wäre. Kurze Zeit später kamen mehrere weniger sorgfältig gekleidete Damen und ließen erkennen, dass sie eigentlich nichts anhatten. Es war ganz still im Saal bis plötzlich einer klatschte (wahrscheinlich ein Routinier). Jetzt waren wir verunsichert, da wir tatsächlich ein Museum erwarteten. Feldwebel Kögel sprang von seinem Stuhl auf und schrie in den Saal: „Ihr Schweine, ihr Hurenböcke, ihr Dreckskerle" usw. Was er sonst noch alles schrie, ging in einem befreienden Gelächter unter. Nun schrie er uns junge Unteroffiziere an: „Wollt ihr wohl wegsehen! Hinaus mit euch!" Seine Stimme überschlug sich als er uns Junge namentlich aufrief und sagte: „Es bleibt mir keiner hier in diesem Schweinestall!" Was wollten wir machen? Es war zu viel für uns, wir gingen und Kögel gab uns das Eintrittsgeld aus eigener Tasche zurück.

Da Kögel Offiziersanwärter war, musste er immer dort einspringen, wo Not am Manne war oder er musste auf Lehrgang.

Die Stadt Kertsch auf der Krim war bereinigt und die Division wurde aus der Krim herausgezogen. Wir marschierten also durch die Nogaische Steppe über Melitopol nach Mariapol. Mittlerweile kam der Winter 1941/1942, die Rollbahn wurde weiß und immer fester. Vor uns stieß die Leibstandarte SS Adolf Hitler bis Taganrog und die Russen hatten alle Schwarzmeerdeutschen mitgenommen. Ein einziger alter Mann durfte bei den Frauen und Kindern zurück bleiben. Wir wurden über die Weihnachtsfeiertage hier einquartiert. Als die Frauen erfuhren, dass Feldwebel Kögel ein Geistlicher ist, waren sie nicht mehr zu halten. Sie wollten und wurden alle getauft, derweil wir die Patenschaften übernahmen. Erst viel später kam ich dahinter, welch eine Menge Arbeit Kögel sich auflastete. Nach den Feiertagen waren wir wieder auf der Rollbahn und die sibirische Kälte lernte uns das Fürchten. Das dünne Wintermäntelchen wurde für viele das Totenhemd.

Am Mius suchten wir die Feldposten der abzulösenden Leibstandarte SS Adolf Hitler. Wir fanden nur liegen gelassene Winterbekleidung. Zwei Stunden stampften wir in stockfinsterer Nacht durch den Schnee, keine Hinweiszeichen, keine Leuchtspuren aber auch keine Feindberührung. Plötzlich sahen wir Fußspuren im Schnee, hörten Stimmen und standen wieder dort wo wir den Tross zurückließen. In dieser eisigkalten Nacht waren wir Feldwebel Kögel auf Gedeih und Verderben ausgeliefert. Immer wieder trieb er uns gegen den mörderischen Schneesturm an, wohl wissend, dass wir allesamt sonst erfroren wären.

Im Sommer 1942 marschierten wir in den Kaukasus. Stalingrad war verloren und hinter uns war nur das Meer. Aber planmäßig wurde der Kubanbrückenkopf geräumt, die Division landete wieder auf der Krim, und wir bezogen Stellung in Kertsch. Nach dem Einschießen meiner Granatwerfer erwischte mich eine russische Granate. Leutnant Kögel wurde gerufen und blieb betend bei mir, bis ein Sanitätskraftwagen mich abtransportierte.

Wir haben uns alsdann verloren, ich bekam keinen Kontakt mehr zur Kompanie. Nach Kriegsende war meine Heimat, Würzburg, ein Trümmerhaufen. Auf dem Lande verstreut fand ich Mutter und Schwestern wieder. Aus dem Krieg brachte ich meinen gelähmten linken Arm mit und auch ohne Lähmung war keine Arbeit zu finden. So wanderte ich aus, von Bayern an die Mosel, von der amerikanischen Zone in die französische. Ich habe nichts gegen die Franzosen, aber die Amerikaner waren, jedenfalls damals, besser. In den fünfziger Jahren versuchte ich zweimal über eine Behörde zu erfahren, ob es eine Kontaktmöglichkeit zu meiner Würzburger Division gebe. Das wurde verneint, vielleicht wollte man das damals nicht.

Viel, viel später machten wir ein Familientreffen in Heidingsfeld. Und da ich vor der Zeit schon da war, ging ich zum damaligen Pfarramt, in der Hoffnung, dass hier der Name Kögel in Erinnerung sein könnte. Und der amtierende liebenswürdige Pfarrer fand die Adresse. Ich hatte die Kompanie wieder gefunden.

Zeit meines Lebens werde ich dieses Vorbild eines Offiziers nicht vergessen, auch wenn sein Name in keinem Ruhmesblatt des Heeres zu finden ist.

Wilhelm Pregler

Unser Hauptmann Kremnitz

Wir haben uns schon bei dem letzten Treffen der Überlebenden der 8. Kompanie/ Infanterieregiment 170 am 25. April 1998 in Bad Mergentheim gewundert, dass unser ehemaliger Hauptmann Kremnitz nicht erschien und keiner von uns wusste was wohl die Ursache für das Fernbleiben sei. Nun aber bekam ich einen Brief seines Sohnes aus Wien und ich bin hocherfreut zu lesen, dass der Vater noch lebt und grüßen lässt. Man macht sich halt so seine Gedanken.

Es starb E.T.A. Hoffmann und Napoleon,
es starb der junge Mozart und der alte Blücher,
es starb der Große Kurfürst und Pipin des Kleinen Sohn,
kurzum: man ist sich seines Lebens nicht mehr sicher.

Das ist nicht von mir, sondern von Fred Endrikat, aber vielleicht liest Hauptmann Kremnitz diese Zeilen, oder sie werden ihm vorgetragen, auf dass er weiß, wir denken seiner.

Wie mir sein Sohn Georg schrieb, ist der Vater schon seit mehr als anderthalb Jahren in einem Pflegeheim und es ginge ihm „den Umständen entsprechend" ganz gut. Wir wissen, was das heißt. Er bedarf ständiger Pflege und kann sich leider kaum noch mitteilen. Unsere besten Wünsche gelten ihm.

Ja, nun hat es ihn getroffen und wer ist wohl der Nächste? Unser Bedauern hilft ihm nicht weiter, er wird es tragen müssen. Vielleicht hilft ihm sein Glaube und die Gewissheit, dass er ein gutes Leben gelebt hat, dass er nie mehr forderte, als er selbst zu geben bereit war.

So ähnlich waren auch seine Worte am 30. Mai 1940, dem letzten Kompanieappell vor dem Marsch über Dippach, Arlon, Neufchâteau, Bouillon an die Aisne bei Rethel. Und dann kam am 9. Juni 1940 der Sturmangriff mit all seinem grauenhaften Stöhnen und Sterben. Doch am schlimmsten war der Schrei: „Gaaas".

Wenn wir mit all den schweren Geräten, die wir als Granatwerferschützen im Laufschritt schleppen mussten und mit der Gasmaske auf dem Gesicht nicht den wiederholten Zuspruch unseres Hauptmanns gehabt hätten – nie wären wir durch das Sperrfeuer der Franzosen in den rettenden Wald gekommen. Wie kann man nur mit solch einer Tragelast auf dem Rücken, am Bauch das Koppel mit Spaten, Brotbeutel, Feldflasche, Pistole, mit Gasmaskenbüchse und Gasplane, die Munitionsschützen mit zwei Munitionskästen, Karabiner und zwei gefüllten Patronentaschen und das Seitengewehr, so weit laufen, laufen, was nur Lunge und Beine hergeben? Und dann seh' ich da vorne den Hauptmann mit der Gasmaske winken. Das darf doch nicht wahr sein! Wie lange dauert es bis man den Gastod stirbt? Er winkt immer noch und schaut ohne die Maske auf dem Gesicht zu uns her! Die weiße Wolke über uns hatte sich zwischenzeitlich nach hinten verzogen und klar und deutlich sahen wir unsere Umgebung. Soll das Entwarnung sein? Ich lockere erst einmal das Filter. Wie riecht Gelb- oder Grünkreuz? Ich rieche Schwefel, Pulverdampf und nasse Erde. Ein nochmaliger Versuch – es lässt sich atmen. Also runter mit der Maske. Es ist ein kurzes Schnuppern, Herzklopfen und dann holen wir alles nach was uns bisher fehlte, tiefe, frische Luft. Wie konnten wir nur so lange mit der Maske auf dem Kopf laufen! In der Ausbildung hätten wir eine solche Strecke nie und nimmer geschafft. Es fehlte keiner.

Später, viel später sagte unser Hauptmann: „Das war kein Gas, das war eine Nebelwolke! Aber jetzt sind wenigstens die Gasmaskenbüchsen frei von Zigaretten."

Zwei Tage später nahmen wir Abschied von unseren Toten und setzten über die Aisne und den Kanal. Der Feind war weg und ließ uns seine Toten zurück. Es wäre noch so vieles über diesen Hauptmann und sein soldatisches Vorleben zu sagen, aber vielleicht genügt meine Schlussfolgerung: „Wir würden ihm heute noch wie junge Hunde nachlaufen."

Wilhelm Pregler

DRK-Ehrenzeichen für Dr. Fluch

Wie wir erst jetzt erfahren, wurde unser Vorstandsmitglied Dr. med. Franz Fluch, der am 3. April 1967 seinen 60. Geburtstag feiern konnte, anlässlich der Hauptversammlung des Bezirksverbands Unterfranken des Bayerischen Roten Kreuzes am 28. Mai 1967 in Bad Neustadt/Saale mit dem Ehrenzeichen des Deutschen Roten Kreuzes ausgezeichnet. Dr. Fluch, seit Jahren ein bekannter Facharzt für Kinderkrankheiten in Würzburg, erhielt diese Auszeichnung für seine Verdienste als Chefarzt des dem Roten Kreuz gehörenden, ebenfalls in Würzburg gelegenen Säuglings- und Kinderkrankenhauses. Wir gratulieren unserem Kameraden noch nachträglich auf das herzlichste zu dieser schönen Anerkennung seiner ärztlichen Tätigkeit!

Die Verdienste von Dr. Fluch im Vorstand der Kameradschaft, insbesondere auch seine Mitarbeit bei der Vorbereitung des letzten Treffens im September 1967, sind allen Kameraden bekannt. Seinem Einfluss ist es auch zu verdanken, dass sich die Kameraden der Sanitätskompanie 2/173 seit dem letzten Treffen in unseren Reihen befinden. Weniger bekannt dürfte es sein, dass Dr. Fluch schon im Herbst 1940 als Hilfsarzt und Unterarzt zur III. Abteilung/Artillerieregiment 170 (Truppenarzt Stabsarzt Dr. Beltinger) in Maasmünster (Masevaux)/Elsass kam, mit und bei diesem Bataillon die Verlegung nach Rumänien, den ganzen Feldzug auf dem Balkan bis nach Griechenland, die „Verschnaufpause“ im Raum Belgrad und schließlich die Kämpfe in der Ukraine, in der Nogaischen Steppe und am Eingang zur Halbinsel Krim bis zum 2. Tatarengraben im Oktober 1941 mitmachte. Dann kam er als Bataillonsarzt zum II. Bataillon/Infanterieregiment 213 und blieb bei ihm bis zum Spätsommer 1942, in dem die Einheiten der 73. Division im Raume Krasnodar in den nördlichen Vorbergen des Kaukasus standen. Von da ab bis zu seiner Entlassung im Februar 1945 wirkte Dr. Fluch auf seinem eigentlichen Gebiet als Internist bei der Sanitätskompanie 2/173 und teilte mit ihr die weiteren Schicksale der Division, angefangen von der Besetzung des späteren Kubanbrückenkopfs im Herbst 1942 bis zu dessen Räumung im Herbst 1943, die Kämpfe im Raum Melitopol, die erneute Verteidigung der Krim bis zum bitteren Ende und schließlich die Neuaufstellung der Divisionen in Rumänien und Ungarn, die Kämpfe um Warschau und im Korridor. Besonders erwähnenswert erscheint die Tatsache, dass der damalige Stabsarzt Dr. Fluch bei den Absetzbewegungen auf der Krim im April 1944, zusammen mit drei anderen Angehörigen unserer Division, darunter unserem Kameraden Oberleutnant Kiesel, hinter die russischen Linien geriet und es fertigbrachte, nach sechs Tagen unter unerhörten Strapazen die eigenen Truppen zusammen mit diesen Kameraden wohlbehalten wieder zu erreichen. Als guter Arzt, als aufrechter Vorgesetzter und als wirklicher Kamerad wird so Dr. Fluch noch vielen Kameraden der Divisionen in bester Erinnerung sein. Wir wünschen Dr. Fluch noch viele Jahre erfolgreicher Tätigkeit bei guter Gesundheit in seinem Beruf.

Oberst Herbert Müller zum 70. Geburtstag

Regimentskommandeur von Oktober 1942 bis Oktober 1943

Der unter Oberst von Lepel, sagen wir, etwas geruhsam gewordene Führungsstil beim Infanterieregiment 170 wurde schlagartig anders als Oberstleutnant Herbert Müller, vom sächsischen Infanterieregiment 10 kommend und aus Dresden stammend, am 24. Oktober 1942 die Führung des Regiments übernahm. Er sah alles, verlangte viel, aber er kümmerte sich auch um alles. Am Anfang mochte man meinen, der deutsche Kommiss in seiner besten Form hätte Einzug in den etwas verwilderten Wäldern des Kubanbrückenkopfs und bei den dadurch auch rau gewordenen Sitten der Landser gehalten. Aber Oberst Müller konnte auch anders, und das sprach sich bald herum.

Die Stellungskämpfe in den Bergwäldern um die Atakajskajaschlucht, die russische Landung in Noworossijsk-Süd, die erbitterten, leider erfolglosen Häuserkämpfe dort im Frühjahr 1943, wieder Stellungskämpfe und endlich die mit großer Präzision durchgeführte Räumung des Brückenkopfs, die an seinem 39. Geburtstag (15. September 1943) begann, erforderten eine umsichtige und vorausschauende Führung. Schon nach wenigen Ruhetagen kam das Regiment dann bei Melitopol nördlich der Krim erneut zum Einsatz und in schwere Kämpfe, bei denen Oberst Müller am 21. Oktober 1943 verwundet wurde.

Nach seiner Genesung kam er leider nicht mehr zum Infanterieregiment 170 zurück, sondern wurde, wieder als Regimentskommandeur, bei Heiligenbeil in Ostpreußen nochmals, und zwar schwer, verwundet.

Den schon in seinen Wohnsitz Naumburg/Saale Zurückgekehrten holten dann die Sowjets als Besatzer nach Kriegsschluss aus der Wohnung und brachten ihn in Gefangenschaft in die Gegend Moskaus, aus der er erst Jahre später zurückkam. Nach dann folgenden langen Jahren einer bedrängten Existenz, allerdings als „selbstständiger Plastik-Handwerker", gelang Oberst Müller das wohlvorbereitete Absetzen in den Westen, wo er noch hier 1969 einer kaufmännischen Tätigkeit in Wohltorf bei Hamburg nachging. Erst als Rentner siedelte er nach Diedorf bei Augsburg über.

Wir wünschen dem rüstigen Siebziger zum 15. September 1974 alles Gute und ihm und seiner getreuen Gattin, die in guten und schlechten Zeiten aushielt, noch viele schöne Jahre!

Dr. Kremnitz

Dr. Walter Beltinger 76 Jahre

Es war mir leider nicht möglich, zeitgerecht zum 75. Geburtstage Dr. Beltingers in würdiger Weise zu gedenken, da mir die nötigen Unterlagen, besonders Bild und Lebenslauf fehlten. Ich hatte ihm selbstverständlich in einem persönlichen Schreiben gratuliert.

Wer kennt ihn nicht von der 73. Division, besonders vom Infanterieregiment 170 und von der Sanitätskompanie 2/173, unseren alten Stabsarzt und späteren Oberstabsarzt, der von allen Truppenärzten der 73. Division die längste Zeit beim Infanterieregiment 170 war und das Glück hatte, Krieg und Gefangenschaft zu überleben.

Dr. Beltinger, geboren am 11. Juni 1899 als Sohn eines Landarztes, kam aus dem 1. Weltkrieg schon als Vizewachtmeister heim. Während seines Medizinstudiums, das er 1923 in Würzburg beendete, war er einige Zeit beim Freikorps „Epp". Sein Vater war Regierungsmedizinalrat und auch er legte 1927 das Examen für den Staatlichen Gesundheitsdienst ab. Ab 1926 war er Kolonnenarzt des Roten Kreuzes in Obernbreit und ab 1939 Kompanieführer der Sanitätsersatzabteilung Bad Kissingen. Im November 1939 kam er zur IV. Abteilung des Artillerieregiments 173 und ab dem 1. Februar 1940 – inzwischen zum Stabsarzt befördert – als Bataillonsarzt und gleichzeitig als Regimentsarzt zum III. Bataillon/Infanterieregiment 170. Er nahm an den Feldzügen in Frankreich, Jugoslawien und Russland teil und wurde 1940 als 1. Truppenarzt der 73. Infanteriedivision verwundet. 1943 wurde er Oberstabsarzt und Chefarzt der Sanitätskompanie 2/173 als Nachfolger von Dr. Blumers. Bereits im Juni 1943 sollte er Chefarzt unseres Feldlazaretts werden, wurde jedoch zur Führerreserve in die Heimat versetzt, wo er bis Februar 1944 beim Standortlazarett Würzburg Dienst tat. Im Februar 1944 kam er als Divisionsarzt zur 98. Infanteriedivision wieder auf die Krim, wo er am 8. Mai 1944 in Sewastopol als stellvertretender Korpsarzt in russische Gefangenschaft geriet. Seine Tätigkeit als Divisionsarzt war nur kurz. Seine Hauptaufgabe war der Abtransport der Verwundeten während des Rückzugs auf der Krim und besonders aus der Festung Sewastopol.

Im Fort Maxim Gorki II traf er jetzt wieder als stellvertretender Korpsarzt und Divisionsarzt auf unsere 2. Kompanie, deren Chirurgengruppe bis zum bitteren Ende dort arbeitete. In diesem Fort waren viele Schwerverwundete, insbesondere solche, wie Beltinger schreibt, deren Rettung aussichtslos war. Wir wissen, dass Dr. Beltinger bei seinen Verwundeten geblieben ist.

In Gefangenschaft war Dr. Beltinger immer als Lagerarzt eingesetzt, der auch die russischen Soldaten und Offiziere, sowie deren Angehörigen behandelte. Seine Erfahrungen als praktischer Arzt und als Rotkreuzarzt und seine Fähigkeit zum Improvisieren erleichterte ihm diese schwere Aufgabe. Doch hier half aller persönlicher Einsatz nichts. Ohne Medikamente, ohne Instrumente und ohne ausreichende Nahrung beklagte er in den Wintermonaten 1944/1945 den täglichen Verlust von 30 Kameraden. Er selbst überstand glücklicherweise eine Fleckfiebererkrankung. Erst ab 1948 besserten sich die Zustände. Er musste jedoch bis Dezember 1949 in Gefangenschaft bleiben und fuhr mit Theo Hopf zurück in die Heimat. Er wurde wieder Arzt in Marktbreit, wo er bis 1968 tätig war und lebt im „Ruhestand" in St. Georgen im Schwarzwald. Auch jetzt hat er noch eine kleine Praxis und arbeitet noch gerne beim Roten Kreuz. Er war von Anfang an bei fast allen Treffen unserer Kameradschaft dabei und immer sind viele Kameraden auf ihn zugegangen um ihn, ihren alten Doktor, freudig zu begrüßen und ihm zu danken dafür, dass er sie als Verwundete versorgt, als Kranke behandelt und für jeden immer ein freundliches Wort hatte.

Mein kurzer Bericht über einen langen Lebenslauf wäre unvollständig, wenn ich nicht die Auszeichnungen aufzählte, die ihm verdienterweise verliehen wurden:

Vom 1. Weltkrieg: das Ehrenkreuz für Frontkämpfer 1914 bis 1918.

Im 2. Weltkrieg: Eisernes Kreuz I. Klasse, Eisernes Kreuz II. Klasse, Bulgarisches Kriegsverdienstkreuz mit Krone und Schwertern in Gold, Verwundetenabzeichen in Schwarz, Medaille Winterschlacht im Osten, Infanteriesturmabzeichen, Krim- und Kubanschild.

Vom Roten Kreuz: Ehrenzeichen am Band für 25- und 40-jährige Dienstzeit, Steckkreuz des Bayrischen Roten Kreuzes für besondere Verdienste, Ehrenzeichen II. Klasse des Deutschen Roten Kreuzes.

Unser alter Beltinger hat auch nach dem Kriege und im Ruhestand noch manch Schweres tragen müssen. Während unseres Treffens im Oktober 1970 erreichte mich die telefonische Nachricht, dass sein Schwiegersohn mit dem Flugzeug tödlich verunglückt war. Ich hatte die schwere Aufgabe, diese traurige Nachricht ihm zu übermitteln und er ging still von uns, um den Kameraden nicht die Freude der Wiedersehensfeier zu trüben. Nach diesem schweren Schlag kamen für ihn die Sorgen um die Gesundheit seiner Frau.

Lieber Walter!

Obwohl ich noch zwei Seiten für Dich geschrieben habe, muss ich hier abbrechen, damit ich mindestens den 1. Beitrag von Dir „Aus der Mottenkiste des Regimentsarztes" unterbringen kann.

Zunächst die herzlichsten Glückwünsche der ganzen Kameradschaft, besonders des Infanterieregiments 170, ganz vor allem aber unseres III. Bataillons und nicht zuletzt unserer Sanitätskompanie zu Deinem Geburtstag. Ich wünsche Dir für Deinen Lebens-

abend im schönen Schwarzwald alles erdenklich Gute. Mit meinen Wünschen für Deine Gesundheit verbinde ich vor allem den aufrichtigen Wunsch zur baldigen Genesung Deiner sehr verehrten Gattin.

Dein
Franz Fluch

Aus der Mottenkiste des Regimentsarztes

Umgang mit meinen Vorgesetzten von IV b

Unseren 1. Divisionsarzt Dr. Will kannte ich schon von meiner Studienzeit in Würzburg her und hatte bei ihm, als er Standortarzt in Nürnberg war, Reserveübungen mitgemacht. Wir verstanden uns gut. Aber einmal, an einem Sonntagvormittag im Saargebiet kam er zu mir ins Quartier und fragte barsch, warum ich einen Soldaten der an Lungenentzündung erkrankt war, selbst weiterbehandelt und nicht ins Lazarett eingewiesen habe. (Die Diagnose hatte er dem zehntägigen Krankenrapport entnommen). Ich wehrte mich gegen diesen Angriff, indem ich entgegnete, ob er glaube, dass ich keine Lungenentzündung behandeln könne; wenn ich zu Hause jeden solchen Fall ins Krankenhaus hätte schicken wollen, hätten die Leute ja einen schönen Begriff von meinem ärztlichen Können bekommen! Da klopfte er mir begütigend auf die Schulter und meinte, er habe zu mir selbstverständlich volles Vertrauen, aber laut Heeresdienstvorschrift Paragraph xy müsse jeder Fall von Lungenentzündung ins Lazarett eingewiesen werden. Dank meiner nicht allzu großen Kenntnisse der für mich zuständigen Heeresdienstvorschrift hatte ich nun wirklich keine blasse Ahnung von dieser Vorschrift. – Übrigens: dem Patienten gings schon wieder ganz gut, wovon sich der Divisionsarzt noch persönlich überzeugte. Er brauchte nicht ins Lazarett und meine Ehre war gerettet.

(Als ich nach meiner Heimkehr aus der Gefangenschaft Dr. Will einmal besuchte und ihm von meiner späteren Qualifikation als einem unbequemen Untergebenen erzählte, meinte er: „Das war gar nicht so schlecht!“)

Dr. Beltinger

Unser Theo Hopf

Im September 1998 feierte Kamerad Brigadegeneral außer Dienst Theo Hopf seinen 80. Geburtstag. Die Kameraden wünschen weiterhin alles Gute, Gesundheit und Zufriedenheit.

Hier ein Beitrag von Dr. Franz Fluch † und der Artikel „Wieder in Joannina nach 32 Jahren“ von Theo Hopf, aus dem Nachrichtenblatt 1. April 1974:

Den meisten Kameraden ist Theo Hopf sicher seit vielen Jahren bekannt, als Kamerad und Freund, der mit zu den Gründern unserer Kameradschaft gehört. Für diese bedeutet, das was in folgendem gesagt wird: „Eulen nach Athen tragen“, ein Spruch, der hier sogar einmal im Wortlaut zutrifft. Für die, die ihn nicht kennen, will ich seine militärische und Nachkriegslaufbahn kurz aufzeichnen, zum besseren Verständnis seines nachfolgenden Berichts.

Theo Hopf, geboren am 23. September 1918 – im letzten Jahr konnte ich ihm zu seinem 55. Geburtstag gratulieren – trat nach dem Abitur im Jahre 1936 im Dezember dieses Jahrs als Fahnenjunker in das Infanterieregiment 55 ein und wurde 1938 Leutnant. Bei Kriegsausbruch Adjutant im I. Bataillon/Infanterieregiment 170, ab Dezember 1939 Kompaniechef 1. Kompanie/Infanterieregiment 170. An mehreren Stellen unseres Buchs sind seine Einsätze mit der 1. Kompanie/Infanterieregiment 170 und mit der Vorausabteilung Stiefvater nachzulesen. Im September 1941 bekam er das Ritterkreuz als Chef der 1. Radfahrkompanie/Infanterieregiment 170. Vom September bis Dezember 1941 war er Bataillonsführer des III. Bataillons/Infanterieregiment 213 und wurde im Juli 1942 Kommandeur des III. Bataillons/Infanterieregiment 213. Im Juni 1943 verließ er die 73. Division zur Generalstabsausbildung beim Armeeoberkommando 17.

Nach der Kapitulation geriet er in amerikanische Gefangenschaft, wurde jedoch in der Tschechoslowakei an die Russen ausgeliefert. Er kam erst im Januar 1950 aus russischer Gefangenschaft. Er studierte in Würzburg Rechts- und Staatswissenschaft und war als Referendar in Marktheidenfeld und Würzburg.

Am 1. März 1956 trat er als Major im Generalstab in die Bundeswehr ein, wo er Lehrer an der Führungsakademie war und andere Aufgaben im Bundesministerium für Verteidigung innehatte. Anschließend war er stellvertretender Brigadekommandeur der 10. Panzergrenadierbrigade in Weiden (Oberpfalz) und seit September 1970 Militärattaché bei der Deutschen Botschaft in Griechenland (Athen). Im Oktober 1973 kam er zurück nach Deutschland, leider einige Tage zu spät, um noch an unserem Treffen teilnehmen zu können. Zur Zeit bereitet er sich auf weitere Verwendung als Attaché im Ausland vor. Theo Hopf hat uns einen ausgezeichneten Beitrag zur Verfügung gestellt, den wir im Zusammenhang veröffentlichen, da nur so die Gegenüberstellung von einst (1941) und jetzt (1973) zur Geltung kommt. Als Vertreter des Bundesministeriums der Verteidigung bei der Deutschen Botschaft in Athen konnte Theo Hopf erfreulicherweise feststellen, dass sich der deutsche Soldat während des Kriegs in den besetzten Gebieten so korrekt verhalten habe, dass man heute unbefangen mit der Bevölkerung über diese Zeit sprechen könne und von Generälen und Zivilpersonen Anerkennung über das Verhalten der deutschen Soldaten ausgedrückt bekomme. Die Begegnung von Oberst Hopf mit dem griechischen General, seinem ehemaligen Kriegsgegner, ist zwar ein Zufall, doch ein einmaliges Erlebnis, das uns ehemaligen Angehörigen des Infanterieregiments 170 im Verband der 73. Division die Gewissheit gibt, dass unser Verhalten im Krieg nicht zu einer unüberbrückbaren Feindschaft geführt hat. Es ist eine erfreuliche Feststellung, dass bei den Griechen Verständnis und Bereitschaft zur Verständigung besteht, was wir auch von anderen Völkern unserer ehemaligen Kriegsgegner erhoffen.

Wir danken Dir, lieber Theo, für Deinen hervorragenden Bericht!

Dein
Franz Fluch
(aus: Nachrichtenblatt April 1974/1)

General von Bünau †

Am 14. Januar 1962 verunglückte tödlich bei einem Verkehrsunfall in der Nähe von Kirchheim/Teck der frühere, allseits verehrte Kommandeur der 73. Infanteriedivision, General der Infanterie außer Dienst von Bünau.

1890 in Stuttgart geboren, trat General von Bünau 1909 als Fahnenjunker in das Grenadierregiment Königin Olga ein, nahm mit Auszeichnung, vor allem als Maschinengewehroffizier, am 1.Weltkrieg teil und wurde nach Kriegsende als Hauptmann in die damalige Reichswehr übernommen. Nach mehrjähriger Tätigkeit als Kompaniechef in Ludwigsburg und Lehrer an der Infanterie- später Kriegsschule Dresden wurde General von Bünau 1938 nach dem Anschluss Österreichs Kommandeur des Infanterieregiments 133 in Linz an der Donau. Dort hat er sich die ungeteilten, bis zu seinem Tode dauernden Sympathien der österreichischen Kameraden erworben. Nach der Teilnahme am Frankreichfeldzug mit seinem Linzer Regiment wurde General von Bünau im Spätherbst 1941 als Nachfolger von Generalleutnant Bieler Kommandeur der 73. Infanteriedivision. Mit ihr hat er den Vorstoß auf der Krim bis Kertsch, den Marsch zum Mius, den Angriff über den Mius im Sommer 1942 nach Rostow am Don und Krasnodar bis zur Einnahme von Noworossyisk am Westrand des Kaukasus geführt. Es folgten Stellungskämpfe in Noworossyisk und im Kubanbrückenkopf, endlich im September 1943 die vorbildliche Räumung des Kubanbrückenkopfs im Verband der 17. Armee. Dann verließ General von Bünau die Division, um die Führung eines Armeekorps zu übernehmen. Das Kriegsende sah ihn auf dem südöstlichen Kriegsschauplatz. Seine beiden Söhne sind im Kriege als Offiziere gefallen, er selbst wurde mit dem Eichenlaub zum Ritterkreuz ausgezeichnet.

Nach dem Zusammenbruch und der Entlassung aus der Gefangenschaft stellte sich General von Bünau dem Hilfswerk der evangelischen Landeskirche in Stuttgart zur Verfügung, wo er mehr als zehn Jahre bis 1957 noch aktiv und segensreich wirken konnte. Allen Angehörigen der fränkischen 73. Infanteriedivision, die ihn im Osten kennenlernten, wird General von Bünau als warmherziger Mensch, als Kamerad und als untadeliger Vorgesetzter stets unvergessen bleiben.

Ritterkreuzträger
Oberstleutnant außer Dienst Hans Ender †

Am 11. Januar 1993 verschied im 83. Lebensjahr, rasch und unerwartet, der Sektionsleiter der Ordensgemeinschaft der Ritterkreuzträger in Unterfranken, unser Kamerad Hans Ender. Am 15. Januar fand das Begräbnis mit militärischen Ehren auf dem Würzburger Waldfriedhof statt.

Das Leben eines untadeligen Berufssoldaten und Kameraden ist zu Ende gegangen. Seit 1927 war Hans Ender Soldat. – Den Polenfeldzug 1939 machte er als Bataillonsmeldestaffelführer beim II. Bataillon/Infanterieregiment 170 mit. Im November 1939 übernahm Hans Ender die 5. Kompanie/Infanterieregiment 170 als Kompaniechef und nahm mit dieser Kompanie am Westfeldzug an der Aisne im Raum Rethel teil. Infolge einer Verwundung wurde er zum 3. Kompanie/Infanterieersatzbataillon 55 nach Würzburg als Chef versetzt. Zu Beginn des Russlandkriegs bis September 1942 war Hans Ender Chef der 13. Kompanie/Jägerregiment 206 (99. Jägerdivision) vornehmlich im Mittelabschnitt. Wieder infolge von Verwundung ab Oktober 1942 bei den Festungspionierstäben 13 und 29 als Stabsoffizier der Infanterie. Bis Mai 1944 folgten dann Einsätze auf Kreta und in Jugoslawien an der Dalmatinischen Küste. Ab Juni 1944 führte Hans Ender das II. Bataillon/Grenadierregiment 545 (389. Infanteriedivision). Bis Kriegsende folgten dann noch Einsätze in Kurland, wo er mit dem Ritterkreuz ausgezeichnet wurde, sowie in Westpreußen und Danzig.

Bei der Bundeswehr war unser Kamerad vom 2. November 1956 bis 31. Mai 1957 im Bundesverteidigungsministerium Hilfsreferent in der Personalabteilung. Vom 1. Juni 1957 bis 30. September 1964 Referent für Verkehrsführung beim Wehrbereichskommando IV in Mainz.

Wann immer die aktiven Soldaten oder die Kameradschaft eine Veranstaltung abhielt, war Hans Ender als gerngesehener Gast und auch als Ratgeber mit dabei. Und das alles bis zu seinem plötzlichen Tod. Unser tiefes Mitgefühl gehört seiner lieben Frau und seinen Angehörigen, in unserer Erinnerung wird er weiterleben.

Ernst Reusch

Nachruf Paul Dorstewitz †

1931 wurde Paul Dorstewitz Soldat. 19 Jahre alt war er, als er in Weimar in das dortige Infanteriebataillon der Reichswehr eintrat. 1933 wurde er nach Eisenach und 1934 nach Würzburg versetzt, wo er mit seiner ihm im Jahre 1937 angetrauten Frau Ilse seinen Wohnsitz nahm.

Bei Kriegsbeginn 1939 gehörte Paul Dorstewitz zu den Männern, die das bereits ausgerückte Infanterieregiment 55 zum Zweck der Aufstellung neuer Einheiten zurückgelassen hatte. Der Unteroffizier Dorstewitz war als Futtermeister und Trossführer für die neue 8. Kompanie des Infanterieregiments 170 vorgesehen. Eine ungeheure Aufgabe lag vor ihm, die in wenigen Tagen zu bewältigen war, zumal es galt, die 8. Kompanie als bespannte Einheit auszurüsten. Da waren die vielen Fahrzeuge, leichte und schwere, die Gespanne und Fahrer brauchten. Entsprechend qualifizierte Pferde und Fahrer mussten gefunden werden. Fahrzeuge mussten beladen, Pferde beschlagen und mit dem passenden Geschirr ausgerüstet werden. Gewiss hatte Paul Dorstewitz Helfer, aber er musste Bescheid wissen, Bescheid geben und überall selbst Hand anlegen. Paul hatte ein hervorragendes Gedächtnis, im Kopf hielt er zusammen was nicht verlorengehen durfte. Zum Glück hatte er auch eine gute Stimme. Mit ihrer Gewalt, die von vorne bis hinten durchdrang, dirigierte er Heuballen, Hafersäcke, Fahrzeuge, Pferde und Menschen dorthin, wo er sie haben wollte.

Was für den Berg- oder Wüstenwanderer der Rucksack, das ist für die marschierende oder kämpfende Truppe der Tross. Darum darf die Verbindung zwischen beiden Teilen nicht reißen. Wenn im russischen Wintersturm die Fahrzeuge von der Fahrbahn rutschten, wenn sie in der Schlammperiode stecken blieben oder Pferde kraftlos zusammensackten, war diese Gefahr gegeben. Es gab wohl keinen Fahrer, der in Russland nicht ein- oder mehrmals in der Patsche saß. Paul ließ keinen sitzen. Er wusste Mittel und Wege, um das Fahrzeug wieder flottzumachen. Er scheute sich dabei nicht, selbst in den Morast zu steigen. Das haben ihm die Fahrer hoch angerechnet. Zwischen ihnen und Paul entwickelte sich im Laufe der Jahre ein geradezu freundschaftliches Verhältnis, das Krieg und Kriegsende lange überdauerte.

Anfang Januar 1944 wurde Paul Dorstewitz ein ehrenvoller und großer Auftrag übertragen, um den ihn allerdings niemand beneidete.

Die 17. Armee, die auf der Krim lag, war seit Monaten vom Festland abgeschnitten. Sie musste damit rechnen, dass sie spätestens im Frühjahr feindlichen Vernichtungsangriffen ausgesetzt sein würde. Die Krim aber sollte unbedingt gehalten werden. Es war Hitler selbst, der zwei Infanteriedivisionen auf die Halbinsel zur Verstärkung der schwachen Verteidigungskräfte beorderte. Da wir, Kompanie, Bataillon und Regiment, zur ersten der beiden Divisionen gehörten, wurden wir aus der Front herausgelöst, von Odessa aus per Flugzeug auf die Krim transportiert und in Kertsch neu eingesetzt. Einige leichte Fahrzeuge hatten wir mitnehmen dürfen. Den „großen" Tross aber hatten wir zurücklassen müssen. Es war eine beruhigende Nachricht, als wir nach einiger Zeit hörten, dass unser Paul Dorstewitz den Auftrag erhalten hatte, eine große Trosseinheit zusammen mit unserem Bataillonstross durch die Südukraine nach Rumänien in Sicherheit zu bringen. Eine ungeheure Aufgabe! Da wurde ein kriegs- und russlanderfahrener Mann gebraucht, ein Mann, der Durchsetzungsvermögen, eine gewisse Härte und Nerven wie Drahtseile besaß. Im Regiment gab es keinen zweiten, der so geeignet gewesen wäre wie Paul. Nicht ohne Grund hatten ihm die Landser unserer Kompanie den Ehrennamen „Panzer-Paul" verliehen.

Die Rückführung des „großen" Trosses wurde zu einer einzigen Schinderei. Als der Marsch begann, fegten noch die eisigen Winterstürme über das flache Land, dann folgte die Schneeschmelze und mit ihr die Frühjahrsschlammperiode. Ruhetage gab es nicht.

Der Russe drängte von Osten und Norden her. Einmal gerieten Pauls Kolonnen in den Bereich eines zusammengebrochenen Frontabschnitts. Versprengte Truppenteile, flüchtende Zivilisten, fremde Trosse verstopften Brücken und Straßen. Russische Tiefflieger vollendeten das Chaos. Mit rumänischen Offizieren kam es zu gefährlichen Auseinandersetzungen. Paul Dorstewitz, zu Pferd, da und dort entschlossen und stimmgewaltig eingreifend, versuchte immer wieder seinen Kolonnen den Weg freizukämpfen.

Die Rückführung des Trosses wurde zu einer verlustreichen Unternehmung. Von vornherein musste sie – der Kriegslage im Süden der Ostfront entsprechend – als Versuch angesehen werden, zu retten, was bereits als verloren gelten musste. Dass es nicht zu einer totalen Katastrophe kam, war auch unserem Paul Dorstewitz zu verdanken, der sich bei dieser Aktion bis zur Selbsthingabe einsetzte.

Kurz nach Weihnachten 1944 hatten wir am westlichen Weichselufer, nördlich von Warschau einen Verteidigungsabschnitt übernommen. Einige gerettete oder wieder genesene Krimkämpfer waren dabei. Die meisten waren als kurz ausgebildeter „Nachschub" zu uns gekommen. Paul Dorstewitz war auch wieder da. Und wieder hatte man ihn zum Trossführer des Bataillons gemacht. An der Front hatten wir Ruhe. Es war die Ruhe vor dem Sturm. Bereits am ersten Tag der russischen Großoffensive wurde Paul Dorstewitz bei einem Tieffliegerangriff das rechte Bein durchschossen. In grimmiger Kälte, mit blutender Wunde, ohne ärztliche oder sanitäre Versorgung wurde er von einem russischen Hilfswilligen auf einem Panjewagen in einer abenteuerlichen Fahrt soweit in den Westen gebracht, dass er in einem deutschen Lazarett aufgenommen und operiert werden konnte. Bei rechtzeitiger ärztlicher Behandlung hätte das Bein gerettet werden können. Jetzt aber musste es oberhalb des Knies abgenommen werden, um ihm das Leben zu erhalten. Es war für Paul Dorstewitz ein großes Glück, dass er eine Familie besaß, die ihn nach der Entlassung aus dem Lazarett mit Freuden aufnahm. Mit Hingabe versuchten Gattin und Kinder dem Gatten und Vater das Leben eines Schwerstbehinderten zu erleichtern.

Schon bald nach Kriegsende und Heimkehr versuchte Paul Dorstewitz durch Briefe, Telefonate oder Besuche, mit den „alten Kameraden“ Verbindung aufzunehmen. Er war es auch, der dabei mit Nachdruck den Vorschlag zu regelmäßigen Treffen der ehemaligen Kompanieangehörigen vorbrachte. 1963 begannen wir in Marktheidenfeld mit der ersten Begegnung, der im Zweijahresabstand 17 weitere folgten. Jedes Mal war Paul Dorstewitz, von allen freudig begrüßt, dabei. Zu unserem letzten Treffen, 1998, konnte er aus gesundheitlichen Gründen die Fahrt vom Niederrhein nach Bad Mergentheim nicht mehr riskieren. In diesem Jahr hat er dann auch mit 86 Jahren Abschied von dieser Welt genommen.

Lieber Paul!

Du warst von Anfang an der Überzeugung, dass Beruf und Dienst des Soldaten als Einsatz für Heimat, Volk und Vaterland und zur Sicherung des Friedens eine notwenige und notfalls sogar eine gute Sache sei. Du hast Dich als ein guter Soldat bewährt. Du warst ein Mann, auf den man sich verlassen konnte. In einem Krieg, der aus Machtgier vom Zaun gebrochen worden war, hast Du ein Stück Deines Lebens hingegeben. Für uns warst Du ein treuer Kamerad. Wir danken dir.

Die Letzten der ehemaligen
8. Kompanie/Infanterieregiment 170
Karl Kögel
Letzter Kompaniechef

Unser Major Jürgen Kremnitz †
zur Großen Armee abberufen

Am 8. März verstarb in Ludwigsburg Major außer Dienst Dr. agr. Jürgen Kremnitz nach langjähriger Krankheit, während der ihn seine Frau liebevoll und aufopfernd gepflegt hatte. Der Bitte um ein schriftliches Gedenken in unserem Mitteilungsblatt komme ich gern nach. Dabei will ich daran erinnern, wie seine Kameraden während der langen Kriegsjahre dem Oberleutnant, Hauptmann und Major Kremnitz erlebt haben. Ich meine, vor allem wird sich jeder der unermüdlichen Fürsorge dieses begabten und tapferen jungen Offiziers erinnern. Bei großem Ernst und strenger Disziplin im Dienst lag ihm stets das Wohl der ihm anvertrauten Menschen am Herzen. Das war an ihm, der aus Berlin kam, das im besten Sinne des Wortes „Preußische", denn es war der große Generalstabschef Graf von Moltke, der gesagt hatte: „Gehorsam ist das Prinzip, doch der Mensch steht über dem Prinzip!" Als er einst mit seinem Bataillon einem fremden Regimentsführer unterstellt war, verweigerte er hartnäckig dessen Befehl zum Angriff, da eine Artillerieunterstützung nicht möglich war. Ohne Rücksicht auf mögliche schwerste Folgen für ihn stellte er sich hier schützend vor seine Soldaten, denn er konnte nicht wissen, dass das Kriegsgericht ihm später recht gab. In einem der letzten Mitteilungsblätter sprach ihm ein ehemaliger Angehöriger seiner 8. Kompanie Infanterieregiment 170 als militärischen Vorgesetzten ein geradezu klassisches Lob aus in dem er schrieb: „Stünde er heute wieder vor uns, wir würden ihm wieder folgen". Schwer versehrt und von der Verwundung gezeichnet, kehrte er aus dem schrecklichen Krieg heim, ausgezeichnet mit vielen Orden, darunter dem Deutschen Kreuz in Gold, beiden Eisernen Kreuzen und dem Goldenen Verwundetenabzeichen. Ein Studium der Landwirtschaft mit der Promotion zum Dr. agr. befähigten ihn, den württembergischen Bauern als korrekter und verlässlicher Steuerberater „zu dienen". Ja, er diente wieder den Menschen, wenn er nach dem Grundsatz handelte, dem Staat zu geben, was nach dem Gesetz zu geben war, aber den Bauern auch den kleinsten Betrag zu belassen, der nicht des Staates war.

Man kann von Jürgen Kremnitz viel lernen, vor allem das Eintreten für den Nächsten. Vielleicht ist dies gerade heute von großer Bedeutung, wo man von einer egozentrisch denkenden modernen Gesellschaft spricht. Ein so pauschales Urteil wäre wohl nicht zutreffend, kommt es doch immer wieder auf jeden einzelnen Menschen an. So will ich abschließend auf unseren verstorbenen Kameraden zurückkommen:

Es war ein großes Glück, einen Menschen wie Jürgen Kremnitz zum Vorgesetzten, Kameraden oder gar Freund gehabt zu haben. Dafür sage ich Dank, auch im Namen unzähliger gefallener, verstorbener und noch lebender Kameraden. Wir werden Jürgen Kremnitz nicht vergessen.

Theo Hopf

Unser Oberst Siegfried Wiesel †
zur großen Armee abberufen

Am 10. November 2000 verstarb in Bad Godesberg unser alter Kamerad aus den Infanterieregimentern 55 und 170 und aus der Bundeswehr, Oberst Siegfried Wiesel. Sein Leben ging schmerzlos und friedlich zu Ende, jedoch war es gezeichnet von schwerer Verwundung und vielen Schmerzen, aber auch überstrahlt von der aufopfernden Liebe seiner Ehefrau, die ihm 61 Jahre fürsorglich zur Seite stand.

Der Bitte unseres Vorsitzenden um einen Nachruf für das Nachrichtenblatt komme ich gern nach, denn wir haben einen vorbildlichen Soldaten und guten Kameraden verloren, und ich außerdem einen getreuen Freund. Wahrscheinlich können sich nur noch sehr wenige alte Kameraden an Siegfried Wiesel erinnern, da er unser Regiment 170 schon am 3. Oktober 1941 nach schwerster Verwundung verlassen musste.

1935 war er nach dem Abitur Soldat geworden und 1937 als Leutnant zum Infanterieregiment 55 nach Würzburg gekommen. Beim Regimentsstab hatte er bald darauf die Mobilmachungsvorbereitungen zu bearbeiten. Es galt, im Alarmfall das Infanterieregiment 55 in zehn Stunden einsatzbereit zu machen, in vier Tagen ein „Regiment zweiter Welle" (Infanterieregiment 170) aufzustellen und außerdem die Ersatzbataillone 55 und 170 zu schaffen.

Schon 1939 wurde alles bitterer Ernst, als Oberleutnant Wiesel Ende August als Adjutant des Infanterieregiments 170 Würzburg verlassen musste, zum Transport an die polnische Grenze. Eine schwierige und sehr verantwortungsvolle Aufgabe für einen so jungen Offizier, und das bei einem Regiment, das außer ganz wenigen aktiven Soldaten aus Reservisten bestand, die nur drei Monate bei „Ergänzungsbataillonen" ausgebildet waren.

Unser Regiment 170 war, wie 1939 alle Divisionen „der 2. bis 4. Welle", nicht einsatzbereit. Dass unsere fränkischen Soldaten im kalten Winter 1939/1940 bis zum Mai 1940 den aktiven Regimentern gleichwertig wurden, war auch dem Ernst, der Fürsorge und dem unermüdlichen Dienst von Siegfried Wiesel zu verdanken.

In der Tragik der Ereignisse, bei der schweren Verwundung am 3. Oktober 1941, wird der gute Geist in dem von ihm geleisteten Regimentsstab deutlich. Der Kraftfahrer des Regimentskommandeurs sollte am nächsten Tag nach Franken heimkehren. Gegen Abend entschließt sich Oberstleutnant Schleußinger vom Gefechtsstand in der deckungslosen Steppe am Zugang zur Halbinsel Krim nach vorn zu fahren. Sein Fahrer bittet inständig, ihn noch das letzte Mal fahren zu dürfen. Und so startet man dann, vorn im Kübelwagen Kommandeur und Fahrer, hinten der Regimentsadjutant. Noch nahe beim Gefechtsstand, sodass Hilfe sofort zur Stelle war, greift ein sowjetisches Schlachtflugzeug (Iljuschin IL-2) den Personenkraftwagen mit zwei Bomben an. Kommandeur und Fahrer sind sofort von Bombensplittern tödlich getroffen und verbrennen im Auto. Oberleutnant Wiesel wird durch den Luftdruck der Bomben aus dem Wagen geschleudert, sodass er nicht verbrennt. Aber er verliert sein linkes Auge, sein linkes Bein und erleidet weitere Splitterverletzungen am rechten Auge und der Hand. Nach zwei Jahren Lazarett fühlt er sich wieder verwendungsfähig und führt als Hauptmann und Major das Ersatzbataillon 55 in Würzburg. Hier musste er 1945 den Untergang unserer Garnisonsstadt im Bombenhagel erleben.

Nach Kriegsende vertritt der vom Krieg so Gezeichnete die Interessen der Verwundeten und Heimkehrer beim Bayerischen Roten Kreuz und war 1947 Mitgründer des Verbands der Kriegsbeschädigten (VdK) in Unterfranken, dessen Bezirksgeschäftsführer er dann wurde.

Trotz seiner schweren Behinderung und der Schmerzen, die er bei weiteren Operationen am rechten Auge und am Stumpf des Beins so oft erleiden musste, war er als überzeugter Soldat der Ansicht, an der Verhinderung eines neuen Kriegs durch deutsche Soldaten im Rahmen der NATO mitwirken zu müssen. Und so wurde er tätig beim Aufbau der Bundeswehr in Verwendungen, wo seine Erfahrungen von hohem Wert waren. Als Oberst wurde er pensioniert, und er war bei allen Treffen der alten Kameraden dabei, solange er es körperlich noch schaffte.

Als ich 1970 in Athen zum ersten Mal seit 1939 eine militärische Parade erlebte, war ich von einem Ereignis tief beeindruckt: Vor den paradierenden griechischen Einheiten wurden Schwerverwundete des Kriegs von Krankenschwestern auf Rollstühlen an der Staatsführung und den Ehrengästen vorbeigeschoben. So wird den Regierenden vor dem äußerlichen Glanz dieses militärischen Schauspiels vor Augen geführt, welch furchtbare Auswirkungen der Krieg hat. Ich musste damals beim Anblick der schwer Versehrten Veteranen an Siegfried Wiesel denken. Denn für mich, der ich nach dem Krieg sein Freund werden durfte, war Siegfried immer das Ebenbild des getreuen, schwer verwundeten deutschen Soldaten, der ohne zu klagen sagt: „es geht schon“, und weiter seine Pflicht tut. Wer unseren Oberst Wiesel gekannt hat, wird ihm in Treue ein ehrendes Andenken bewahren.

Theo Hopf

Unser Paul Langer †
zur Großen Armee abberufen

Ich sehe ihn noch vor mir stehen: leuchtende Augen, schlank, lebhaft, freimütig und wohlerzogen, Leutnant, 21 Jahre alt. Es war Anfang 1942, wir wussten noch nicht, was hinter der Front vor sich ging, wie unser ganzes Volk täglich belogen wurde, und wer eine schwere Schuld an dem sich immer furchtbarer ausweitenden Krieg trug. Noch hofften wir, dass der Krieg bald zu Ende sei und der heimkehrende Soldat in Deutschland einiges verändern würde.

Der Leutnant Paul Langer wurde sehr schnell im Infanterieregiment 170 ein bewährter Offizier, sehr tapfer und schneidig, unerschrocken, fürsorglich gegenüber den ihm anvertrauten Soldaten, ritterlich gegenüber der russischen Bevölkerung, die damals noch in überwiegender Mehrheit Dank für die Befreiung von einem schweren Joch spüren ließ. Er stieg im Rang auf zum Hauptmann und Bataillonsführer, trug beide Eiserne Kreuze und das Deutsche Kreuz in Gold und kämpfte trotz mehrerer Verwundungen bei Kriegsende in Italien. Seine Energie und Fähigkeit zur Organisation und Improvisation bewährte sich noch im Kriegsgefangenenlager in Süditalien 1945. Für seine Kameraden hatte er eine Flucht zu Fuß nach Deutschland vorbereitet und schließlich selbst erfolgreich unternommen.

Dann wurde aus dem jungen Krieger Schritt für Schritt ein großer Unternehmer, ohne dass er Volkswirtschaft studiert oder auch nur eine Wirtschaftsschule besucht hat. Er war ein geborener Unternehmer, heiratete sehr bald, seine Frau schenkte ihm zwei Söhne und eine Tochter. Er fing an mit Gütertransport, war Chef und Lastkraftwagenfahrer in einer Person; dann kam Landwirtschaft, Tankstelle, Verkauf landwirtschaftlicher Maschinen, bis er selbst zu produzieren begann.

Es gab natürlich Rückschläge, und eine lebensbedrohende Krankheit konnte er nicht zuletzt durch seine treu sorgende Ehefrau überwinden. Aber schließlich hatte er einen großen Betrieb aufgebaut und einen anderen Betrieb gekauft. Die bayerische Staatsregierung zollte ihm hohe Anerkennung, da er im Grenzland zur DDR und Tschechoslowakei zu Arbeit und Wohlstand beitrug.

Paul Langer hatte viele glänzende Ideen, ließ Wissenschaftler die Realisierbarkeit untersuchen und führte wichtige Verhandlungen stets persönlich. Seine Mitarbeiter verstand er zu motivieren und behandelte sie großzügig; er war kein „Manager“ sondern ein Direktor, der seinen Betrieb „führte“, und das hatte er wahrscheinlich nicht zuletzt als Offizier der Infanterie in den schweren Kriegsjahren an der Front gelernt. Die Enkel der Kriegsgeneration sollten eigentlich mit mehr Takt und Sachkenntnis über ihre Vorfahren urteilen. Ich war glücklich, Paul als Kamerad und treuen Freund zu haben, für mich bleibt er ein Vorbild für eine Generation, die gezwungen war, zuerst tapfer und ritterlich zu kämpfen, und dann aus den geistigen und materiellen Trümmern dieses schrecklichen Krieges einen besseren Staat mit Freiheit der Bürger und der Wirtschaft aufzubauen. So werde ich den im September 2002 in Bayreuth verstorbenen Paul Langer in ehrender Erinnerung behalten, und ich denke, alle die ihn kannten, werden mit mir um ihn trauern.

Theo Hopf

Theodor Hopf †

Am 23. Januar 2008 verstarb im 90. Lebensjahr unser Kamerad Theodor Hopf. Mit ihm verlor unsere Kameradschaft eines ihrer ältesten Mitglieder.

Theodor Hopf wurde am 23. September 1918 in Schwarzenberg/Sachsen geboren. Nach dem Abitur trat er 1936 als Fahnenjunker in das Infanterieregiment 55 in Würzburg ein. Von dort kam er zur Kriegsschule. 1938 wurde er Leutnant und Adjutant im I. Bataillon/Infanterieregiment 55. 1939 Adjutant des I. Bataillons/Infanterieregiment 170 und ab Januar 1940 Chef der 1. Kompanie (Radfahr)/Infanterieregiment 170, mit der er an den Feldzügen im Westen und Osten teilnahm. Am 21. September 1941 mit dem Ritterkreuz des Eisernen Kreuzes ausgezeichnet, war er als Hauptmann Kommandeur des III. Bataillons/Infanterieregiment 170. Am 16. Oktober 1942 wurde ihm das Deutsche Kreuz in Gold verliehen. 1944 wurde er zum Generalstabsoffizier ausgebildet. Ab Juli 1944 bis Kriegsende fand Hopf als 4. Generalstabsoffizier (Id) des Armeeoberkommandos 17 an der Ostfront Verwendung. Im Mai 1945 zunächst in amerikanischer Gefangenschaft, wurde der Major im Generalstab an die Russen ausgeliefert und kehrte erst im Januar 1950 zurück.

1956 trat er in die Bundeswehr ein und wirkte als Lehroffizier an der Führungsakademie beim Aufbau der neuen Truppen mit. Unter anderem war er Referent im Führungsstab der Streitkräfte, Militärattaché bei der Deutschen Botschaft in Griechenland und Kommandeur bei Truppen und Schulen. Als Brigadegeneral wurde er am 30. September 1978 in den Ruhestand verabschiedet.

Unser Mitgefühl gilt seiner Gattin und der gesamten Familie, Wir werden unseren Theo Hopf nicht vergessen!

Ernst Reusch

Literatur

- „Achte – marsch“. Kriegstagebuch einer Maschinengewehrkompanie (8. Kompanie/Infanterieregiment 170) 1939/1940. Mellrichstadt, circa 1940.
- „Franken an den Fronten“. Stimmungsbilder von den Einsätzen eines Würzburger Infanteriebataillons (II. Infanterieregiment 170) Würzburg, 1942.
- Der Südostfeldzug einer fränkischen Infanteriedivision (73. Infanteriedivision). Nürnberg, circa 1943.
- Bessarabien – Ukraine – Krim. Der Siegeszug deutscher und rumänischer Truppen. Berlin, 1943.
- Wir erobern die Krim. Neustadt/W. 1943.
- Pickert, W.: Vom Kuban-Brückenkopf bis Sewastopol. Flakartillerie im Verband der 17. Armee. Heidelberg 1955.
- Gruber, A.: Das Infanterieregiment 213, 1939/1945. Nürnberg (Selbstverlag) 1963.
- Carell: Unternehmen Barbarossa. Berlin 1963.
- Forstmeier, Fr.: Die Räumung des Kuban-Brückenkopfes 1943. Darmstadt 1964.
- Denkschrift zur 5. Wiedersehensfeier Infanterieregiment 55, 170, 520 am 1. bis 4. Oktober 1965 in Würzburg.
- Carell, P.: Verbrannte Erde. Berlin 1966.
- Haupt, W., und Wagner, C: Bildchronik der Heeresgruppe Süd. Dorheim 1969.

Museum
MUSEUM
STAMMHEIM
MILITÄR- UND ZEITGESCHICHTE
www.museum-stammheim.de
97509 Stammheim / Unterfranken